Katharina Gerlach und Anke Waldmann

Engels Freiheit

historischer Roman

Katharina Gerlach und Anke Waldmann

Engels Freiheit

historischer Roman

EDITION OCTOPUS

Katharina Gerlach und Anke Waldmann, »Engels Freiheit«
© 2005 der vorliegenden Ausgabe: Edition Octopus
Die Edition Octopus erscheint im
Verlagshaus Monsenstein und Vannerdat OHG Münster
www.edition-octopus.de
© 2005 Katharina Gerlach und Anke Waldmann
http://www.die-waldmanns.de oder Katharina@die-waldmanns.de
Alle Rechte vorbehalten.
Satz: Katharina Gerlach
Umschlag: Katharina Gerlach, Walter Dörwald
Illustrationen: Katharina Gerlach
Druck: CCC GmbH Münster
Herstellung: MV-Verlag

ISBN 3-86582-175-8

Oh Lord, don't let me be one of those
who use too many words [...]
Oh Lord, don't let me be one of those
who use too little words [...]

aus "A Writer's Prayer"
von Neil Gaiman

Inhaltsverzeichnis

Danksagungen

Wir bedanken uns bei allen, die uns bei diesem Projekt unterstützt haben.

In erster Linie bedanken wir uns bei unseren Familien für ihr Verständnis und ihre Unterstützung. Danke dass ihr es ertragen habt, wenn das Essen mal auf sich warten ließ oder der Staubsauger nicht so regelmäßig eingesetzt wurde, wie es wünschenswert gewesen wäre.

Herzlichen Dank auch an Walter Dörwald. Deine Kritik hat den Roman besser gemacht.

Herrn Meynecke, unserem Literaturagenten, sei gedankt für den Motivationsschub, den er auslöste, als er unseren Roman unter seine Fittiche nahm.

Besonderer Dank geht an das Museumsdorf Cloppenburg, das viele Aspekte unserer Recherche erst richtig lebendig machte. Spezielle Hilfe erhielten wir hier von Dr. Zieso, der uns in Fragen zu Schule und Unterricht weiterhelfen konnte.

Auch beim Bomann-Museum in Celle möchten wir uns äußerst herzlich bedanken, insbesondere für die freundliche Genehmigung des Abdrucks der abgezeichneten Zeichnungen der Arbeitsgeräte, sowie für die Unterstützung bei der Recherche.

Bei der Recherche der historischen Fakten halfen uns neben Fachbüchern hauptsächlich das Staatsarchiv Osnabrück und das Diözesanarchiv Osnabrück. Aber auch der Individualservice der Lexicothek eines bekannten Buchverlags soll erwähnt werden, der sich bemühte auch die ausgefallensten Fragen zu beantworten.

Vorwort

Natürlich weiß ich, dass niemand gerne ein Vorwort liest, darum werde ich mich kurz fassen.

Stellenweise haben wir uns entschlossen Worte oder Phrasen in Plattdeutsch nicht zu übersetzen. Es war die Alltagssprache der einfachen Leute und mit ein wenig Fantasie ist sie auch für den heutigen Leser zu verstehen. Sicherheitshalber haben wir die zugehörigen Übersetzungen am Ende des Buches im Anhang in einem Glossar zusammengestellt.

Auch hätte die Sprache insgesamt viel altmodischer sein müssen. Worte wie „Fußgänger" waren entweder unbekannt oder wurden nur von Adeligen benutzt. Doch hätten wir alle modernen Wörter vermeiden wollen, wäre das Buch umständlich und schwer zu lesen gewesen. Wir bitten daher, diese Ungenauigkeit zu entschuldigen.

Ansonsten haben wir uns viel Mühe gegeben, die historische Zeit so genau wie möglich wiederzugeben. Die Recherche für das Buch dauerte fünf Jahre. Die Recherche zur Familiengeschichte ist noch nicht abgeschlossen (siehe http://www.die-waldmanns.de).

Der Roman basiert auf wahren Begebenheiten in der Familiengeschichte der Waldmanns. Alle wichtigen Ereignisse finden sich auch in der Zeittafel im Anhang am Ende des Buchs (Vorsicht, verfrühtes Lesen der Zeittafel könnte die Spannung mindern).

Neben der eigentlichen Geschichte gibt der Roman einen Einblick in das Leben der Bauern am Ende des 18. Jahrhunderts in Norddeutschland. Allen, die sich für diese Zeit interessieren, empfehlen wir einen Besuch des Museumsdorfs Cloppenburg oder des Bormann-Museums in Celle.

Wo immer wir uns die Freiheit genommen haben Tatsachen durch Fantasie auszuschmücken, ihnen eine neue Bedeutung zu geben oder sie leicht zu verfälschen, geschah das zur Steigerung des Lesevergnügens. Wir hoffen, dass uns dies gelungen ist.

Katharina Gerlach

Anke Waldmann

Bockenem, Mai 2005

Prolog

Anke Waldmann zog den Knoten des Kopftuches fester. Sie hatte sich vorgenommen die Sommersonne erst zu genießen, wenn die Arbeit, die sie schon so lange vor sich her geschoben hatte, erledigt war. Sie schob ihre blonden Ponyfransen unter den Rand des Tuchs und sah noch einmal kritisch in den Spiegel.

Gut! So kann ich mich in den Dreck wagen.

Sie ging in den Hauswirtschaftsraum, in der die Waschmaschinen standen. Sie schnappte sich einen Besen und einen Eimer.

„Na, dann wollen wir mal", spornte sie sich an. Wenig später stieg sie die Leiter zu dem riesigen Dachboden des alten Bauernhauses hinauf. Das Stroh, das hier gelagert war, federte bei jedem Schritt. Schließlich kam sie zu der Gerümpelecke, die sie endlich aufräumen wollte.

Ach du meine Güte! Das sieht ja schlimmer aus, als ich gedacht hatte.

Anke krempelte die Ärmel hoch und begann mit der Arbeit.

Ein paar Stunden später stand sie verdreckt, aber zufrieden wieder im Hauswirtschaftsraum. Ihr Vater kam aus dem Kuhstall und lachte, als er sie sah. Anke zog das Kopftuch ab und warf es in den Wäschekorb.

„Wie wär's, wenn du heute das Abendessen kochen würdest. Es stehen noch genug Reste in der Speisekammer."

„Mach ich. Geh nur in die Wanne, du Monster. Ich hätte nämlich gerne meine Tochter wieder."

Anke lachte leise.

„Ich bringe nur noch das Altpapier in die Tonne."

Sie bückte sich, um einen Karton aufzuheben, den sie vom Dachboden mitgebracht hatte und der vor vergilbten Papieren überquoll. Ihr Vater beugte sich ebenfalls vor.

„Warte, ich helfe dir." Ein brauner Kopf prallte auf einen blonden und ein Berg von Papier ergoss sich auf die Fliesen.

„Au!" Anke verzog das Gesicht und legte die Hand auf die Stirn. Ihr Vater rieb sich geistesabwesend die gleiche Stelle.

„Anke! Sag mir, dass ich nicht träume."

Zwischen den alten Zeitungen lagen lose Blätter, die ziemlich zerbrechlich aussahen.

Ist das möglich? Kann es tatsächlich das Hofarchiv sein, das wir so lange gesucht haben?

Anke wagte kaum zu atmen. Vorsichtig hob sie eines der stark vergilbten Papiere auf und begann zu lesen. Die saubere Handschrift war in Sütterlin, das sie zuletzt in der vierten Klasse gelesen hatte. Deshalb dauerte es eine Weile, bis sie die ersten Zeilen enträtselt hatte. Es war das älteste Schriftstück, dass Anke je in der Hand gehalten hatte. Sie schluckte und sah ihren Vater an.

„Es ist wirklich das Hofarchiv.“

Vorsichtig sammelten die beiden die Papiere wieder ein. Auf einmal fand Anke ein abgegriffenes Büchlein. Interessiert blätterte sie darin herum.

„Sieh mal, wie gleichmäßig die Schrift ist. Es sieht fast aus wie schraffiert.“

„Na, viel Spaß beim entziffern“, sagte ihr Vater und hob die Kiste auf. Er trug sie ins Wohnzimmer und stellte sie auf einen Stuhl neben den großen Tisch. Anke, die ihm gefolgt war, begann die Dokumente vorsichtig nach Jahreszahlen zu sortieren. Dabei hätte sie am liebsten sofort begonnen, das Büchlein zu lesen.

Es dauerte gar nicht lange, bis sie sich ein wenig an die alte Schrift gewöhnt hatte. Sie bewunderte die eleganten Handschriften, auch wenn sie manchmal schwer zu lesen waren. Sie sah ihren Vater an.

„Ich sollte die Dokumente nach dem sortieren abschreiben.“

Ihr Vater stimmte zu, denn er hatte wenig Zeit, sich selbst mit dem wertvollen Fund zu beschäftigen. Schließlich wollte der Hof weiter versorgt werden. Anke berichtete ihm am Abend, was für Dokumente sie entdeckt hatte. Erst jetzt gestattete sie sich, das Büchlein zu öffnen. Auf der ersten Seite stand ein kurzer Text in winzigen, aber ordentlichen Buchstaben.

„Was damals geschah liegt nun schon viele Jahre zurück und manches ist anders gekommen, als ich es mir erträumt habe. Dennoch bereue ich meine Entscheidung nicht. Es war für uns alle am besten so. Doch seit kurzem wünsche ich mir, dass ich irgend jemandem die Wahrheit erzählen könnte. Deshalb habe ich mich entschlossen, alles aufzuschreiben, was zur Zeit unseres Freikaufs geschah. A. E. Waldmann“

Neugierig blätterte Anke um. Sie begann zu lesen und vergaß darüber Zeit und Stunde.

Engel rutschte auf der Holzbank hin und her, aber ihr Platz blieb unerbittlich unbequem. Durch die schmalen Fenster in den dicken Mauern zog es und langsam kroch ihr die Winterkälte in die Glieder. Trotz der zahlreichen Gläubigen und der vielen Kerzen, die der Burgherr für den Gottesdienst am Dreikönigstag zur Verfügung gestellt hatte, wurde es nicht wärmer. Seufzend strich Engel den schwarzen Rock ihres Sonntagskleides zurecht und versuchte sich auf das Gebet zu konzentrieren. Doch ihre Gedanken wanderten immer wieder zu ihrer älteren Schwester. Grete war nicht mitgekommen, weil sie auf das Haus aufpassen musste.

Wäre ich bloß bei Grete geblieben. Ich hätte ihr gut helfen können.

Sie fröstelte und zog das neue, weiße Tuch enger über ihre schmalen Schultern.

So wie sie mich immer rumscheucht, wäre mir wenigstens warm.

Sie schob die Schleife zurecht, die sie aus den breiten Bändern ihrer weißen, bestickten Tüllhaube gebunden hatte. Ihre Mutter, die neben ihr saß, sah sie missbilligend an. Engel legte die Hände in den Schoß und zwang sich, ruhig zu sitzen.

Nimmt denn dieser Gottesdienst gar kein Ende?

Sie sah verstohlen zu ihrer jüngeren Schwester, die ruhig zwischen den Eltern saß. Maria hatte die gleichen dunkelblonden Locken wie ihre Mutter. Zu zwei ordentlichen Zöpfen geflochten hingen sie ihr über den schmalen Rücken. Aufmerksam folgte sie der Predigt. Engels Blick wanderte weiter, am Vater vorbei zu Victor, ihrem Bruder. Dem Achtjährigen fiel es genau so schwer, still zu sitzen wie ihr.

Die Gemeinde erhob sich, um den Segen zu empfangen, und Engel stand erleichtert auf.

In wenigen Minuten würde sie in warme Decken gewickelt auf dem Heimweg sein. Fröhlich stimmte sie in den Choral ein, der den Auszug der Gemeinde begleitete. Sie schlängelte sich vorsichtig an den Gottesdienstbesuchern vorbei und ließ ihre Familie dabei weit hinter sich.

Endlich im Freien drehte sie sich um und betrachtete wie jeden Sonntag die Mauern der Schelenburg. Der stattliche Bau faszinierte sie. Der ältere Teil der Burg war rechteckig und mitten in einen eigens dafür angestauten Weiher gebaut. Nur wenige, schmale Fenster, die eher wie Schießscharten wirkten, ließen etwas Licht durch die trutzigen Mauern. In diesem Teil der Burg war die Kapelle, wo der evangelische Geistliche des Grafen Georg von Schele Gottesdienste für die Protestanten des Dorfes hielt.

Eigentlich ist es sehr nett vom Grafen, dass wir jeden Sonntag kommen dürfen. Immerhin ist sein Pastor auch nicht mehr der Jüngste.

Engel drehte sich einmal langsam um die eigene Achse, um die neueren Gebäude der Schelenburg zu betrachten. Gegen die massiven Mauern des alten Teils wirkten sie bemerkenswert leicht. Die feinen Bauten aus Fachwerk umschlossen einen großzügigen Innenhof, auf dem sich die Kirchgänger verteilten. In kleinen Gruppen standen sie herum und unterhielten sich. Engel wendete sich wieder dem alten Teil der Burg zu.

Wie viel Fröhliches und Trauriges diese Mauern wohl schon erlebt haben, dachte Engel. Verträumt legte sie den Kopf in den Nacken und sah zu den Wolken auf, die über den strahlend blauen Himmel zogen. Sie genoss das unheimliche Gefühl, die Burg auf sich zustürzen zu sehen, als würde sie jeden Augenblick von dem riesigen Gebäude erschlagen. Eine Strähne ihrer blonden Locken löste sich aus dem sorgsam gedrehten Haarknoten und tanzte im Wind. Als Engel es merkte, schob sie die Haare verlegen zurück unter ihre Haube.

Plötzlich legte sich kurz ein Schatten über die Burg, und Engels Herz setzte einen Schlag aus. Für den Bruchteil einer Sekunde war sie sich ganz sicher, dass bald etwas Schlimmes geschehen würde. Sie sah noch einmal in den Himmel. Eine der wenigen größeren Wolken, hatte sich vor die Sonne geschoben. Sie zog schnell weiter, aber das Gefühl der Bedrohung blieb und umklammerte Engels Herz. Ihre andächtige Stimmung war verflogen. Außerdem bemerkte sie jetzt wieder, wie kalt es war. Sie rieb sich verstohlen die Arme und sah sich unruhig nach ihren Eltern und Geschwistern um.

Die Wagen der Kirchenbesucher zuckelten gemächlich auf der anderen Seite der breiten Brücke durch die vielen Fußgänger. Scherze hallten durch die klare Luft und Bekannte blieben stehen, um ein wenig zu plaudern. Es war nicht leicht, ihre Familie in dem Gewirr zu entdecken. Zum Glück wusste Engel genau, wo ihr Wagen stand. Hastig schob sie sich über die Brücke durch die Menge, bis sie ihren Vater sah. Er war offensichtlich vorausgeeilt, um den Wagen von der Wiese zu holen. Nachdem Engel ihn erkannt hatte, brauchte sie nicht mehr lange, die anderen zu finden. Ihre Mutter schob Victor und Maria vor sich her. Sie drängte zur Eile.

Victor versuchte seinem Vater nachzulaufen, aber seine Mutter griff noch rechtzeitig nach seiner Hand. Engel lächelte. Sie wusste, dass ihr kleiner, drahtiger Bruder keine Rücksicht auf seine Sonntagshosen nahm, obwohl er mit seinem blonden Wuschelkopf wie ein Unschuldsengel aussah.

Atemlos erreichte Engel ihre Familie. Alle sahen gesund und fröhlich aus, so dass ihr ihre Befürchtungen plötzlich haltlos vorkamen.

Wahrscheinlich habe ich mal wieder mit offenen Augen geträumt, schalt sie sich. Trotzdem verschwand das beängstigende Gefühl nur langsam. Sie hakte sich bei Maria unter, die ebenfalls ein schwarzes Kleid, aber noch keine Haube trug. Die Jungmädchenhaube würde Maria erst in drei Jahren nach der Konfirmation bekommen. Ein kräftig gebauter Mann blieb stehen und begrüßte Engels Mutter.

„Gesegneten Sonntag, Nachbar", erwiderte sie.

„Wo hast du denn deinen Mann gelassen, Catharina?"

„Er holt den Wagen, damit wir vom Gras nicht nass werden. Und ich darf nachher fahren", rief Victor. Engel schmunzelte und auch der Nachbar, Colon Rahenkamp, griente.

„Da hoffe ich aber sehr, dass du deine Mutter heil nach Hause bringst."

Engel achtete nicht weiter auf das Gespräch. Sie sah sich nach ihrem Vater um, der sich behände durch die Menschen auf der Wiese schlängelte. Engel war erleichtert, als sie seine schlanke, sehnige Gestalt entdeckte. Sein schmales, etwas eckiges Gesicht mit dem glattrasierten, energischen Kinn wurde von dunkelbraunen Haaren eingerahmt. Seine Locken quollen so widerspenstig unter der Sonntagsmütze hervor, dass Engel darüber lächeln musste. Manchmal wirkt Vater wie ein kleiner Junge und nicht wie der Besitzer eines der größten Höfe der Gegend.

Engel sah zu, wie ihr Vater die beiden Pferde mit dem Wagen bis zum gepflasterten Weg führte. Dort blieb er stehen und streichelte die kräftigen Tiere, die gelassen neben der Deichsel standen. Stolz betrachtete er sein Gespann. Lange nicht jeder Eigenbehörige konnte sich so etwas leisten.

Engel gab Marias Arm frei, ging zu ihrem Vater und umarmte ihn innig.

„Anna, mein Engel, da bist du ja."

Ludwig lächelte sie liebevoll an, aber Catharina war weniger begeistert.

„Anna Engel Waldmann! Benimm dich gefälligst! Mit fünfzehn Jahren solltest du doch eigentlich wissen, was sich gehört und was nicht."

Rahenkamp schüttelte dem Bauern die Hand.

„Grüß dich, Ludwig. Schön, dass ich dich sehe. Ich habe vor ein paar Tagen den Advocat deines Grafen getroffen. Er lässt fragen, wie es denn nun mit dem Freikauf aussieht."

„Ich werde ihm in den nächsten Tagen eine Antwort geben. Sehen wir euch nachher?"

„Selbstverständlich. Wir lassen uns doch nicht entgehen, wie du das neue Bier anstichst."

„Na dann, bis später."

Rahenkamp verabschiedete sich und verschwand in der Menge. Ludwig Waldmann reichte seiner Tochter die Hand und der letzte Rest ihrer Beklemmung wich. Sie fühlte sich schlagartig sicher. Wortlos aber glücklich kletterte sie auf den Leiterwagen. Für längere Fahrten waren ein paar einfache Bretter als Sitze eingebaut worden. Es war zwar ein wenig unbequem, aber immer noch besser, als den Weg nach Hause laufen zu müssen. Sie wickelte sich in eine der warmen Decken. Die elfjährige Maria kletterte zu ihr und kuschelte sich an sie. Beide sahen zu, wie Catharina Victor vorsichtig auf den Wagen hob.

„Ich will aber vorne sitzen. Vater hat versprochen, dass ich auch mal lenken darf."

Catharina war damit nicht einverstanden.

„Das ist viel zu gefährlich. Du sitzt neben mir."

„Mach dir keine Sorgen, Liebes. Lass ihn ruhig bei mir sitzen. Ich passe schon auf ihn auf."

Während Victor auf den vorderen Sitz kletterte, half Ludwig seiner Frau auf den Wagen. Zärtlich legte er eine warme Decke um ihre Schultern. Glücklich lächelte sie ihn an und Engel fand, dass sie sehr jung aussah, obwohl sie die Fünfzig schon fast erreicht hatte. Ihre grauen Haare waren zu einem Knoten geschlungen, verborgen unter der goldbestickten Haube mit der schmalen Spitzenkrempe, die verheiratete Frauen trugen. So kam ihr fein geschnittenes Gesicht besonders gut zur Geltung. Die kleinen Falten um Augen und Mund zeigten, dass sie schon so manches erlebt hatte und unterstrichen die Lebendigkeit der grauen Augen. Sie trug die gleiche Kleidung wie Engel und Maria, mit Ausnahme der Haube und des Schultertuchs, das weiß und sehr groß war. Obwohl alle Frauen der Gegend diese Tracht trugen kam Catharina ihrer Tochter hübscher vor als die anderen. Zum ersten Mal in ihrem Leben wurde Engel bewusst, dass ihre Mutter eine schöne Frau war.

Auch Ludwig war mit seinen einundfünfzig Jahren immer noch stattlich. Kraftvoll schwang er sich auf die vorderste Bank, wickelte Victor und sich selber in Decken und nahm die Zügel in die Hand.

Bevor er abfahren konnte, hielt ein Gespann neben ihnen. Ein Mann, der in seinem Fellmantel wie eine pelzige Kugel aussah, beugte sich vor und zog den Hut.

„Einen schönen Sonntag, wünsche ich. Genießt ihn. Es könnte der letzte sein, bevor ihr endlich mir gehört!"

Das Gefühl bedroht zu werden kehrte zurück. Engels Herz pochte heftig.

Lachend zog Meyer seinen Pferden die Peitsche über den Rücken. Die Tiere wieherten vor Schmerz und preschten gehorsam los. Der leichte Zweisitzer schoss an Waldmanns vorbei und polterte den Weg ins Dorf entlang. Catharina war empört.

„Der sollte sich schämen. So geht man doch nicht mit Pferden um."

Auch Engels Vater sah dem Wagen kopfschüttelnd nach.

„Bei ihm tun mir nicht nur die Tiere leid."

Ludwig Waldmann schnalzte mit der Zunge und seine Pferde setzten sich in Bewegung. Langsam rumpelte das Fuhrwerk die gepflasterte Ausfahrt entlang, an deren Ende der Weg nach Schledehausen begann. Die eisenbeschlagenen Holzräder knirschten leise und von Zeit zu Zeit wurden die Insassen von einem Schlagloch in die Höhe geworfen. Glücklich betrachtete Engel die vorbeiziehenden Felder und Wiesen, die von gelegentlichen Baumgruppen unterbrochen waren. Diese Ländereien gehörten alle noch zur Schelenburg. Aber nur wenige Minuten später kamen die ersten Häuser des Dorfes in Sicht. Der Turm der katholischen Kirche ragte schwarz und mahnend in den Himmel. Mit seinen rußigen Mauern wirkte er bedrohlich.

Engel betrachtete ihn und dachte an das Feuer, das am zweiten Juni 1781, kurz vor Pfingsten, einen großen Teil des Dorfes verschlungen hatte. Für einen Moment glaubte sie die wilden Flammen zu sehen, ihren heißen Atem auf dem Gesicht zu spüren. Flackernd, knisternd, fauchend und dabei seltsam anmutig fraßen sie sich durch Häuser und Scheunen, während die Menschen schreiend Hab und Gut zu retten versuchten. Mittendrin der Pastor aus Bad Essen, der auf einem geborgten Pferd dreimal um die Kirche ritt, damit sie nicht auch ein Opfer der Flammen würde. Erst im letzten Augenblick gelang dem Gottesmann der rettende Sprung über den schmalen Bach. Engel war sich nicht sicher, ob der alte Volksglaube oder Gottes Hand die Kirche beschützten. Fest stand nur, dass sich die tollkühne Tat des Pastors gelohnt hatte. Bis auf den ausgebrannten Turm, war die Kirche nur sehr wenig beschädigt. Engel schüttelte sich und die Flammen verschwanden. Sie sah sich überrascht um. Sie bogen eben auf den Weg ein, der vom Dorf zum heimischen Hof führte.

So weit sind wir schon? Mutter hat recht. Ich träume zu viel. Ich muss mich wirklich ein wenig zusammenreißen.

Verschwunden waren die Bilder aus der Vergangenheit. Die Sonne strahlte auf die Erde, und auf dem Fahrersitz fragte Victor seinem Vater Löcher in den Bauch.

„Vater, kann man dem Kirchturm kein neues Dach bauen?"

„Nur mit viel Geld."

Catharina schüttelte missbilligend den Kopf.

„Es sieht furchtbar aus, fast so als wäre Schledehausen ein armes Dorf."

Ludwig schnaubte geringschätzig.

„Soll sich doch der Pfarrer drum kümmern."

Energisch zog er sich die Decke fester um die Schultern und lenkte die Pferde die kurvige Straße entlang. Engel wusste, dass er nicht weiter über das beschädigte Gotteshaus reden wollte. Ihr Vater hielt den katholischen Geistlichen für einen Schwätzer. Als die letzten Häuser des Dorfes hinter ihnen lagen, bettelte Victor seinen Vater an.

„Darf ich jetzt auch mal lenken, Vater? Bitte, bitte. Du hast es mir versprochen."

Ludwig setzte sich seinen Sohn zwischen die Beine und gab ihm die Zügel. So konnte er jederzeit eingreifen, wenn es nötig werden sollte. Diese Vorsichtsmaßnahme beruhigte Catharina und sie atmete erleichtert auf. Engel seufzte. Manchmal wünschte sie sich, ihre Mutter würde sich um sie genauso viele Gedanken machen, wie um Victor, den einzigen Sohn und Hoferben.

Engel beugte sich ein wenig mehr zur Seite, um am Vater vorbei die Straße sehen zu können. Nachdem das steilste Stück des Weges geschafft war, breitete sich vor ihnen die Gegend aus, die sie so sehr liebte. Zwischen den sanften, vom Winter noch kahlen Hügeln des Wiehengebirges lag Astrup, eine Hand voll Höfe, die beieinander standen. Gleich dahinter stieg das Gelände steiler an, und weitere Bauernhöfe lagen verstreut zwischen den Wiesen und Feldern. Die Höhen waren mit Wäldern, Heiden und Mooren bedeckt.

Hier und da lag noch ein wenig Schnee, aber das meiste war schon wieder getaut. Die Straßen waren nass und matschig, weil die schwache Sonne nicht ausreichte sie zu trocknen. Engel war froh, nicht zu Fuß gehen zu müssen.

Das gleichmäßige Schaukeln des Wagens machte sie müde. Sie genoss es, einige Zeit nur dasitzen zu können. Solch friedliche Momente waren selten. Dafür gab es auf dem Hof einfach zu viel zu tun. Liebevoll sah sie Maria an, die an sie gelehnt eingeschlafen war. Die Kleine konnte immer und überall schlafen. Manchmal beneidete Engel sie um diese Fähigkeit, doch jetzt war sie damit zufrieden, sich umzusehen.

Der Wagen bog um eine der zahlreichen Kurven, als Engel zwei Fußgänger sah. Die beiden versuchten vergeblich ihre Sonntagskleidung auf der matschigen Straße nicht zu beschmutzen. Der Mann war groß und breitschultrig, wenn auch etwas hager. Er ging gebeugt, als habe er eine schwere Last zu tragen. Ein dunkelhaariges Mädchen hielt sich an seiner Seite und stützte seinen Arm. Obwohl die bei Frauen übliche Tracht viel verhüllte, war ihre knabenhaft schlanke Figur zu ahnen. Engel erkannte die Fußgänger sofort.

„Vater, da ist Klara. Können wir sie mitnehmen? Bitte, bitte!"

Engel hielt die Luft an bis Ludwig nickte. Klara Dorsch war ihre beste Freundin. Engel strahlte ihren Vater an, denn sie wusste, dass er Klaras Vater, seinen Heuermann, nicht besonders mochte. Hinrich Dorsch war ein schwacher Mann, obwohl er über größere Körperkraft verfügte als manch anderer. Sein Gemüt war wie ein Blatt im Wind. Die kleinste Schwierigkeit warf ihn aus der Bahn. Seit seine Frau verstorben war, trank er zu oft und zu viel. Auch jetzt schien er wieder etwas unsicher auf den Beinen zu sein.

Ludwig hielt die Kutsche an, als sie die Fußgänger eingeholt hatten.

„Na los, springt auf."

Das ließen sich die beiden nicht zweimal sagen. Sie bedankten sich und kletterten auf den Wagen. Klara quetschte sich zu Engel und Maria auf die Bank. Ludwig fuhr wieder an und Engel schob Maria zurecht, die immer noch fest schlief. Tiefe Schlaglöcher warfen den schlecht gefederten Wagen hin und her. Die Fahrgäste mussten sich gut festhalten, um nicht hinausgeschleudert zu werden.

„Ich glaube Maria würde sogar den Weltuntergang verschlafen", flüsterte Engel Klara zu. Die beiden Mädchen kicherten und kuschelten sich enger aneinander.

Die Kirchgänger froren trotz der Decken, denn der Wind war trotz der Sonne kalt. Zum Glück dauerte es von Schledehausen nur noch eine halbe Stunde bis zum Waldmann'schen Colonat.

Der Wagen quälte sich auf aufgeweichten Wegen durch die hügelige Landschaft, doch er blieb nicht stecken. Schweigend saßen die Mädchen nebeneinander und ließen sich durchrütteln. Sie kannten sich schon so lange, dass sie sich auch ohne Worte verstanden. Schließlich fragte Engel leise: „Kommt ihr heute auch zum Anstechen? Schließlich habt ihr beim

Bierbrauen mitgeholfen. Die Nachbarn haben alle zugesagt. Gerhard Averbeck hat sogar versprochen, einen Fiedler zu bestellen, und Grete hat die herrlichsten Sachen gekocht."

Engel sorgte sich ständig darum, dass ihre Freundin genügend zu essen bekam. Sie wusste nur zu gut, dass bei Dorschs meistens Schmalhans Küchenmeister war. Die Feier wäre eine schöne Abwechslung für Klara. Geduldig wartete Engel auf ihre Antwort.

„Lieber nicht. Heute ist doch der Tag der Heiligen Drei Könige. Da muss ich Vater noch ein Kapitel aus der Bibel aufsagen."

„Kann er nicht darauf verzichten?"

„Unser geistiges Wohl ist wichtiger als das leibliche. Außerdem bleiben wir lieber daheim, seit Mutter tot ist."

„Schade."

Klara legte ihr den Arm um die Schultern. „Sei nicht traurig."

Engel nahm sich in Gedanken vor, ihrer Freundin etwas von dem guten Essen zurückzulegen. Das hatte sie schon öfter getan.

Schon ging es den letzten Hügel hinauf, um eine enge Kurve und mit sanftem Gefälle wieder hinunter, an Volberts Hof vorbei. Engel betrachtete die gepflegten Häuser, die von einer mächtigen Eiche und vielen, kahlen Kirschbäumen beschattet wurden. Im Frühling war dieses Stück des Weges ihre liebste Strecke, zumal von hier aus bereits ihr Hof zu sehen war. Er lag am Fuße des gegenüberliegenden Hanges.

Wenig später hatten sie die Hofeinfahrt erreicht. Das dunkle Fachwerk des Hauses und das Reetdach waren durch die kahlen Äste der Eichen am Ende der Hofeinfahrt gut zu sehen. Dort sprangen Klara und ihr Vater vom Wagen. Sie öffneten das Hoftor und bedankten sich noch einmal. Dann machten sie sich auf, um das kurze Stück zum Leibzuchtskotten zu gehen, der etwas höher am Berg lag. Engel sah ihnen nach. Ihr war klar, dass ihr Vater die Dorschs nur ihr zu Liebe mitgenommen hatte.

„Danke, Vater."

Ludwig nickte nur und fuhr den Wagen geradeaus auf den großen Hof. Es sah für eine Weile so aus, als nähme er das Dreschhaus aufs Korn. Doch dann lenkte er die Pferde geschickt in einem großen Bogen am größeren der beiden Schafställe vorbei und brachte sie direkt vor dem großen Dielentor des Wohnhauses zum Stehen. Engel konnte grade noch den schräg hinter dem Haus liegenden kleinen Schafstall erkennen. Das neue, noch weiter zurück gesetzte Backhaus wurde von dem massiven Fachwerkbau verdeckt.

Wie immer bewunderte Engel die Fahrkünste ihres Vaters. Ludwig hatte das Gespann so ausgerichtet, dass das Fuhrwerk nach dem Ausspannen geradeaus in den Wagenschuppen geschoben werden konnte.

Ob Victor jemals so gut fahren lernen wird? Wahrscheinlich steht dann schon ein neuer Wagenschuppen dort, dachte Engel und betrachtete das schadhafte Gebäude kritisch. Andererseits war die Heuschüre, die daneben stand, noch baufälliger. Das höhenverstellbare Dach war zwar noch dicht, hing aber stark durch und auch die Pfosten, die es trugen sahen ziemlich morsch aus.

Engel wusste, dass sich ihr Vater bald darum kümmern würde. Sie beobachtete, wie Ludwig vom Wagen sprang und ihrer Mutter beim Absteigen half. Die Colona versuchte ihre Unruhe zu verbergen, was ihr aber nicht ganz gelang.

„Hoffentlich ist alles gut vorbereitet. Die Gäste können jeden Augenblick eintreffen. Ich hätte Grete doch lieber nicht allein lassen sollen."

„Mach dir keine Sorgen. Gretchen hat bestimmt alles im Griff. Schließlich ist unsere Älteste ein zuverlässiges Mädchen."

Engel wartete nicht auf ihre Eltern. Nachdem sie Maria geweckt hatte, sprang sie vom Wagen und lief hinter Victor her ins Haus. Für einen kurzen Augenblick konnte sie kaum sehen, aber ihre Augen gewöhnten sich schnell an das bekannte Halbdunkel der Diele. Auch ohne Licht wusste Engel genau, wie weit es bis zum Flett war. Links standen friedlich wiederkäuend die Kühe in ihren Boxen und rechts das Jungvieh. Über den Ställen war viel Stroh gelagert. Manchmal zog sich das eine oder andere Huhn dorthin zurück, aber die meisten bevorzugten die an den acht Ständern aufgehängten Hühnerkörbe.

Engel rannte über die Diele, wobei sie allen Tieren geschickt auswich. Der festgestampfte Boden war sauber gefegt. Sogar die Pflastersteine im Flett waren geschrubbt und in der Herdstelle brannte ein fröhliches Feuer. Darüber hing an einer schwenkbaren Aufhängung am Fürrähmen der Kesselhaken mit einem großen Topf. Es duftete angenehm nach Rauch und Suppe. Ein junger Mann lehnte an einem Ständer des Fachwerks. Seine dunkelbraunen Haare verschmolzen mit der Farbe des Balkens. Er hatte die Arme lässig vor der breiten Brust gekreuzt und schäkerte mit den Mägden, die kichernd in den Töpfen rührten. Engel kannte ihn gut. Ihr Herz schlug wie immer Purzelbäume, als sie seine braunen Augen auf sich gerichtet sah.

„Adam! Du solltest besser verschwinden, Mutter kommt gleich."

Sie setzte sich auf die lange Holzbank am Feuer und streckte der Wärme Hände und Füße entgegen.

„Wie du wünschst, Prinzessin."

Adam Averbeck lächelte und verschwand fast lautlos durch die Seitentür ins Freie. Nur wenig später stand ihre Mutter auf dem Flett. Prüfend sah sie sich um. Beruhigt stellte sie fest, dass die Vorbereitungen weitgehend abgeschlossen waren. Es schien alles in Ordnung zu sein.

„Wo ist Grete? Engel, geh und hole sie."

Engel stand auf und ging in Gretes Schlafstube, die diese mit der Kleinmagd Philippina teilte. Das winzige Zimmer enthielt nur zwei einfache, hölzerne Betten mit Strohmatratzen und eine geschnitzte Holztruhe. Engel kehrte wieder um.

„Sie ist nicht in ihrem Zimmer."

Im selben Augenblick kam aus einem der Hinterzimmer ein hübsches, blondes Mädchen, dessen graue Augen erfreut aufleuchteten, als sie Catharina sah. Was Engel immer wieder überraschte war, wie ähnlich sich ihre Mutter und ihre ältere Schwester sahen. Grete war nur etwas größer als ihre Mutter.

„Da seid ihr ja. Es ist alles vorbereitet."

Grete zog ihre Mutter lächelnd mit in die gute Stube. Engel folgte ihnen zögernd. Kritisch sah Catharina zu Victor und Maria hinüber, die auf der Diele Fangen spielten. Doch die beiden waren immer noch erstaunlich sauber. Engel sah sich in der Stube um. Der Tisch war festlich geschmückt und mit einer frischen Tischdecke bedeckt. Er bog sich unter zahlreichen Speisen. Von allem war reichlich vorhanden und das erste Fass des neu gebrauten Biers stand auch bereit. Engel lief das Wasser im Mund zusammen. Sie konnte sehen, dass ihre Mutter zufrieden war. Catharina lächelte und umarmte ihre Älteste kurz. Sie lobte nur selten.

„Du wirst einmal eine gute Hausfrau. Dein zukünftiger Mann kann stolz auf dich sein."

Grete errötete. Trotz ihrer achtzehn Jahre dachte sie noch nicht ans Heiraten. Verlegen zog sie das Leinen auf dem Tisch zurecht.

Eine bekannte Stimme dröhnte über die Diele.

„Wo ist meine Lieblingsschwägerin?"

„Henneken!" Erfreut eilten Catharina und Grete aus der Stube. Engel sah ihnen nach, blieb aber noch. Sie genoss es ein paar Minuten allein zu sein.

Auf der Diele umarmte Catharina ihre Schwester und ihren Schwager, Henrich Huckeriede. Angela Huckeriede sah sich bewundernd um.

„Wie ordentlich es bei dir doch immer ist."

„Alles nur dir zu Ehren."

Catharina und Angela kicherten trotz ihres Alters wie zwei Schulmädchen. Dann zog die Gastgeberin ihre Schwester mit sich. Bevor die anderen Gäste eintrafen, sollte Angela unbedingt noch den neuen Stoff bestaunen, den Ludwig aus Osnabrück mitgebracht hatte. Im selben Augenblick kam Engel durch die Stubentür. Henrich pfiff bewundernd und strich sich über sein spärlich behaartes Haupt.

„Ist das ein neues Halstuch? Komm dreh' dich mal, damit ich es besser sehen kann."

„Vater hat es mir geschenkt." Engel drehte sich im Kreis und Henrich bewunderte sie von allen Seiten.

„Was bist du heute hübsch, mein Engelchen."

Engel errötete. Sie mochte ihren Onkel sehr gern. Aber es fiel ihr schwer nicht zu lächeln, wenn sie ihn mit ihrer Tante sah. Die beiden waren ein zu ungleiches Paar. Henrich Huckeriede war kurz und kräftig gebaut und ein paar kernige Pfunde bildeten Ringe um seine Körpermitte. Dagegen wirkte seine Frau Angela in ihrer schwarzen Tracht und dem weißen Tuch wie ein Storch. Obwohl die beiden gleich groß waren, sah es so aus, als überragte sie ihren Mann.

Inzwischen war Ludwig mit Rahenkamps und Lehrer Hoppe, dem evangelischen Schulmeister, hereingekommen. Ihnen folgte Frau Hoppe mit den Kindern. Gretchen begrüßte alle freundlich und befahl Engel, die Mutter zu holen.

Immer ich, maulte Engel in sich hinein und ging in die Schlafstube, wohin Catharina und Angela verschwunden waren. Sie wartete eine Weile, weil sie sich nicht traute das Gespräch der beiden zu unterbrechen. Schließlich bemerkte Catharina ihre Tochter.

„Ist was?"

Engel richtete ihre Botschaft aus und die beiden Frauen legten den Stoff zurück in die Truhe. Dann ließen sie Engel allein. Sie nutzte die Gelegenheit und tauschte ihre schöne weiße Mütze gegen ein buntes Seidenhäubchen und das weiße gegen ein schwarzes, weniger empfindliches Tuch. Als sie kurz nach ihrer Mutter und Tante aufs Flett zurückkam, drängten sich die Gäste um das Feuer, um sich zu wärmen.

Gerhard Averbeck und seine Frau Anna, die ihren halbjährigen Sohn im Arm hielt, betraten das Haus durch eine der Seitentüren. Sie brachten einen Schwall kalte Luft mit sich.

„Ist das ein ungemütlicher Winter."

„Ja, dem ist wohl so", stimmte Schulmeister Hoppe zu. „Ich habe sogar gehört, dass man Wölfe gesehen haben will. Ich weiß aber nicht, ob es sich hierbei nicht nur um ein Gerücht handeln mag."

„Ich habe auch davon gehört." Colona Rahenkamp sprach so leise, dass sie kaum zu verstehen war. Dagegen wirkte Henrich Huckeriedes Bass wie ein Donnern.

„So ein Unsinn. Der letzte Wolf dieser Gegend wurde vor fast zwanzig Jahren erlegt und seither ist keiner mehr gesehen worden. Ich wüsste nur zu gerne, wie die Leute immer auf solch haarsträubende Gedanken kommen."

Wenig später war ein reges Gespräch über die Gefahren des Winters im Gange. Grete, Engel und die Mägde reichten Becher mit frischem Bier herum. Als man sich endlich in der Stube zu Tisch setzte, waren schon etliche Bierkrüge geleert worden. Engel fühlte sich etwas unwohl, denn die Stube war den Kindern normalerweise verboten. Hier befand sich der wertvollste Besitz ihrer Mutter, das Porzellan für besondere Feiertage in wunderschön geschnitzten Regalen und Schränken und die Standuhr. Erst, als das Essen aufgetragen wurde, entspannte sich Engel etwas. Trotzdem hätte sie lieber an ihrem gewohnten Platz am großen Esstisch im Flett gegessen, wo die Mägde und Knechte gemütlich beieinander saßen.

Alle griffen zu, als müsse es für den ganzen Winter reichen und für eine Weile herrschte gefräßige Stille. Victor und Maria hatten sich schon nach kurzer Zeit ordentlich voll gefuttert und tobten um den Stubentisch herum.

„Seid vorsichtig, sonst geht noch etwas zu Bruch. Wenn ihr laufen wollt, geht aufs Flett hinaus", befahl Ludwig.

„Ich weiß nicht, wo die beiden diese Ausdauer hernehmen."

Catharina sah ängstlich zu ihren beiden Jüngsten.

„Sei vorsichtig, Victor, mein Schatz."

„Ach, lass doch der Jugend ihren Spaß. Der Ernst des Lebens kommt noch früh genug." Henrich Huckeriede sah gönnerhaft zu den Kindern. Anna Averbeck seufzte.

„Sei doch froh, dass sie so übermütig sind. Ich wünschte meine drei wären noch so wild..." Zärtlich wiegte sie ihren Sohn, der auf ihrem Arm eingeschlafen war. „...und am Leben", fügte sie leiser hinzu. Engel war überrascht zu sehen, wie die Gesichtszüge ihrer Mutter versteinerten.

Zum Glück kam in diesem Augenblick Adam herein und verkündete, dass der Spielmann eingetroffen sei. Erleichtert über den Themenwechsel drängten die Gäste aufs Flett. Engel beobachtete wie Gerhard Averbeck seine Hand auf die Schulter seines Bruders Adam legte, der an der Stubentür stehen geblieben war. Es war erstaunlich, wie ähnlich sich die beiden Brüder sahen. Dieselbe breitschultrige Statur, dieselben kräftigen Hände, dieselbe gerade Nase und dasselbe widerspenstige dunkle Haar. Trotzdem gefiel Adam Engel besser als sein älterer Bruder.

„Wie steht's? Kommst du morgen zum Essen? Anna würde sich freuen", sagte Gerhard. Er wusste genau, dass Adam montags einen freien Nachmittag hatte.

„Gerne. Sobald die Tiere versorgt sind."

Engel bewunderte Adam dafür, dass die Tiere für ihn wichtiger waren, als alles andere. Sie sah ihn mit glänzenden Augen an und dachte nicht daran, dass er Ärger mit ihrem Vater bekommen würde, sollte er die Tiere vernachlässigen.

Was würde Adam doch für einen prächtigen Colon abgeben. Schade, dass er kaum eine Chance hat, einen Hof zu übernehmen. Adam bemerkte Engels Blick und lächelte.

„Nun Prinzessin, wie wäre es mit einem kleinen Tänzchen?"

Engel schluckte und versuchte zu antworten, aber es kam kein Ton aus ihrer Kehle. Schließlich schüttelte sie den Kopf. Doch Adam ließ sich nicht abweisen. Er nahm ihren Arm und führte sie auf die Diele, die ausnahmsweise beleuchtet war. Mehrere Kerzen und einige Öllampen waren so aufgehängt, dass sie die Diele ein wenig erhellten. Engel war selig, obwohl sich ihre Knie wie Brei anfühlten. Der Spielmann setzte seine Fiedel an und spielte eine fröhliche Melodie. Ludwig und Catharina eröffneten den Tanz. Eng umschlungen wirbelten sie zur Musik über die Diele. Wenig später tanzten noch andere Paare. Geschickt wichen sich Tanzende und Hühner gegenseitig aus. Die Katzen hatten sich schon lange in Sicherheit gebracht. Von ihnen würde sich an diesem Abend keine zeigen.

Adam legte seine Hände auf Engels Hüfte und zog sie mit sich. Engel ließ sich führen. Sie war überrascht, wie schnell das erste Stück vorbei war. Adam begleitete sie zurück zum Flett, verbeugte sich und holte sich dann Philippina, die Magd, zum Tanz. Etwas atemlos setzte sich Engel neben Grete, die sich mit Lehrer Hoppe unterhielt und beobachtete die Tanzenden.

Adam tanzt so schön schwungvoll, dachte sie. Schade, dass er dabei wirkt, als ob er einen Stock verschluckt hat. Engel wartete geduldig, aber Adam holte sie nicht noch einmal. Sie war eifersüchtig auf alle mit denen er tanzte, redete und schäkerte. Aber es gibt niemanden, den er Prinzessin nennt, nur mich!

Dieser Gedanke beruhigte Engel wieder. Sie stellte sich vor, Adam würde die ganze Nacht nur mit ihr tanzen und die anderen Mädchen sähen ihnen neidisch zu. Sie träumte mit offenen Augen vor sich hin, bis Grete ihr den Ellenbogen in die Rippen stieß.

„Nicht wahr, Engel?"

Engel sah Grete verwirrt an. Da sie nicht zugehört hatte, wusste sie nicht was ihre Schwester wollte. Grete lächelte.

„Ich sagte grade zu Lehrer Hoppe, dass ich mich nicht sehr für die Vergangenheit erwärmen kann. Das liegt dir schon eher, oder nicht?"

In seiner Freizeit interessierte sich Lehrer Hoppe sehr für die Historie. Wenn er Zuhörer fand, erzählte er gern darüber, obwohl er die meisten Menschen im Kirchspiel damit langweilte. Engel mochte diese Geschichtsstunden sehr. Auf diese Weise hatte sie gelernt, dass der Westfälische Friede, der 1648 den 30-jährigen Krieg beendete, in Osnabrück unterschrieben worden war. Sie wusste auch, dass der Kurfürst von Hannover seit 1714 König von England war. Sie lächelte den Lehrer an.

„Oh ja, ich habe eine Menge bei ihnen gelernt."

Lehrer Hoppe freute sich über Engels Aufmerksamkeit. Grete machte sich erleichtert aus dem Staub, sobald es die Höflichkeit zuließ. Lehrer Hoppe blickte ihr nach.

„Ich hoffe, dass ich dich nicht so langweile, wie deine Schwester."

Engel lächelte.

„Ich höre ihnen gerne zu. Am besten fand ich die Geschichte, in der Justus Möser von zu Hause ausgerissen ist und betteln musste. Ist das wirklich passiert?"

„Alles, was ich dir über ihn erzählt habe, ist wahr. Er hat sogar geholfen einen der wichtigsten Verträge seit dem Frieden von 1648 auszuhandeln."

Gespannt wartete Engel darauf, was Lehrer Hoppe diesmal erzählen würde. Sie beugte sich vor, um nur ja kein Wort zu verpassen.

„Im Januar 1782 setzten sich vier Katholiken mit Justizrat Justus Möser und Vizecanzlei-Direktor Gruner an einen Tisch, um endlich die ungerechte Lage der Protestanten in Schledehausen und der Katholiken in Fürstenau zu regeln. Sie verhandelten vier Jahre. Ein Grund dafür waren die ständigen Einmischungen. Zunächst einmal war da König Georg III von England. Er war auf unserer Seite. Er glaubte als Vater unseres Fürstbischofs Friedrich hätte er das Recht mitzureden. Auch Max Franz von Österreich, Erzbischof und Kurfürst von Köln, mischte sich als Oberhaupt der osnabrücker Katholiken immer wieder ein. Er ist übrigens der jüngste Sohn von Kaiserin Maria Theresia von Österreich. Du weißt doch noch, wer das war, oder?"

Engel nickte und Lehrer Hoppe sprach zufrieden weiter.

„Im Jahre unseres Herrn 1786 schlossen die evangelische und die katholische Kirche dann endlich einen Vertrag. Darin wurde in Schledehausen die gemeinsame Nutzung der Kirche durch beide Konfessionen mit eigenen Geistlichen beschlossen. Die Katholiken in Fürstenau sollten sogar eine eigene Kirche bekommen. Dieser Vertrag nennt sich Religionsvergleich."

Engel zog überrascht die Luft ein.

Warum finden die evangelischen Gottesdienste immer noch in der Schelenburg statt, wenn es diesen Vertrag doch schon dreizehn Jahre gibt?

Sie wunderte sich, traute sich aber nicht, Lehrer Hoppe zu unterbrechen.

Vielleicht erklärt er es später.

„In diesem Vertrag wird außerdem bestimmt, dass die Pastoren durch Sammlungen bei den Protestanten bezahlt werden. Die katholischen Priester erhalten weiterhin ihr Geld von der Gemeinde. Katholische Feiertage sind Arbeitstage für die Protestanten und umgekehrt, allerdings ist das Arbeiten auf öffentlichen Plätzen an solchen Tagen für alle untersagt. Dies wird vom Vogt überwacht, der übrigens stets katholisch zu sein hat."

Der Lehrer trank einen Schluck Bier und fuhr mit seiner Erklärung fort.

„Außerdem verlangte der Vertrag, dass an unsere Kirche eine zweite Sakristei angebaut werden sollte. Wie du weißt ist diese schon lange fertig, denn Colon Rahenkamp hat dafür eine Sammlung veranstaltet, die ihn bis nach Holland führte."

Engel war schon wieder überrascht. Sie hatte nicht gewusst, dass ihr Nachbar so weit herumgekommen war.

„Nun fehlt nur noch, dass die Protestanten in Fürstenau für die kleine Gemeinde der Katholiken eine neue Kirche bauen. Genau das ist der Grund, warum dieser Vertrag noch nicht umgesetzt wurde. Sie weigern sich aus verschiedenen Gründen diese zweite Kirche zu bauen."

„Kann man da gar nichts machen?"

Engel staunte über sich selbst. In der Schule hatte sie sich nie getraut Fragen zu stellen. Doch der Lehrer kannte sie gut und antwortete gern.

„Es wird von den Kirchen fleißig verhandelt. Aber wir können nur warten und auf Gott vertrauen. Er wird es schon richten."

Engel stützte den Kopf nachdenklich in die Hände.

Ich hätte nie gedacht, dass die Protestanten so einen Vertrag nicht einhalten wollen. Vater behauptet doch immer, dass normalerweise die Katholiken die Dickschädel sind. Allerdings kenne ich die Katholiken nicht besonders gut. Nur Klara und mit ihr verstehe ich mich bestens. Bei ihr hat es noch nie etwas ausgemacht, dass sie katholisch ist.

Plötzlich fiel ihr auf, dass Lehrer Hoppes Glas leer war. Sie stand auf, holte einen Krug Bier und schenkte ihm nach.

Darüber freuten sich auch die anderen Männer, die am Tisch im Flett saßen und Bier tranken. Sie winkten mit ihren leeren Bechern. Zögernd füllte Engel Bier nach und spielte Gastgeberin.

„Mein Engelchen, du bist schon eine richtige kleine Dame. Bald laufen dir die Jungen in Scharen hinterher."

Ludwig neckte sie gerne. Engel spürte, wie sie wieder einmal rot wurde. Sie kicherte verlegen und flüchtete, um neues Bier zu holen und dem freundlichen Lachen der Männer zu entgehen. Als sie zurückkam, hatte sich das Gespräch schon einem anderen Thema zugewandt.

„Der Herr Pastor sagte doch, dass jeder Mensch auch gewisse Freiheiten haben müsse."

„Aber er meinte damit religiöse Freiheiten", gab Schulmeister Hoppe zu bedenken. „Es ist doch falsch, dass unsere Gemeinde den Katholischen zugeordnet ist, obwohl wir uns zur lutherischen Konfession bekennen."

„Es ist ein himmelschreiendes Unrecht", wetterte Henrich Huckeriede. Der älteste Sohn des Colon Rahenkamp mischte sich in das Gespräch.

„Genauso Unrecht ist es, dass wir dem Grafen Piccard von der Krebsburg gehören. Sind wir denn Vieh, das man uns besitzen könnte? Frei sollten wir sein, wie die Vögel auf dem Feld. Oder wie die Franzosen!"

„Hör auf! Das sind unchristliche Gedanken", wurde er von seinem Vater zurechtgewiesen. „Die Franzosen haben sogar ihrem von Gott gegebenen König den Kopf abgeschlagen!"

Engel erschrak und wich unwillkürlich ein paar Schritte zurück. Wenn das der Preis der Freiheit war, würde sie lieber eine Eigenbehörige bleiben. Sie entspannte sich erst wieder, als ihr Vater das Wort ergriff.

„Alles schön und gut. Aber was ist, wenn es der ausdrückliche Wunsch des Grafen ist?"

Die Gäste sahen ihn so überrascht an, dass er schnell fortfuhr.

„Wie ihr wisst hat mich der gnädige Graf zu Münster-Langelage schon einige Male gefragt, ob ich mich nicht freikaufen wolle. Bisher habe ich das abgelehnt. Aber die Predigt heute hat mich zum Nachdenken gebracht. Vielleicht ist es meine Christenpflicht uns freizukaufen."

„Das ist ein prächtiger Einfall!"

Henrich Huckeriede war begeistert, obwohl sich Ludwig noch nicht entschieden hatte. Er zögerte noch.

„Ich muss noch ein wenig darüber nachdenken. Es wird immerhin eine ganze Stange Geld kosten."

„Der Graf kann jedenfalls jeden Taler gebrauchen, wo er doch immer so knapp bei Kasse ist."

Henrich lachte schadenfroh. Gerhard Averbeck prostete Ludwig zu.

„Du musst auch bedenken, dass du als freier Bauer keine Abgaben für Hand- und Spanndienste, keinen Zehnten und keine Zahlungen bei Heiraten und Todesfällen an den Grafen leisten musst. Dadurch hast du die Kosten des Freikaufs nach kurzer Zeit wieder eingespart."

„Die Kosten für den Freikauf sind meine geringste Sorge. Darüber lässt sich sicher verhandeln. Wichtig ist, dass hinterher noch genug Geld übrig ist. Sonst werden wir zu Sklaven unseres eigenen Hofes, nur um zu überleben."

Gerhard nickte, aber Henrich winkte ab.

„Darüber mach' dir mal keine zu großen Gedanken. Zur Not leihe ich dir etwas."

Ludwig schüttelte den Kopf.

„Das ist nicht nötig. Aber vielen Dank für das Angebot, Henrich."

Gerhard Averbeck stützte das Kinn in die Hand und sah Ludwig nachdenklich an.

„Wenn es einer schaffen kann, dann du, Ludwig. Und du darfst auch die anderen Vorteile nicht vergessen. Bei wichtigen Entscheidungen hat das Wort eines Freien doch etwas mehr Gewicht. Ich kann dir aus eigener Erfahrung sagen, dass das sehr angenehm ist."

Ludwig schwieg nachdenklich. Plötzlich fiel ihm auf, dass Engel ihn gespannt beobachtete. Er lächelte seine Lieblingstochter verschwörerisch an.

„Engelchen, wie würdest du dich als Tochter eines freien Bauern fühlen?"

Engel überlegte angestrengt und antwortete zögernd.

„Ich weiß nicht, Vater. Vielleicht wäre es ganz nett."

Ludwig lachte laut.

„Nett! Das Wort gefällt mir. Dann ist die Sache entschieden. Wir werden dem Grafen sagen, dass wir sein Angebot annehmen werden, wenn uns sein Preis gefällt."

Engel hätte gerne weiter zugehört, aber in diesem Augenblick forderte sie der Sohn des Colon Rahenkamp zum Tanz auf. Sie ließ sich von ihm mitziehen. Während sie sich zur Musik im Kreise drehte, stellte sie sich vor wie es wäre, als Freie zu leben.

Einige Tänze später ließ sie sich erschöpft auf die Bank an der Herdstelle fallen und streckte erleichtert die Füße aus. Sie beobachtete, wie sich die ersten Gäste verabschiedeten.

Wo sind denn Maria und Victor? Die müssten doch längst im Bett sein.

Engel sah sich um, aber die Kinder waren nicht zu sehen. Leise schlich sie sich in die Kammer und sah in den Durk der Kinder, aber auch dort waren die beiden nicht zu finden.

Wahrscheinlich liegen sie mal wieder bei der bunten Kuh im Stroh.

Sie kehrte auf die Diele zurück, schlüpfte zwischen den Gästen hindurch und sah in die Verschläge. Sie hatte recht. Die beiden Kleinen lagen eng aneinander gekuschelt neben ihrer Lieblingskuh und schliefen. Engel holte eine Decke und breitete sie fürsorglich über die Kinder. Ihr Vater würde sie später in ihren Durk tragen. Plötzlich hörte Engel hinter sich jemanden kichern. Erschrocken drehte sie sich um und beobachtete, wie sich die Magd Philippina zärtlich an Adam lehnte. Mit brennenden Augen und einem dicken Kloß im Hals starrte Engel dem Knecht hinterher, der sich mit einem Kuss aus Philippinas Armen befreite und die Leiter zu seiner Kammer hinaufstieg.

„Engel, hast du Victor gesehen? Ich kann ihn nicht finden."

Engel versuchte zu lächeln und drehte sich zu ihrer besorgten Mutter um. Nur gut, dass es inzwischen auf der Diele viel zu dunkel war, um zu sehen, wie verkrampft ihr Lächeln war.

„Sie liegen mal wieder bei der bunten Kuh, Mutter."

Catharina seufzte erleichtert.

„Das ist gut. Ich sage Ludwig Bescheid, damit er die beiden ins Bett bringt. Kannst du Adam suchen und ihm sagen, dass sein Bruder abfahren will?" Catharina wartete nicht auf eine Antwort und so blieb Engel nichts anderes übrig, als die Leiter zu Adams Kammer hinaufzusteigen.

„Was machst du denn da, Prinzessin? Sei vorsichtig. Die nächste Sprosse ist kaputt. Ich muss sie dringend reparieren."

Engel sah überrascht nach unten. Wie kam Adam denn dort hin? So schnell sie konnte stieg sie die Leiter wieder hinunter. Ihr Herz klopfte wild, trotzdem antwortete sie ruhig und gelassen.

„Mutter sagte, dass ich dich holen soll. Dein Bruder will jetzt heimfahren."

„Nett von ihr. Aber ich habe mich schon verabschiedet und jetzt gehe ich ins Bett."

Adam schwang sich die Leiter hinauf.

„Gute Nacht, Prinzessin."

Er öffnete die Kammertür.

„Übrigens, du hast wirklich hübsche Beine", fügte er noch hinzu, bevor er verschwand. Engel wurde vor Scham und Empörung rot. Was untersteht er sich! Wie kann er es wagen mir unter den Rock zu gucken!

Sie kämpfte mit den Tränen, während sie an Grete vorbei ging, die gerade die Öllampen löschte. Sie zog sich in die Kammer zurück, zog das Sonntagskleid aus, legte die Haube ab und krabbelte ins Bett. Nur gut, dass sie es nicht mehr mit Grete teilen musste. Engel schob die Türen ihres Durks zu, damit die kalte Luft der Kammer nicht zu ihr herein konnte und versuchte zu schlafen. Aber es war nicht so einfach, sich genügend zu beruhigen. Dieser Adam! Seine letzte Bemerkung war gemein. Warum geht er mir bloß nicht aus dem Kopf?

Engels Gedanken wirbelten durcheinander und so war sie noch immer wach, als die Eltern zu Bett gingen. Ein rhythmisches Knarren ertönte und Engel lächelte.

Meine Eltern! So alt und immer noch so verliebt!

Von gewohnten Geräuschen umgeben lag Engel in der Dunkelheit, bis ihr endlich die Augen zu fielen.

Engel nahm das Tuch von der Molle mit der Butter, die am Vortag hergestellt worden war. Kühe mussten jeden Tag gemolken werden und so war das Buttern eine ständig wiederkehrende Arbeit. Sie probierte die fettige Masse, gab noch etwas Salz dazu und begann, sie gründlich zu kneten. Da im Winter das Korn gedroschen wurde, konnte sie durch die geöffnete Seitentür den gleichmäßigen Rhythmus der Dreschflegel hören.

„Von düt Hus na dat Hus, von'n Spiker na'n Backhus." Sie sang den Spruch mit, der den Dreschern half im Takt zu bleiben. Im selben Rhythmus knetete sie die Butter. Als diese endlich geschmeidig genug war, drückte sie einen Teil in die dafür vorgesehenen Förmchen. Diese würden beim nächsten Besuch in der Stadt verkauft werden. Den Rest formte sie zu schmalen Laiben und legte sie ordentlich auf ein sauberes Tuch ins Regal der Milchkammer. Diese Butter war für den eigenen Verzehr bestimmt.

Endlich war Engel fertig. Im selben Augenblick trat Maria mit zwei leeren Eimern durch die Seitentür. Sie hatte sich mit dem Füttern der Ferkel beeilt, denn etwas zu Essen gab es erst nach getaner Arbeit. Sie kam zu Engel in die Milchkammer.

„Weißt du wo Victor ist? Er sollte mir doch helfen", fragte sie Engel.

„Der hat wohl verschlafen. Na hoffentlich ist er wenigstens zum Frühstück rechtzeitig auf."

„Vielleicht sollten wir ihn wecken, bevor Vater was merkt."

„Das wird Mutter schon tun. So, fertig! Lass uns frühstücken gehen."

Engel trocknete sich die Hände an einem Tuch, das neben der Tür zur Milchkammer hing und folgte Maria auf das Flett. Wie erwartet saß Victor bereits am Tisch. Engel sah Maria an und beide kicherten.

Dann setzten sie sich an ihre Plätze und warteten, bis die Großmagd das Tischgebet gesprochen hatte. Sofort griffen alle hungrig zu. Fast jeden Tag gab es Buttermilchgrütze oder Milchsuppe. Heute stand Grütze auf dem Tisch. Nach der Lepelkost gingen Maria und Victor zur Schule und Engel half im Haushalt oder spann.

Doch montags durfte sie zur alten Johanne gehen. Das war eine arme Witwe, die einmal in der Woche zu ihnen auf den Hof kam, ein paar leichte Aufgaben verrichtete und dafür genug zu Essen bekam. Sie wusste viel über Kräuter und gab ihr Wissen gern an Engel weiter. Engel war mit Gedanken schon auf dem Weg zu ihrem kleinen Häuschen, als ihr plötzlich auffiel, dass Philippina nicht am Tisch saß.

„Engel, ich möchte, dass du heute daheim bleibst. Philippina hat Bauchschmerzen und du musst ihre Aufgaben übernehmen bis sie wieder gesund ist", befahl Catharina. Engel war sehr enttäuscht, nickte aber gehorsam. Die Arbeit auf dem Hof ging immer vor. Traurig ließ sie die Schultern hängen. Sie bot ein solches Bild des Jammers, dass es Ludwig nicht aushielt. Er lächelte sie liebevoll an.

„Sei nicht traurig. Nächste Woche gibt es auch wieder einen Montag."

Engel fühlte sich getröstet. Sie stand auf, reinigte ihren Löffel und ging zu den Milchkühen hinüber. Sie strich die Schürze ihres braunen Alltagskleides glatt.

Es war noch dunkel und die Diele war von einer Laterne nur schwach beleuchtet. Engel nahm einen der Milcheimer, die Grete bereits vor dem Frühstück gefüllt hatte, als Maria und Victor Hand in Hand an ihr vorbei gingen. Victor rieb sich verschlafen die Augen und schmollte.

„Keine Ahnung, warum wir zur Schule müssen. Wenn ich erst mal damit fertig bin, kriegen mich keine zehn Pferde mehr dahin."

Engel lächelte. Dass Victor nicht besonders gerne zur Schule ging, war kein Geheimnis. Bei ihr war das anders. Als sie letztes Jahr konfirmiert wurde und damit auch ihre Schulzeit zu Ende war, war sie darüber sehr traurig gewesen. Sie verabschiedete sich von ihren Geschwistern und machte sich an die Arbeit.

Engel arbeitete den ganzen Tag. Am späten Nachmittag ging sie in die Milchkammer und nahm eine der Milchschalen vom Regal. Die Sahne hatte sich schon schön abgesetzt. Also nahm sie einen Holzlöffel, schöpfte vorsichtig die Sahne von der Milch und füllte sie ins Flottputt. War genug Flott zusammengekommen, würde sie es zu Butter verarbeiten.

Engel hörte einen Wagen vorfahren und sah zur Seitentür hinaus.

Catharina, die auf einem Stuhl am Feuer saß, strickte und dabei die Mägde überwachte fragte: „Wer ist es?"

„Der Rahenkamp mit Victor und Maria", antwortete Engel.

Wenig später kamen die beiden Kinder herein gestürmt. Engel nutzte den Trubel, um sich zu verdrücken. Sie schlich sich zur Seitentür hinaus, ging am Haus entlang und bog um die vordere Ecke. Heimlich schlich sie sich in den Schafstall. In dem Verschlag am Ende des Stalls, in dem im zeitigen Frühjahr die Lämmer zur Welt kommen würden, hatte sie sich ein wenig Heu zu einem geheimen Lager aufgeschichtet. Dorthin zog sie sich nun zurück. Die Schafe blökten gelegentlich, aber sonst war es ruhig. Engel träumte vor sich hin. Sie wusste genau, dass diese paar gestohlenen Minuten selten waren. Auf einem so großen Hof wie dem ihren gab es immer genug zu tun.

Plötzlich öffnete sich knarrend die Tür des Stalls. Instinktiv kroch Engel tiefer ins Heu.

„Was willst du eigentlich?"

Die Stimme ihres Vaters klang gereizt. „Der Schledehausener Bruch ist absolut unnütz."

Engel hörte, wie er mit der Heugabel Heideplaggen aufspießte und zwischen den Schafen verteilte.

„Jeder einzelne von uns hat ein Anrecht auf einen Teil des Bruchs. Wenn die ganze Waldmark aufgeteilt wird, muss auch der Bruch geteilt werden. Es ist nicht recht, ihn im Besitz der Gemeinde zu lassen", eiferte sich Colon Rahenkamp. Engel seufzte unhörbar. Sie wusste von ihrem Vater, dass die Aufteilung der Marken ziemlich schwierig war. Es hatte darum schon so manchen Streit gegeben.

„Es ist schlechtes Land. Es ist zu nass. Damit hätte jeder einzelne von uns mehr Ärger als Nutzen. Es kostet zu viel Zeit und Mühe es trockenzulegen. Das ist den Aufwand nicht wert. Ich sage, lasst es so wie es ist. Wenn unsere Kinder oder Kindeskinder es doch noch aufteilen wollen, sollen sie sich den Kopf darüber zerbrechen."

„Du alter Dickschädel! Es bedeutet Land, das wir steuerfrei beackern könnten. Und der Boden ist gut, wenn er erst mal trocken ist. Aber du hast ja noch nie auf vernünftige Gründe gehört. Wie konnte Catharina nur so einen sturen Bock wie dich heiraten, wo sie doch mich hätte haben können?"

„Was hat denn das mit dem Schledehausener Bruch zu tun?"

„Du hast sie genauso wenig verdient wie einen Anteil am Bruch!"

Ludwig suchte empört nach den richtigen Worten und Engel wagte kaum noch zu atmen. So aufgebracht hatte sie ihren Vater noch nie erlebt. Seine Stimme sank zu einem leisen, dafür um so gefährlicher klingenden Flüstern hinab.

„Sei du nur schön stille. Sonst könnte es sein, dass es doch noch einen Beweis für das Verschwinden einer bestimmten Geldsumme aus der Spendensammlung gibt."

Nun wurde Colon Rahenkamp richtig wütend.

„Wage es ja nicht! Nachher stehst du als Lügner vor deinem Herrn und Schöpfer!"

Er drehte sich um und stampfte durch das Stalltor hinaus. Wenig später hörte Engel seinen Wagen vom Hof rollen. Ängstlich wartete sie, bis auch ihr Vater die Scheune verlassen hatte. Erst dann wagte sie sich aus ihrem Versteck. Es dauerte eine ganze Weile, bis ihre Knie aufhörten zu zittern. Schließlich hatte sie sich wieder so weit beruhigt, dass sie ins Haus zurückgehen konnte. Die Familie, die Knechte und die Mägde setzten sich gerade zum Abendessen nieder. Engel rieb sich schnell die Hände sauber und setzte sich ebenfalls an den Tisch.

„Wo warst du denn die ganze Zeit, Engel? Ich wollte dir zeigen, wie ordentlich ich heute geschrieben habe. Ich habe extra die Tafel mit heimgebracht", sagte Maria leise.

„Ich sehe es mir nachher an."

„Lasst uns beten!"

Ludwig faltete die Hände und sofort verstummten die Gespräche. Die Großmagd sprach ein Dankgebet und einen Segen. Anschließend sprachen alle gemeinsam das Vaterunser. Danach griffen sie kräftig zu. Wie immer gab es die Reste vom mittäglichen Gemüseeintopf, Schwarzbrot mit Butter und zum Abschluss Milchsuppe, soviel jeder wollte. Engel beobachtete ihren Vater aus den Augenwinkeln, aber sein Ärger schien längst verraucht. Er lachte und scherzte mit seiner Frau, wie er es jeden Abend tat.

Ein paar Tage später saß Engel bei Dorschs auf einer Bank vor dem Heuerhaus und half Klara, Flachs zu hecheln.

„Ich mache mir Sorgen um Vater. Gestern Nacht hat ihn der Knecht von Rahenkamp betrunken aus dem Bach gezogen. Zum Glück sind nur seine Hosen nass geworden."

„Wenn er so weitermacht, wird mein Vater euch noch rauswerfen", meinte Engel besorgt.

„Und er schuldet dem Wirt in Schledehausen mindestens zwei ganze Taler, vielleicht sogar mehr. Wo sollen wir das Geld nur hernehmen."

Engel seufzte. Solange Hinrich Dorsch jeden Pfennig versoff, den er verdiente, würde es schwer werden, diese Schulden loszuwerden.

„Vielleicht findest du irgendwo eine gut bezahlte Stelle. Vater hätte bestimmt nichts dagegen, solange du im Sommer bei der Ernte dabei bist."

„Wir haben schon ein paar Bauern gefragt. Aber wozu sollten die mich einstellen. Sie haben gute Mägde und ihre eigenen Heuerleute haben ja auch genug Kinder. Wahrscheinlich werde ich in die Stadt gehen müssen."

Die beiden Mädchen schwiegen eine Weile. Engel überlegte angestrengt, wie sie ihrer Freundin helfen könnte.

„Ich frage mal Onkel Huckeriede. Vielleicht weiß der eine Stelle."

„Danke, Engel."

„Ich würde ja Vater fragen, aber er ist so beschäftigt. Jetzt ist schon das fünfte Schaf krank. Alle innerhalb von ein paar Tagen."

„Wird schon nichts Schlimmes sein."

„Hoffentlich. Sie scheuern sich ständig und dadurch geht die Wolle ab. Einige torkeln auch hin und her. Vater macht sich ziemlich große Sorgen." Engel reckte sich ein wenig und sah zu ihrem Hof hinüber. Ein bekannter Wagen fuhr gerade die Auffahrt hinauf. „Sieh mal, Klara. Da ist Onkel Huckeriede. Ich laufe mal schnell runter und frage ihn."

Engel legte Hechel und Flachs zur Seite, sprang auf und rannte los.

„Bis nachher!"

Klara winkte ihr nach, aber sie war schon den halben Berg hinab gerannt und sah es nicht mehr. Atemlos kam sie auf dem Hof an. Gerade rieb Adam Henrich Huckeriedes Pferd ab. Das war eigentlich die Aufgabe des jüngsten Knechts, aber Adam liebte Pferde und hatte im Moment nichts anderes vor. Vom Besitzer des Tiers war nichts zu sehen. Engel wurde plötzlich bewusst, wie unordentlich sie aussehen musste. Verlegen strich sie sich den Rock glatt und versuchte eine Haarsträhne, die sich beim Laufen gelöst hatte, wieder unter die Haube zu schieben.

„Na, Prinzessin, warum denn so eilig."

Adam grinste und Engel spürte, wie sie errötete. Verlegen sah sie zu Boden und schob sich mit klopfendem Herzen an Adam vorbei ins Haus. Henrich Huckeriede saß mit Ludwig am Tisch in der Stube, ein Zeichen, dass etwas Wichtiges zu besprechen war. Engel hätte zu gerne gewusst worum es ging. Aber sie traute sich nicht, sich einfach dazu zu setzen. Sie lächelte ihrer Mutter zu, die mit einem Krug frischem Bier und drei Bechern zu den beiden Männern ging und neben ihnen Platz nahm. Engel ging an der Feuerstelle vorbei in ihre Kammer und legte ihr Tuch auf das Kissen in ihrem Durk, dessen zweite Schiebetür zur Stube geöffnet werden konnte. Da die Türen aus Holzplatten bestanden, konnte sie gut hören, was in der Stube gesagt wurde. Grade sprach ihr Vater.

„Aber das ist nicht möglich. Ich habe doch gestern erst mit dem Gutsverwalter gesprochen. Wie heißt er noch gleich?"

„Cavemann", warf Henrich Huckeriede ein.

„Genau. Ich habe mit Advocat Cavemann ausgemacht, dass ich Anfang nächster Woche zum Grafen komme, um die Einzelheiten des Freikaufs auszuhandeln."

Ach, es geht schon wieder um den Freikauf. Das ist doch wirklich nicht so wichtig, dass sie dazu in die Stube gehen müssen.

Trotzdem setzte sich Engel vorsichtig in den Durk, um weiter zuzuhören.

„Wenn ich dir doch sage, dass der Meyer behauptet hat, er habe euch schon gekauft. Ich habe Erde auf den Esch gefahren, als er mich anhielt. Er hat mir regelrecht aufgelauert, der Halunke. Und wie er es gesagt hat! Richtig schadenfroh hat es geklungen."

Henrich Huckeriede klang aufgeregt und wütend. Ludwig versuchte ihn zu beruhigen.

„Das kann nicht sein. Wovon will der Meyer denn die Ablösesumme bezahlen? Seit dem Brand in Schledehausen hat er doch ständig Geldsorgen. Soweit man hört hat er verdammt hohe Schulden!"

„Vielleicht ist es ja ein Kuhhandel. Wer weiß, wie viel Geld der Graf dem Meyer schuldet."

„Wenn es wenigstens nicht der Meyer wäre. Er ist seinen Leuten ein schlechter Herr", mischte sich Catharina leise ein. „Und er ist ein schlechter Wirtschafter. Mit einem Hof seiner Größe müsste er eigentlich ein gutes Einkommen haben. Statt dessen lässt er den Hof ausbluten. Und jetzt will er deinen auch noch haben. Ludwig, du musst etwas unternehmen!"

„Du hast recht! Ich muss unbedingt mit dem Grafen reden. Gleich morgen früh fahre ich nach Langelage."

Engel hörte wie Catharina ein paar Gläser aus dem Schrank nahm, und einen Schnaps zur Beruhigung einschenkte. In diesem Moment wurde Engel klar, dass sie etwas tat, dass ihre Eltern nicht gutheißen würden. Sie krabbelte so leise wie möglich aus dem Durk. Aber ihre Mutter hatte gute Ohren.

„Anna Engel Waldmann. Komm sofort hierher!"

Engel zog den Kopf ein und ging widerwillig in die Stube.

„Was fällt dir ein, deine Eltern zu belauschen! Zur Strafe wirst du heute ganz alleine buttern!"

„Ja, Mutter. Verzeihung."

Engel war froh, so leicht davongekommen zu sein und huschte schnellstens aufs Flett. Hinter sich hörte sie Henrich Huckeriede laut lachen.

Ich Riesenhornochse! Was Vater jetzt nur von mir denkt. Hätte ich doch bloß nicht gelauscht.

Sie ging zur Milchkammer. Dort nahm sie den vollen Flottputt, goss seinen Inhalt ins Butterfass und griff nach dem Deckel. Sie griff daneben und polternd krachte er auf den Boden.

So ein Mist. Heute klappt aber auch gar nichts!

Engel hob den Fassdeckel auf, ging aufs Flett und spülte ihn ab, bevor sie mit dem Buttern begann. Nach einer anstrengenden halben Stunde war sie fertig. Sie streckte sich und schlenkerte mit den Armen.

„Hallo mein Kleines. Nimm' es dir nicht zu sehr zu Herzen."

Erschrocken fuhr Engel herum. Henrich Huckeriede stand in der Tür und lächelte seine Nichte an.

„Deine Mutter war nicht wirklich böse und Ludwig ist ziemlich stolz darauf, dass du beinahe unentdeckt geblieben bist. Interessiert dich das mit den Freikauf so sehr, dass du heimlich lauschen musst?"

Engel wurde rot.

„Na ja, eigentlich wollte ich nur mit dir reden. Aber weil ihr in der Stube gesessen habt, wollte ich nicht stören."

„Und da hast du's vor Neugier nicht ausgehalten, was?"

Huckeriede lachte und Engel wurde rot. Sie schämte sich.

„Na, wenn es dir so wichtig ist, werde ich dir morgen Abend ganz genau erzählen, wie es in Langelage war. Fest versprochen! Übrigens, was wolltest du denn von mir?"

„Weißt du eine gut bezahlte Stelle für Klara, Onkel Henrich? Ich würde ihr so gerne helfen."

„Ich hör mich um."

Henrich verabschiedete sich und verschwand durch die Seitentür.

Nach dem Mittagessen ging Engel aus dem Haus und tat so, als würde sie ein wenig von der halberfrorenen Petersilie aus dem Gewürzgarten holen. In Wirklichkeit beobachtete sie Adam, der das braune Pferd vor den Wagen spannte. Sie wäre zu gerne mitgefahren, wusste aber genau, dass ihr Vater das nicht erlauben würde. Sie sah, wie Ludwig mit raschen Schritten über den Hof kam. Er hatte ein paar Decken unter dem Arm, die er auf den Wagen warf.

„Adam, du musst nachher noch mal nach den Schafen sehen. Mittlerweile ist die halbe Herde krank und es sieht so aus, als ob ein oder zwei Tiere bald sterben werden."

„Mach ich, Ludwig. Woll'n wir hoffen, dass sich die meisten wieder erholen."

„Schön wär's."

Ludwig schwang sich auf den Kutschbock. Er nickte Adam noch einmal zu und machte sich dann auf den Weg nach Langelage. Vorher würde er noch zu Huckeriedes fahren und Henrich abholen, schließlich lag sein Hof auf dem Weg. Engel sah ihm sehnsüchtig nach. Da fiel ihr eine gebeugte Figur auf, die gerade die Einfahrt entlang gehumpelt kam. Es war die alte Johanne, die wie jeden Freitag zu ihnen auf den Hof kam. Allerdings war sie heute ungewöhnlich spät dran. Engel lief der alten Frau entgegen und begrüßte sie herzlich.

„Ist etwas passiert? Wir haben heute morgen auf dich gewartet und nun ist Mittag schon vorbei."

„Ach Kindchen, lass mich meine alten Knochen erst einmal am Herd wärmen. Dann erzähle ich dir das allerschlimmste Übel, das mir je begegnet ist."

Engel begleitete die alte Frau ins Haus. Sie holte ihr eine Schüssel Milchsuppe und etwas Brot und sah zu, wie sie aß. Engel versuchte die Ungeduld zu verbergen, mit der sie auf Johannes Geschichte wartete. Niemand konnte so gut erzählen, wie die Alte. Endlich war sie satt, wischte sich den Mund am Ärmel ihres Kleides ab und räusperte sich. Obwohl sie kaum noch Zähne hatte, ihre Augen trüb waren und auch das Gehör nicht mehr so gut war wie früher, klang ihre Stimme energisch und fest.

„Sei gewarnt, mein Kind. Dieses Erlebnis wird dir die Haare zu Berge stehen lassen. Ich habe mich darüber so sehr aufgeregt, dass ich den ganzen Morgen in der Kirche war, um zu beten."

Kaum hatte sie das gesagt, kamen Grete, Philippina, die anderen Mägde und sogar Catharina herbei, um zuzuhören. Gute Geschichten waren selten. Engel wusste, dass Catharina nicht ans Arbeiten denken würde, solange Johanne erzählte. Gespannt rutschte sie dichter an die alte Frau heran, die mit heiserer Stimme sprach.

„Heute Nacht war mir, ich sei an der Kirche vorbeigegangen, hinüber zum Friedhof. Und wer kam mir da anderes entgegen, als mein geliebter Mann, Gott hab' ihn selig. Er nahm meinen Arm, um mich auf den Friedhof zu geleiten, sprach aber kein Wort. Seine Berührung war eisig. Ich war steif vor Angst. Er zog mich mit sich, als wolle er zu einer besonderen Stelle. Ich hatte solche Angst, dass ich kaum den Weg sah, den er mich entlang führte. Mit jedem Schritt den ich ging, zitterten meine Beine mehr. Von seiner Hand auf meinem Arm ging eine solche Kälte aus, dass ich es bald nicht mehr ertragen konnte. Ich hatte Angst um mein Leben und riss mich los. Da öffnete der Wiedergänger seinen Mund, als wolle er etwas sagen, aber kein Wort war zu hören. Er deutete auf ein Grab, winkte, dass ich näher kommen solle. Aber ich war wie festgefroren. Plötzlich krähte ein Hahn. Da verblasste er und ich kam schweißgebadet zu mir. Denkt euch mein Entsetzen, als ich mich auf dem Friedhof fand."

„Aber wessen Grab war es denn?"

„Woher soll ich das wissen, Engelchen. Ich hatte eine solche Angst, dass ich mich nicht einmal zurechtfand. Ich irrte ein paar Minuten herum, bevor ich meine Sinne wieder beisammen hatte und einfach auf den Kirchturm zuging. Ich eilte in die Kirche, so schnell mich meine alten Beine tragen konnten. Dort betete ich für die arme Seele, die in diesem Grabe lag, bis der Pfarrer kam. Dieser katholische Besserwisser hat mir natürlich kein Wort geglaubt."

Engel war enttäuscht. Sie hätte zu gerne gewusst, ob der Wiedergänger seiner Frau einen Schatz zeigen oder den Tod eines Menschen aus dem Kirchspiel ankündigen wollte.

Vielleicht hat er solche Sehnsucht nach Johanne, dass er sie zu sich holen will. Sie würde mir arg fehlen. Andererseits ist sie schon sehr alt. Aber vielleicht wollte er auch jemand anders warnen?

Engel wurde plötzlich von einer unbestimmten Furcht gepackt. Was, wenn ihre Familie gemeint war? Aber das war nicht möglich. Alle auf dem Hof waren gesund, der Winter war nicht besonders hart und es gab genügend Vorräte. Unwirsch schüttelte sie die dunklen Gedanken ab.

„Und dann?"

Die Kleinmagd Philippina hielt den Atem an.

„Nichts weiter. Ich betete noch eine Weile. Dann wurde ich hungrig und machte mich auf den Weg hierher."

Da die Geschichte offensichtlich zu Ende war, schickte Catharina die Mädchen wieder an die Arbeit. Engel gab sie einige Hosen, die dringend geflickt werden mussten. Das junge Mädchen setzte sich neben die alte Frau auf die Bank am Feuer. Johanne bekam einen Korb mit Flachsknokken, in sich gedrehte, handliche Portionen aus Flachsfasern.

„Habt ihr eigentlich schon von dem Wundermädchen in Borgloh gehört?"

Engel war erleichtert, als Grete den Kopf schüttelte. »Wundermädchen« klang interessant.

Johanne nahm den ersten Knocken, steckte das eine Ende in ihre Schürze und breitete den Rest mit geübtem Schwung über ihren Knien aus. Dies wiederholte sie mehrmals, während sie von der Sechzehnjährigen aus der Bauernschaft Eppendorf berichtete.

„Seit Tagen isst sie nichts und trinkt nichts und lebt doch. Es ist wahrlich ein Wunder."

Catharina stimmte ihr zu, aber Grete war anderer Meinung.

„Ich finde, das Mädchen sollte untersucht werden. Vielleicht ist sie ja krank."

Johanne hatte genügend Flachs ausgebreitet. Sie zog die Enden aus ihrer Schürze und drehte sie zu einer Spitze zusammen, die sie mit der linken Hand anhob.

„Ich habe sie zwar nicht selbst gesehen, aber eine gute Bekannte von mir sagte, sie sähe aus wie das blühende Leben. Sie ist wohl nur ein wenig schwach."

Vorsichtig legte sie den Flachs über ihren Schoß, legte den Wockenstock hinein und wickelte die Fasern darum. Das Ganze befestigte sie mit einem hübsch bemalten Pappblatt und einigen bunten Bändern.

Anschließend nahm sie ihr Spinnrad und steckte den Wocken in das dafür vorgesehene Loch. Engel holte etwas dicke Milch, die sie in ein kleines am Spinnrad befestigtes Blechnäpfchen füllte. Mit ihr konnte Johanne die Finger anfeuchten, ohne den Staub aus dem Flachs schlucken zu müssen. Die alte Frau nickte ihr dankbar zu. Bedächtig setzte sie das Rad in Schwung, zog und drehte die Wolle zu einem gleichmäßigen Faden, der durch die Häkchen an der fröhlich tanzenden Spindel lief und sich dann auf die Spule wickelte. Einen so feinen und gleichmäßigen Faden zu spinnen erforderte jahrelange Übung. Engel beneidete Johanne um ihre Fingerfertigkeit.

„So schön möchte ich auch spinnen können."

„Üben, Mädchen, üben. Es ist noch nie ein Meister vom Himmel gefallen."

Während das Spinnrad mit stetem Rhythmus vor sich hin summte, die Mägde das Abendessen vorbereiteten, Grete die Kühe molk, Engel Riss um Riss nähte und Catharina alle Arbeiten überwachte, erzählte die Alte von den Sorgen und Nöten der anderen Bauern. Da sie jeden Tag auf einem anderen Hof beköstigt wurde, kannte sie sie alle. Als ihr die Neuigkeiten ausgingen begann Grete ein Lied zu singen und die anderen stimmten vergnügt mit ein.

Stunde um Stunde verging. Bald war es im Haus so dunkel, dass Engel trotz der angezündeten Öllampen kaum noch die Nadel sehen konnte. Sie biss den Faden ab und räumte das Nähzeug weg. Anschließend half sie ihrer Schwester beim Tischdecken. Während Grete die Leiter hinaufstieg, um einen neuen Schinken aus dem Rauchfang zu holen, schlich sich Engel durch die Seitentür davon.

„Hallo Prinzessin."

Engel erschrak fürchterlich.

„Adam! Du..." Sie schluckte die Schimpfwörter hinunter, die ihr auf der Zunge lagen. Adam grinste.

„Ich dachte, es interessiert dich, dass dein Vater und Huckeriede gerade die Einfahrt heraufkommen."

„Musst du mich deshalb so erschrecken?"

„Nicht unbedingt, aber es macht mehr Spaß."

Adam verschwand in Richtung Dielentor. Engel folgte ihm. Insgeheim musste sie lächeln. Adam war immer für einen Scherz gut, auch wenn es manchmal etwas derbe Späße waren.

Immerhin hatte er nicht gelogen. Gerade rumpelte der schwerfällige Leiterwagen mit ihrem Vater und Henrich Huckeriede auf den Hof. Engel eilte den beiden entgegen.

„Na, Engelchen. Du willst sicher wissen, was der Graf gesagt hat", sagte Huckeriede und lachte dröhnend. „Du bist wirklich das neugierigste Mädchen, das mir je untergekommen ist. Eines Tages wird das noch mal dein Tod sein."

Ludwig lächelte, aber Engel, die eben noch unbeschwert und fröhlich war, erschauerte. Sie wollte nicht über etwas so Unerfreuliches wie den Tod nachdenken. Es erinnerte sie zu sehr an Johannes Geschichte. Henrich tätschelte ihren Kopf.

„Du wirst schon bis nach dem Abendessen warten müssen. Wir wollen doch nicht alles zweimal erzählen."

Lachend stieg er vom Wagen. Ludwig war schon längst abgestiegen und half Adam, das Pferd auszuspannen, abzureiben und mit Hafer zu versorgen. Erst als sie damit fertig waren, schoben die Männer gemeinsam den Wagen in den Schuppen. Gespannt wartete Engel und folgte ihnen dann zum Abendessen. Vor lauter Aufregung bekam sie kaum einen Bissen herunter und war lange vor den anderen fertig. Endlich begann Henrich Huckeriede zu erzählen.

„Auf der Fahrt nach Langelage, überlegte ich hin und her, wie ich das Thema beim Grafen am besten vorbringen könnte. Ludwig wollte ihn einfach direkt fragen. Ich fand das nicht gut. So ein Graf ist schließlich listige Staatsmänner gewohnt. Aber Ludwig meinte, der Graf hätte ihn ja zum Freikauf aufgefordert. Nachdem er mir das mitgeteilt hatte, schwieg er für den Rest der Fahrt. Mir war das ganz recht. So konnte ich in aller Ruhe nachdenken.

Nach etwa einer Stunde konnten wir das gräfliche Anwesen endlich sehen. Es ist ziemlich groß. Ihr müsst euch das so vorstellen. Links vom Weg liegen mehrere aneinander gebaute Fachwerkgebäude. Ich denke mal es sind überwiegend Schuppen und Scheunen. Ganz vorne, von einem Graben umgeben, steht das alte Herrenhaus. Ich war erstaunt, wie klein es ist. Immerhin hat da früher die Grafenfamilie gewohnt. Es ist quadratisch und nur zwei Stockwerke hoch, hat ein winziges Glöckchen in einem Turm auf dem Dach und eine Uhr über der Tür.

Ein künstlicher Graben führt rings um diese Gebäude. Ein Seitenarm kreuzt dann den Weg und umschlingt das neue Herrenhaus. Die Brücke ist ganz von Bäumen und Büschen umgeben, so dass wir das Haus von dort gar nicht richtig sehen konnten. Es sah trotzdem sehr hübsch aus. So was ist für Adelige wohl recht wichtig. Na, an der Brücke stand jedenfalls ein Lakai, der »nach unserem Begehr« fragte.

Meine Güte, drückte der sich verdreht aus. Und einen Ton hatte er am Leib, als seien wir unerwünschtes Lumpenpack. Ich ärgerte mich natürlich über den Kerl, aber was konnte ich schon dagegen tun? Ich antwortete, dass wir den Grafen in einer geschäftlichen Angelegenheit sprechen wollten.

Er rief einen Bediensteten, der uns eine Stelle zeigte, an der wir Pferd und Wagen lassen konnten, denn über die Brücke durften wir nicht fahren. Wir gingen also zu Fuß weiter.

Das war vielleicht ein Anblick. Fast sofort weitet sich der Weg zu einem großen, freien Platz, auf dem das Herrenhaus steht. Es ist ein prächtiges Gebäude, dem von meinem Grundherrn ganz ähnlich. Wie das alte Herrenhaus ist es zwei Stockwerke hoch. Doch damit ist die Ähnlichkeit auch schon zu Ende. Es ist ziemlich breit und hat ein sehr hohes Dach. Ich hab' noch gedacht, dass ich da oben nicht gerne Schindeln tauschen würde.

Der Haupteingang liegt etwas höher in der Mitte und von jeder Seite führen Treppenstufen hinauf. Über der Tür ist das Familienwappen angebracht. Für meinen Geschmack ist es aber zu unauffällig. Man muss ja fast danach suchen. Aber Fenster hat das Haus! Allein die Stirnseite hat neunzehn Stück. Alle aus Glas! Ich habe sie extra gezählt. Was das gekostet haben muss!

Viel Zeit das Haus zu bewundern blieb uns aber nicht, denn ein weiterer Lakai nahm uns in Empfang. Er stellte die gleichen Fragen wie der Kerl vorher und hatte einen noch aufgeblaseneren Ton am Leib.

Ich blieb höflich, obwohl mir das schwerfiel. Ihr kennt mich ja. Ich stellte uns vor und erklärte erneut, dass wir zum Grafen wollten. Der Lakai hatte doch tatsächlich die Frechheit, die Nase zu rümpfen, als er uns musterte.

»Der Graf empfängt keinen unangemeldeten Besuch«

Ich wies ihn freundlich darauf hin, dass es um Geld ging und dass uns der Graf unter solchen Umständen sehr wohl empfangen würde. Die Hochnäsigkeit der Bediensteten ging mir langsam richtig auf die Nerven. Ich muss mich wohl etwas im Ton vergriffen haben, denn Ludwig gab mir einen Rippenstoß. Zum Glück bekam der Lakai davon nichts mit. Er zuckte nur gelangweilt mit den Schultern und befahl uns, ihm zu folgen.

Er ging mit schnellem Schritt voran. Wir folgten ihm durch einen Seiteneingang, über Hintertreppen und lange Korridore. Mann, ist das ein riesiges Haus. Endlich standen wir vor einer großen Tür.

»Wartet hier«, sagte der Lakai und verschwand. Als er zurückkam hielt er die Türflügel weit auf.

»Der gnädige Herr empfängt Sie jetzt.«

Er hatte wohl von seinem Herrn einen Rüffel bekommen. Jedenfalls benutzte er jetzt das förmliche »Sie« und nicht mehr das vertrauliche »ihr«. Außerdem nahm er Haltung an.

Das tat mir richtig gut. Zufrieden folgte ich Ludwig ins Zimmer. Das war vielleicht ein Raum! Ich war mehr als überrascht. Nach dem kühlen Empfang hatte ich damit gerechnet in einem kleinen und dunklen Zimmer abgefertigt zu werden. Statt dessen wurden wir in das große, helle Arbeitszimmer des Grafen geführt.

Die Regale ringsum waren gestopft voll mit Büchern. So viele habe ich in meinem ganzen Leben noch nicht auf einem Fleck gesehen. Wir gingen über einen Teppich, der war weicher als mein Bettzeug. Und den Eichenholztisch, der das Zimmer beherrschte, hätte ich auch gerne gehabt.

Der Graf kam uns lächelnd entgegen. Er hatte sich ziemlich verändert, seit ich ihn das letzte Mal gesehen habe. Seine braunen Locken waren sorgfältig nach der neusten Mode zu einem Zopf geflochten. Überhaupt war er modisch gekleidet. Ihr wisst schon, diese engen Röcke, die vorne kurz und hinten lang geschnitten sind, dazu die halblangen Hosen. Er wirkte sehr elegant. Aber man sieht seinen feinen Gesichtszügen an, dass er nicht viel an der frischen Luft arbeitet.

Um so erstaunter war ich über den festen Händedruck mit dem er uns begrüßte. Deshalb sah ich mir seine Hände genau an. Sie sind sehr schmal und zart. Ich konnte nicht eine Schwiele an ihnen entdecken. Ich frage mich, ob mein Grundherr auch solche Hände hat. Ich habe bisher nie darauf geachtet.

Na ja, jedenfalls bat er uns Platz zu nehmen. Wir setzten uns in die Polstersessel. Was anderes war ja nicht da. Sie gaben so stark nach, dass ich dachte, ich kämme da nie wieder raus.

Der Graf fragte, was er für uns tun könne. Endlich war die Zeit gekommen, meine meisterhafte Strategie in die Tat umzusetzen. Ich öffnete den Mund um zu antworten. Leider war Ludwig schneller."

Er knuffte Ludwig in die Seite.

„Das nehme ich dir noch eine Weile übel, du Kerl du."

Alle lachten.

„Für meinen Geschmack war er viel zu direkt. Er sagte »Ihr habt mir des öfteren angeboten, dass ich mich freikaufen dürfe. Ich habe es mir gründlich überlegt und möchte dieses Angebot nun annehmen.«

Klingt wie auswendig gelernt, oder? Na, der Graf wirkte ein wenig verlegen. Er suchte wohl nach den richtigen Worten. Es war deutlich zu sehen, dass er sich in seiner Haut nicht ganz wohl fühlte. Ich fragte ihn, ob er es sich anders überlegt hätte. Ihr erratet nie, was er mir antwortete!

Ich war im ersten Augenblick doch ziemlich empört. Er hatte euch tatsächlich dem Meyer zu Schledehausen angeboten. Als ich protestierte, versuchte er sich damit herauszureden, dass er auf eine schnelle Entscheidung angewiesen sei. Ich sagte ihm, dass man nicht vergessen darf, dass so was keine leichte Entscheidung ist und dass Ludwig die Zeit zum Nachdenken brauchte. Er verstand das auch.

Ludwig fragte ihn, ob denn schon ein Verkaufsvertrag aufgesetzt wäre und wir hatten Glück. Der Meyer hatte noch zu wenig geboten. Ihr wisst ja, wie dringend der Graf Geld braucht, um die Schulden seines Vaters zu begleichen. Und so ein Schloss ist ja auch nicht gerade billig. Man kann dem jungen Grafen regelrecht ansehen, wie sehr er unter Geldknappheit leidet. Er hat Ringe unter den Augen und Sorgenfalten um den Mund. Ich glaube, dass die vor dem Tod seines Vaters noch nicht dagewesen waren.

Wir machten ihm also ein erstes Angebot. Die Summe beschleunigte wahrscheinlich sein Denken, denn er hatte plötzlich einen Einfall.

»Ich spreche noch einmal mit dem Meyer. Ich habe noch zwei Höfe, die für ihn günstiger liegen. Die könnte er für den von ihm gebotenen Preis haben. Er wird schon darauf eingehen. Schließlich sind beide zusammen sogar noch etwas mehr wert, als das Colonat Waldmann. Außerdem liegen sie näher an seinem eigenen Hof. Alles in allem eine zufriedenstellende Lösung.«

Wir bedankten uns und der Graf reichte uns zum Abschied die Hand.

Er schlug vor, die Einzelheiten des Verkaufs am nächsten Tag zu besprechen. Damit waren wir entlassen. Er geleitete uns noch zur Tür, wo derselbe Lakai auf uns wartete, der uns herauf geführt hatte. Ohne mit uns zu sprechen, brachte er uns in den Hof zurück. Aber deshalb müssen wir morgen noch einmal nach Langelage.“

Zufrieden lehnte sich Henrich zurück. Er hatte seinen Bericht beendet.

„Ich bin mir sicher, dass das mit dem Freikauf klappen wird.“

Ludwig zweifelte noch.

„Du kennst Meyer nicht. Der war schon immer scharf auf meinen Hof.“

„Immerhin ist er nicht dumm und das Angebot des Grafen hat für ihn nur Vorteile. Er wird sich schon überzeugen lassen.“

Huckeriede blieb zuversichtlich.

„Warten wir's ab“, murmelte Ludwig.

Am nächsten Morgen stand Engel am Hoftor und sah dem Wagen nach. Diesmal begleitete ihre Mutter Ludwig nach Langelage. Auch Onkel Henrich fuhr wieder mit. Ludwig hatte versprochen ihn rechtzeitig abzuholen. Victor und Maria winkten ihr vom Wagen aus fröhlich zu. Sie genossen es, zur Schule zu fahren. Engel winkte zurück. Irgendwie fühlte sie sich eigenartig.

Wie es wohl ist, die Tochter eines freien Bauern zu sein?

Sie konnte es sich nicht vorstellen und es gab auch niemanden, den sie fragen konnte. Die einzigen Freien der Gegend waren Averbecks, bei denen es noch keine Tochter gab. Engel seufzte. Je länger sie darüber nachdachte, desto unbehaglicher fühlte sie sich. Sie konnte gut verstehen, warum ihr Vater so lange gezögert hatte.

„Hoffentlich geht alles gut.“

Sie ging ins Haus zurück, nahm ihr Flickzeug, setzte sich auf die Bank vor dem Feuer und machte sich an die Arbeit. Sie beobachtete Grete, der für den Vormittag die Aufsicht über den Hof übertragen worden war. Stolz saß sie auf Catharinas Platz am Feuer und scheuchte die Mägde. Engel fiel auf, dass sie oft hustete und sich ständig Tränen aus den Augen wischte, weil sie direkt im Rauch saß.

Ich frage mich, wie Mutter das aushält? Ich habe sie noch nie husten sehen. Vielleicht hat sie sich schon so daran gewöhnt, dass sie es gar nicht mehr merkt.

Engel stellte sich vor, wie es wäre, wenn sie die Hausherrin wäre. Jeden Tag gäbe es Speck und Wurst und Adam wäre ihr Colon. Sie hätten mindestens sieben Pferde, eines schöner als das andere und eine eigene Familienbibel. Auch Gänse, Enten und Hühner würde sie haben. Und ein Kleid aus feinem Stoff. So träumte sie vor sich hin und stopfte Loch um Loch.

Als sie das letzte Kleidungsstück geflickt hatte, streckte sie sich. Erleichtert atmete sie tief durch, obwohl sie wusste, dass der Korb schon in wenigen Tagen wieder voller zerrissener Sachen sein würde. Dabei wurde ihr bewusst, dass es die ganze Zeit schon verführerisch duftete. In der großen Pfanne brutzelten Bratwürste und mehrere Buchweizenpfannkuchen stapelten sich auf einem Teller. Philippina nahm gerade die Zinnteller aus dem Wandregal und stellte sie auf den Esstisch. Das war eine Neuerung, die Catharina bei einer Freundin in der Stadt kennengelernt hatte. Seit sie gesehen hatte, wie sauber der Tisch hinterher war, bestand sie darauf für Pfannkuchen Teller zu decken, auch wenn der anschließende Abwasch für die Mägde mehr Arbeit bedeutete. Engel fand es interessant, nicht mit allen aus einem Topf zu essen. Es war so vornehm.

„Ist es denn schon Zeit fürs Frühstück?"

Ungläubig sah sie Philippina an, aber die Kleinmagd nickte nur.

„Vorher kannst du noch die Eier einsammeln, Engel", befahl Grete. Eigentlich gehörte dies nicht zu ihren Aufgaben, aber Engel wusste, dass sie Grete lieber nicht widersprechen sollte. Sie war als Hausherrin noch strenger als Catharina. Also stand Engel widerwillig aber schweigend auf, holte sich einen Korb und ging auf die Diele. Dort durchsuchte sie einen Hühnerkorb nach dem anderen. Als sie alle durchgesehen hatte, lagen in ihrem Korb immerhin ein Dutzend Eier. Das war keine schlechte Ausbeute.

Zufrieden setzte sie sich an den Frühstückstisch und ließ es sich schmekken. Ohne die Eltern und die Geschwister war der Tisch merkwürdig leer. Außer Grete und der Großmagd, der Kleinmagd, Philippina und der Gänsemagd, saßen nur noch Adam und Jacob, der zweite Knecht, am Tisch.

Obwohl Grete und Philippina genug Essen vorbereitet hatten, um die fehlenden Familienmitglieder mit zu versorgen, wurde alles alle.

„Nun, dann können wir ja mit dem Mittagessen warten, bis Vater und Mutter wieder da sind", schlug Grete vor. Adam nickte bedächtig, meinte dann aber: „Lass es lieber nicht zu spät werden. Wir müssen heute noch einige Schafe vergraben und das ist harte Arbeit bei dem gefrorenen Boden. Da werden wir sehr schnell wieder hungrig."

Grete lächelte.

„Ich werde daran denken."

Engel war überrascht. Sie hatte zwar gewusst, dass die Schafe krank waren, aber trotzdem immer gehofft, dass sie wieder gesund würden. Sie folgte Jacob und Adam, als die nach dem Frühstück wieder aus dem Haus gingen.

„S'is schon ein Kreuz mit den Schafen", meinte Jacob. Engel sah ihn an.

„Ist es denn sehr schlimm?"

Adam antwortete ihr.

„Es sieht nicht gut aus, Prinzessin. Mittlerweile sind fast alle Tiere krank. Zehn Schafe sind bereits tot. Das könnte das Ende der ganzen Herde sein, fürchte ich."

Engel war sehr besorgt, weil sie grade die Schafe besonders gern hatte. War ihre Krankheit eine Strafe dafür, dass sie auf das Angebot des Grafen eingegangen waren?

In Gedanken versunken ging sie ins Haus zurück. Sie nahm die beiden Wassereimer von der Wasserbank am Seiteneingang und trug sie zum Hofbrunnen, um sie neu zu füllen. Die trüben Reste kippte sie einfach auf den Hof. Lange blieb sie auf dem Rand des Brunnens sitzen. Schließlich nahm sie die vollen Eimer und trug sie in die Küche.

„Ich geh mal eben zu Klara", rief sie Grete zu und war aus dem Haus, bevor ihre Schwester antworten konnte. So schnell sie ihre Füße tragen konnten, rannte sie zum Heuerhaus hinauf. Sich mit Klara zu unterhalten, half ihr immer. Es war doch gut, dass ihre beste Freundin so nahe wohnte. Sie erinnerte sich noch genau an den Tag, an dem ihre Freundschaft begann.

An einem warmen Sommertag, als Engel etwa fünf Jahre alt war, mähten ihr Vater und seine Männer die Wiese am Mühlbach. Engel wollte mitgehen und ihre Mutter erlaubte es.

„Pass nur gut auf den Bach auf. Ich möchte nicht, dass du nass wirst",
befahl sie. Engel nickte gehorsam und legte ihre kleine Hand in die
schwielige Pranke ihres Vaters. Sie war glücklich.

Fröhlich hüpfte sie neben ihrem Vater zur Wiese. Unterwegs bestaunte
sie Schmetterlinge und Blumen. Sie musste sich beeilen, denn ihr Vater
schritt kräftig aus. Als er merkte, dass sie Schwierigkeiten hatte mitzuhal-
ten, nahm er sie lachend auf den Arm und trug sie das letzte Stück. Er
setzte sie dort ab, wo er vor dem Frühstück die Sense abgestellt hatte.

„Lauf nur los und spiele ein wenig. Und komm nicht zu uns rüber, ohne
vorher zu rufen. Ich möchte dich nicht aus Versehen schneiden. Hast du
das verstanden, mein Engelchen?"

Engel nickte.

„Ich soll dich rufen, wenn ich zu dir kommen will, richtig?"

Ludwig strich ihr übers Haar und nickte. Dann griff er sich die Sense und
wartete, bis Engel weit genug entfernt war. Eine Weile sah Engel zu, wie
das Gras Schwung um Schwung geschnitten wurde. Nach einer Weile
wurde ihr langweilig und sie sah sich um. Einige Kinder spielten am Bach.
Eine Sechsjährige winkte ihr zu kommen. Engel wusste, dass sie Klara
hieß und die Tochter des neuen Heuermanns war, der seit Anfang Mai im
Leibzuchtskotten wohnte. Sie freute sich über den Wink, denn sie spielte
gern mit den anderen. Sie lief zu den Kindern hinüber, die mehr oder weniger nackt im Wasser herum sprangen. Klara winkte erneut.

„Komm rein! Es ist herrlich."

Engel schüttelte den Kopf.

„Mutter hat mir verboten, nass zu werden."

„Faule Ausrede", rief ein Junge und kletterte aus dem Bach. Mit zwei
schnellen Sprüngen war er bei Engel und schubste sie kräftig. Engel schrie
erschrocken auf, als sie mit dem Gesicht voran im Wasser landete. Der
Junge lachte, aber Klara war wütend.

„Du blöder Hornochse! Nun guck dir an, was du angerichtet hast."

Sie half Engel auf die Beine. Wasser tropfte ihr aus den blonden Locken
ins Gesicht und vermischte sich mit den Tränen, die ihr über die Wangen
rollten. Klara versuchte ihr den Rock auszuwringen.

„Am besten gehst du gleich nach Hause und ziehst trockene Sachen an."

„Das kann ich nicht. Mutter wird furchtbar böse."

Engel weinte. Während Klara ihr aus dem Bach half, überlegte sie laut.

„Wir könnten zu uns gehen. Meine Mutter hilft dir bestimmt."

„Ich muss Vater bescheid sagen, sonst sorgt er sich."

Mit hängenden Schultern ging Engel auf die Schnitter zu.

„Vater", rief sie so laut es ging, konnte aber nicht verhindern, dass sich ein Schluchzen in den Schrei mischte. Ludwig kam sofort angerannt. Als er Engel wie ein Häufchen Elend vor sich sah, musste er lachen.

„Ach, Engelchen. Ich dachte schon, dir wäre was passiert."

Er nahm seine nasse Tochter in die Arme.

„Mach dir keine Sorgen. Die Sachen trocknen schon wieder."

In diesem Moment tauchte Klara auf, die sich schnell angezogen hatte.

„Sie kann mit zu uns kommen."

Ludwig lächelte sie an.

„Das ist ein guter Gedanke. Möchtest du mitgehen, Engel?"

Engel nickte. Alles war besser, als die Mutter zu verärgern. Sie folgte Klara, die so ging, dass sie vom Bauernhaus nicht gesehen werden konnten. Engel war ihr dankbar dafür.

Wenig später stand sie vor Klaras Mutter. Noch immer tropfte Wasser aus ihren Sachen.

„Du armes Würmchen. Los, zieh dich aus und krabbele in Klaras Bett."

Engel gehorchte wortlos. Klara kletterte zu ihr in den Durk und erzählte ihr eine Geschichte. Sie bekamen etwas Milchsuppe, während die Sachen am Herd hingen. Als sie trocken waren, bürstete Klaras Mutter den Sand heraus und zog Engel wieder an. Dann ließ sie die beiden Mädchen in der Stube spielen, die eigentlich nur von besonderen Gästen benutzt wurde. Engel war stolz auf diese Ehre und genoss jede Minute. Der Rest des Tages verging wie im Fluge. Sie war ein wenig enttäuscht, als Klaras Vater zum Abendessen hereinkam.

„Guten Abend, ihr meine beiden Lieblinge."

Er küsste seine Frau und wirbelte Klara durch die Luft, als hätte er sie ewig nicht mehr gesehen. Sein Blick fiel auf Engel.

„Was haben wir denn da für ein hübsches Mädchen. Können wir die behalten?"

Engel kicherte und wurde rot. Klara lachte laut.

„Aber Vater. Das ist doch Engel Waldmann."

„Oh! Na, dann will ich dich mal besser nach Hause begleiten, junge Dame, sonst machen sich deine Eltern noch Sorgen."

Engel spürte die Röte auf ihren Wangen brennen. Es war das erste Mal, dass sie jemand »junge Dame« nannte. Sie verabschiedete sich von Klara und bedankte sich bei ihrer Mutter.

Klaras Vater hielt ihr die Tür auf und brachte sie heim.

Engel lächelte wehmütig.

Seither hat sich doch wirklich viel geändert, dachte sie. Sie betrat den Hof des Heuerhauses. Nicht zum ersten Mal bemerkte sie, wie ärmlich ihre Freundin lebte. Das winzige Haus hatte nur eine Schlafkammer und einen größeren Raum mit Herdstelle, in dem auch das wenige Vieh stand. Engel wusste, dass Hinrich Dorsch bis auf drei Hühner und die Ziege alle Tiere verkauft hatte, um die Medikamente für seine Frau zu bezahlen. Wahrscheinlich würde die gesamte Habe der Dorschs auf einen einzigen Leiterwagen passen.

Klara saß auf der Bank vor der Tür und spann. Im Winter musste sie nur selten auf dem Colonat arbeiten. Dafür bekam sie einmal in der Woche neuen Flachs, den sie bis zur nächsten Woche gesponnen haben musste. Engel setzte sich neben sie und bereitete einen neuen Wocken vor, wie sie es von der alten Johanne gelernt hatte. Eine Weile arbeiteten die beiden Freundinnen schweigend.

„Klara, kann ich dich mal was fragen?"

Klara nickte.

„Wie fühlt man sich als Freie? Ihr Heuerleute seid doch frei, oder?"

Klara sah überrascht auf.

„Wieso?"

„Vater ist auf das Angebot des Grafen eingegangen und verhandelt gerade über unseren Freikauf."

„Es wäre sicherlich schöner, wenn wir genauso reich wären, wie ihr."

Engel strich sich verlegen eine Haarsträne aus dem Gesicht.

„Wahrscheinlich sind wir bald arm wie die Kirchenmäuse."

Klara lachte leise. Bei einem so großen Hof wie dem der Waldmanns, war es sehr unwahrscheinlich, dass die Armut einzog.

„Lach nicht", sagte Engel. „Der Freikauf kostet sicher eine Menge Geld und außerdem sind die Schafe sterbenskrank."

„Du wirst jedenfalls immer meine beste Freundin sein", versprach Klara immer noch lächelnd. Engel fühlte sich etwas erleichtert. Sie war froh, dass es Klara gab. Plötzlich fiel ihr auf, dass keine Geräusche aus dem Haus drangen.

„Wo ist denn dein Vater?"

„Er sieht sich im Dorf nach einer Stelle für mich um, aber ich glaube nicht, dass er Erfolg haben wird."

Engel zog zweifelnd eine Augenbraue hoch. Seit Klaras Mutter gestorben war, mochte sie Hinrich Dorsch nicht mehr besonders.

„Bist du sicher, dass das nicht wieder eine Ausrede ist, um ein paar Schnäpse zu trinken?"

„Er hat geschworen damit aufzuhören."

„Glaubst du ihm?"

„Er hat es bei Gott geschworen."

Engel schwieg. Das war ein starker Schwur. Seit er seine Frau verloren hatte, sprach Hinrich Dorsch immer öfter dem Branntwein zu und allmählich wuchsen ihm seine Schulden über den Kopf. Engel wusste, wie sehr Klara ihren Vater liebte und hoffte wirklich, dass er diesen Schwur nicht brechen würde.

„Onkel Henrich hat versprochen, bei unseren Verwandten in Darum nachzufragen."

„Das ist ein ganzes Ende zu gehen."

„Schon, aber es wäre nicht für immer. Wenn ich erst verheiratet bin, wirst du meine Großmagd. Wenn Vater mir einen reichen Ehemann aussucht, bezahle ich dir auch doppelten Lohn."

Karla lächelte still. Die meisten Mädchen der Gegend wurden erst mit über zwanzig Jahren verheiratet. Niemand hatte es eilig seine Töchter aus dem Haus zu kriegen. Ein zusätzliches Paar Hände war immer willkommen.

„Ach komm, acht bis zehn Jahre sind doch gar nicht so lange. Wer weiß, vielleicht hast du bis dahin auch schon einen netten Mann."

„Wer will schon eine Heuerlingstochter ohne Mitgift? Nein, ich werde wohl unverheiratet bleiben."

Engel schwieg, denn sie wusste, dass Klara recht behalten würde, wenn Hinrich Dorsch weiter so trank. Neugierig sah Klara Engel an.

„Hast du dir schon mal überlegt, wen du nehmen würdest?"

Engel wurde rot.

„Na ja... eigentlich ja, aber dann auch wieder nicht."

„Was soll denn das heißen?"

Engel schwieg verlegen. Klara grinste.

„Ich weiß schon. Es geht um Adam, oder?"

Engel nickte und Klara zuckte mit den Schultern.

„Aber er hat keinen Hof und wird wohl auch niemals einen kriegen. Es sei denn, er heiratet eine Hoferbin."

„Unseren Hof erbt Victor irgendwann."

Nach kurzem Schweigen meinte Karla: „Ich mag Adam nicht sonderlich."

„Aber er ist ein wunderbarer Mann."

„Er ist ein Frauenheld. Dem Böttcher seine Suse schwört, dass er sie geküsst hat und Lisbet Plogstert behauptet, er sei sogar nachts bei ihr gewesen."

„Das glaube ich nicht. Adam ist ein Ehrenmann!"

„Kann sein. Er ist trotzdem ein Schürzenjäger."

Engel war bestürzt.

Hat Klara recht? Kann ich mich so sehr in Adam getäuscht haben? Das kann nicht sein. Er ist doch der netteste Mann in der ganzen Gegend.

„Du musst mal beobachten, wie er sich um den Hof kümmert. Fast als wäre es sein eigener."

„Da hast du recht. Er ist ein guter Knecht", meinte Klara versöhnlich.

„Ja, das ist er."

Im Tal rollte ein Wagen aus dem Schatten der Bäume an Volberts Hof. Klara entdeckte ihn als erste.

„Sieh mal, deine Eltern kommen gerade zurück. Du solltest lieber heimgehen."

Wortlos stand Engel auf und rannte den Berg hinunter. Sie war immer noch etwas verstimmt.

Ich bin mir ganz sicher, dass sich Klara in Adam täuscht. Hoffentlich sieht sie es bald ein.

Engel hatte Schwierigkeiten, sich auf das bevorstehende Mittagessen einzustellen. Sie fühlte sich nicht hungrig. Trotzdem beeilte sie sich, denn Grete wäre sehr ungehalten, wenn sie nicht pünktlich bei Tisch erschien. Zum Glück war der Weg nur kurz und während Adam die Pferde versorgte und Grete die Mutter begrüßte, schlich sie sich vom Garten durch die Seitentür ins Haus. Sorgsam wusch sie sich die Hände und half dann der

Kleinmagd das geröstete Brot und den Topf auf den Tisch zu stellen. Wie immer gab es deftigen Gemüseeintopf mit Fleisch.

Während des Essens berichtete Catharina aufgeregt von der wunderbaren Küche in Langelage, in der sie auf den Grafen warten mussten. Engel staunte. Sie war es nicht gewohnt, dass ihre Mutter so viel redete.

„Die Wände waren ganz und gar mit diesen glatten Tonplatten bedeckt, die mit den blauen Mustern aus Holland. Es sah alles so frisch und sauber aus. Und als dann noch die Gräfin persönlich kam... Ich war nicht mehr so aufgeregt, seit der alte Graf Ludwig zu unserer Hochzeit kam. Ihr wisst doch, dass er Ludwigs Pate war?"

Engel hatte dies nicht gewusst, aber nun wurde ihr klar, woher Ludwig seinen Namen hatte. Schließlich bekam normalerweise jedes Kind den Vornamen seines Paten, so wie sie nach Angela Huckeriede benannt worden war.

Als Engel dem Gespräch am Tisch wieder zuhörte, schwärmte ihre Mutter noch immer von der Gräfin.

„Sie lächelte so freundlich. Und ihr Kleid war ein Traum. So ein zarter Stoff und diese Farben."

„Es war absolut unpraktisch und für die Arbeit ungeeignet", meinte Ludwig lakonisch. Catharina lächelte liebevoll.

„Das stimmt. Aber für die Frau Gräfin ist es genau das richtige Kleid, Liebling."

„Damit hast du recht, mein Schatz."

Ludwig lächelte seine Frau zärtlich an. Engel dachte bei sich, wie albern verliebte Leute manchmal aussahen. Aber es war schön zu sehen, dass sich ihre Eltern immer noch innig liebten.

So einen Mann möchte ich auch mal haben. Einen, für den ich auch nach hundert Jahren noch die wichtigste und schönste Frau der Welt bin.

Heimlich warf sie einen Blick zu Adam hinüber, der mal wieder mit Philippina scherzte. Ob Klara vielleicht doch recht hatte? Aber nein. Adam war allen Mägden gegenüber freundlich. Er war eben einfach ein netter Mann. Sie tunkte ihr Brot in den Eintopf und wendete sich wieder dem Gespräch zu. Grete fragte: „Wann werden wir denn Freie sein?"

Ihr Vater zuckte mit den Schultern.

„Das wird wohl nicht mehr lange dauern. Henrich wird in ein paar Tagen noch einmal nach Langelage fahren und Einzelheiten des Kaufvertrags besprechen. Der Graf war heute ein wenig in Eile."

„Und dann sind wir frei?"

„Sobald ich alles bezahlt habe, ja."

„Ich bin gespannt, ob ich mich nachher anders fühlen werde als jetzt."

„Ich fühle mich dann jedenfalls wie ein freier Bauer", rief Victor und alle lachten. Engel beugte sich vor, um ihren Vater besser sehen zu können.

„Warum fährst du eigentlich nicht selber nach Langelage?"

„Henrich wollte gerne fahren. Außerdem müssen wir dringend den Rest Getreide dreschen, Liebes. Es dauert nicht mehr lange, bis wir das Saatgut brauchen."

Engel hörte eine Weile still zu, während sich die anderen über die Aufgaben der nächsten Tage unterhielten. Plötzlich wurde ihr etwas klar.

Egal, ob wir uns frei kaufen, auf dem Hof ändert sich nichts. Die Arbeit bleibt immer die gleiche.

Dieser Gedanke beruhigte sie.

Die Wintersonne schien auf die kahlen Wälder. Ludwig lenkte den umgebauten Leiterwagen der Waldmanns mit ruhiger Hand über die holprigen Straßen, dem Hof zu. Es war ein wunderschöner Sonntagsgottesdienst gewesen. Aber Engel wusste, dass er sich auf Zuhause freute, denn Catharina war daheim geblieben.

Während der Heimfahrt saß Engel zwischen Grete und Philippina auf der Kutsche. Die beiden jungen Frauen unterhielten sich über alles Mögliche, ohne Engel in das Gespräch einzubeziehen. Zufrieden träumte sie vor sich hin. Als sie an der Kirche von Schledehausen vorbeifuhren, sah sie Klara bei den wenigen katholischen Gläubigen stehen und sich unterhalten.

„Vater, darf ich mit Klara heimgehen, bitte?"

„Na gut, aber trödele nicht herum."

Engel sprang vom Wagen, kaum dass Ludwig angehalten hatte. Sie wusste, dass Catharina ihr den Spaziergang nicht gestattet hätte. Immerhin waren die Wege vom schmelzenden Schnee matschiger als sonst und so würden sie fast eine halbe Stunde für den Heimweg brauchen, selbst wenn sie zügig gingen.

„Guten Morgen, Klara!"

Ihre Freundin verabschiedete sich gerade von den anderen Kirchgängern.

„Gott zum Gruß, Engel."

Klara lächelte fröhlich, aber etwas in ihrem Blick ließ Engel zögern.

„Ist was passiert? Wo ist denn dein Vater?"

„Das erzähle ich dir auf dem Heimweg. Vater kommt nach."

Gemeinsam machten sie sich auf den Weg. Das Stück von der Kirche durch das Dorf war zuerst ziemlich belebt und so schwiegen sie, bis sie die letzten Häuser hinter sich gelassen hatten. Dann aber sprudelte es aus Klara heraus.

„Ich habe eine Stelle, Vater hat tatsächlich eine Stelle für mich gefunden. Noch dazu hier im Dorf! Ich kann es noch gar nicht fassen."

„Klara, das ist ja wunderbar!"

„Na ja, etwas Angst habe ich schon. Was wird Vater nur ohne mich machen?"

„Andere Heuerleute schicken ihre Kinder auch in den Dienst."

Zum Glück war Klara mit ihren Gedanken so sehr bei der neuen Stelle, dass sie Engels Tonfall nicht bemerkte.

„Du hast recht. Ich werde Geld verdienen und damit werden wir endlich unsere Schulden los."

„Du meinst wohl die Schulden deines Vaters."

„Wir sind eine Familie. Wir gehören zusammen."

„Schon. Aber wenn du das Geld für eine Aussteuer sparst kannst du wenigstens heiraten. Dann bist du versorgt, wenn dein Vater mal stirbt."

„Das kann noch viele Jahre dauern, so Gott gebe."

„Aber nicht, wenn er weiter so viel trinkt."

„Er hat versprochen damit aufzuhören und die letzten paar Tage war er auch fast nüchtern."

Engel seufzte. Es fiel ihr schwer zuzusehen, wie sich Klara für ihren Vater aufopferte. Sie wechselte das Thema.

„Bei wem wirst du denn arbeiten?"

„Meyer zu Schledehausen will mich als Kleinmagd einstellen. Er meinte, dass das richtig wäre, wo ihr doch praktisch schon ihm gehört. Ich soll schon am Mittwoch dort anfangen. Er würde euch dafür auch einen Teil der Hand- und Spanndienste erlassen."

„Aber wir gehören ihm nicht. Der Graf hat Vater gestern erst mit Handschlag versprochen, dass wir uns freikaufen können."

„Oh, Engel. Ich brauche diese Arbeit aber doch. Meinst du, dass dein Vater etwas dagegen hat, wenn ich beim Meyer arbeite?"

„Wenn ich ihn ganz lieb frage, wird er es schon erlauben."

„Danke."

Engel freute sich, etwas für Klara tun zu können. Sie hoffte wirklich, dass sich die Lage ihrer besten Freundin mit der neuen Stelle verbessern würde.

„Sieh mal, da kommt Adam."

Engel sah überrascht auf. Sie hatte den Knecht noch gar nicht bemerkt, der mit raschen Schritten von Averbecks Hof kam.

„Guten Tag, Prinzessin. Hallo Klara."

Er schwenkte im Vorbeigehen seinen Hut. Engel nickte zum Gruß und Klara winkte ihm freundlich hinterher. Adam hatte ein paar Stunden frei bekommen, um seine Familie zu besuchen. Nun eilte er zurück, wahrscheinlich wollte er noch einmal nach den Schafen sehen. Ihr Zustand hatte sich noch nicht gebessert. Klara und Engel folgten ihm zügig.

„Catharina ist bestimmt schon böse. Wenn wir nur nicht so getrödelt hätten!"

„Wir sagen ihr, dass wir vom Matsch aufgehalten wurden. Das wird sie schon verstehen."

Klara behielt recht. Catharina nickte nur und schickte Engel an die Arbeit. Sonntags war zwar ein Ruhetag zu Ehren des Herrn, doch das bedeutete nicht, dass die Hände untätig waren. Wie immer würden die Frauen des Hofes heute spinnen und weben. Manchmal kamen auch einige der Nachbarinnen. Die Männer würden sich zu ihnen gesellen und mit ihnen spinnen oder Werkzeuge reparieren, die bald wieder gebraucht wurden. Engel freute sich auf das gesellige Zusammensein, bei dem viel gesungen und erzählt wurde.

Wenige Tage später wanderte Engel die staubige Straße entlang, auf Huckeriedes Hof zu. Catharina hatte sie losgeschickt, um der Patin zu helfen. Am Nachmittag würden die Nachbarinnen zum Spinnen kommen und Angela hatte ihre Schwester um Hilfe gebeten, weil sie sich nicht ganz wohl fühlte.

Die Sonne schien erstaunlich warm, obwohl es noch recht früh am Morgen war. Engel war dankbar dafür, denn obwohl sie das dicke Wintertuch um die Schultern gelegt hatte und zügig ging, war ihr kalt. Der Wind pfiff über die leeren Felder und zupfte mit eisigen Fingern an ihrem Kleid, an dem Tuch und an den Bändern der Haube. Engel ging noch schneller. Nun war es nicht mehr weit bis zu Huckeriedes und ihrem warmen Herdfeuer. Engel hatte den kurzen Weg über Astrup genommen und nun lag Schledehausen zu ihrer Linken in einem flachen Tal. Gleich am Ortseingang konnte Engel den Meyerhof sehen. Aus dieser Entfernung sah er fast winzig aus. Aber Engel wusste, dass das Haus, als es nach dem Brand von 1781 neu gebaut worden war, größer war, als ihr eigenes.

Aber unser Hof ist trotzdem schöner. Er ist sauberer und bringt mehr ein.

Sie bog in die Hofeinfahrt von Huckeriede und eilte auf das große Wohnhaus zu. Ein Reiter kam ihr entgegen, es war Henrich Huckeriede. Engel wich aus, um ihn vorbei zu lassen.

„Guten Morgen Onkel Henrich."

Ihr Onkel hielt an.

„Guten Morgen, mein kleiner Engel. Was für ein netter Besuch. Angela wartet schon auf dich. Ich kann dich leider nicht begleiten. Ich reite heute zum Grafen, um die Einzelheiten des Freikaufs zu besprechen. Ich hab's deinem Vater versprochen. Ha! Das ist doch mal was. Eine freie Familie in der Familie."

Er lachte dröhnend und Engel schmunzelte.

„Nun geh aber mal besser rein. Sonst frierst du hier noch fest."

Das ließ Engel sich nicht zweimal sagen.

„Bis später!"

Sie rannte so schnell sie konnte zum Wohnhaus. Sie trat durch die schmale Seitentür in das Dämmerlicht des Fletts. Es tat gut, aus dem kalten Wind zu kommen, obwohl es im Haus kaum wärmer war als draußen. Engel blieb stehen, um ihren Augen einen Moment Zeit zu lassen, sich an das Halbdunkel anzupassen. Sobald sie ihre Umgebung erkennen konnte, ging sie aufs Flett.

„Kind, du bist ja ganz durchgefroren", sagte ihre Patentante. „Komm, setz dich ans Feuer und wärm dich auf. Willst du einen Kaffee?"

Engel legte das Wolltuch ab und nahm einen Schluck von dem heißen Getränk, der ihr in die Hand gedrückt worden war. Sie sah sich um. Auf der Bank am Feuer saß die alte Johanne und spann. Engel setzte sich neben sie.

„Na, Engelchen. Wann kommst du denn wieder zu mir zum Unterricht?"

„Mutter sagte, dass ich warten soll, bis die Straßen etwas trockener sind."

„Ist mir recht, obwohl es noch viel zu lernen gibt. Übrigens, ich habe gehört, dass ihr euch freikaufen wollt. Stimmt das?"

Engel nickte erstaunt. Angela Huckeriede schüttelte lächelnd den Kopf.

„Woher weißt du denn das schon wieder?"

Die Alte grinste zahnlos.

„Du weißt doch... Hier und da... Da und hier."

Engel schmunzelte. Sie wusste wie stolz Johanne war, über jedes Ereignis, jeden Klatsch und Tratsch aus der Gegend bescheid zu wissen.

„Henrich war gestern mit Ludwig beim Grafen. Der Freikauf ist beschlossen."

Johanne seufzte schwer.

„Also doch."

Engel war beunruhigt.

„Stimmt was nicht?"

„Ich habe ein ganz schlechtes Gefühl bei der Sache. Es liegt was in der Luft. Ich weiß es. Und außerdem habe ich den Hund gesehen."

Engel war verwirrt, schließlich war es nichts Ungewöhnliches einen Hund zu sehen. Johanne sah den Gesichtern an, dass niemand sie verstanden hatte. Eine Magd fragte: „Welchen Hund?"

„Den Bauernschaftshund."

Die Mägde erschauerten und Angela wurde kreidebleich.

„Hier bei uns?"

Schwer fiel sie in ihren Stuhl am Feuer. Engel war entsetzt, wie krank ihre Tante mit einem Mal aussah.

„Was ist denn mit dem Bauernschaftshund?"

„Ich erzähle es dir, Kindchen, wenn du willst."

Engel setzte sich neben die Alte und lauschte gespannt. Auch die anderen kamen näher, um nur ja kein Wort der Geschichte zu verpassen. Nur Angela saß bleich und bewegungslos auf ihrem Stuhl und starrte ins Leere.

„Der Bauernschaftshund lebte schon hier, als die Menschen dieser Gegend noch Heiden waren. Dient er den Göttern der Heiden oder dem Teufel? Niemand weiß es. Eines aber ist klar, trifft heute jemand auf den Hund, so ist das ein sehr schlechtes Zeichen. Ich weiß eine Geschichte aus meiner Kindheit, die sich wahrhaftig so in Haaren bei Ostercappeln zugetragen hat", begann die Alte.

„Eines Tages nach Sonnenuntergang, begab sich der Besitzer des Vollerbes Heer auf den Heimweg. Und wie er so durch die Dunkelheit ging, den Weg nur schwach erleuchtet von einem halben Mond, hörte er das Winseln eines Hundes. Da er wohl Verwendung für einen guten Hund gehabt hätte, ging er nachsehen und fand einen kleinen, schwarzen Köter, der sich mit seiner Kette losgerissen und beim Umherstreifen im Gebüsch festgerannt hatte. Mitleidig streichelte er das Tier und befreite es aus der Verstrickung. Aber wie erschrak er, als ihm das Tier folgte und mit jedem Schritt größer wurde. Bald war es so groß, wie ein junges Kalb und seine Augen glühten feurig rot. Der Mann rannte, bis er den Hof erreichte, wo er erschöpft zusammenbrach. Nach acht Tagen starb Colon Heer an den Folgen des ausgestandenen Schreckens."

„Ach, hätte er doch bloß mit einem Knüppel auf den Köter eingeschlagen und »eins, zwei« dabei gezählt. Er wäre wohl noch am Leben", rief die Großmagd.

„Ja, das hätte ihn vielleicht gerettet", stimmte die Kleinmagd zu.

„Ihr seht, dass der Hund ein sehr schlechtes Omen ist. Und nun habe ich ihn gesehen, am letzten Freitag, auf der Wiese vor Waldmanns Hof. Dort saß er und putzte sich mit seiner langen Zunge das pechschwarze Fell, fast wie eine Katze. Dabei war er so groß wie ein Kalb und seine Augen funkelten böse. Ich wagte kaum, ihn anzusehen und ging so schnell ich konnte heim. Zum Glück saß er am untersten Ende der Wiese, fast schon an der Straße zu Averbecks hinüber. Er hat mich wohl nicht bemerkt und so bin ich noch einmal ohne Schaden davongekommen."

Engel war besorgt. „Bedeutet das etwas Schlimmes für uns?"

„An und für sich ist es nicht gefährlich, wenn man den Hund sieht und sich richtig verhält. Es mag wohl ein Zeichen sein, dass irgend etwas geschehen wird, vielleicht aber auch nicht. Aber zusammen mit meinem Traum... Ihr wisst schon, der von dem Wiedergänger... Es liegt etwas in der Luft, vielleicht eine schlimme Krankheit, ich weiß es nicht."

„Vielleicht war er ja wegen unserer Schafe da und nun sterben sie."

Johanne nickte. „Möglich ist das. Nichts Genaues weiß man nicht. Ich habe einfach ein ungutes Gefühl."

Engel sah, dass ihre Patin noch immer sehr blass war. Engel ging zu ihrer Tante und nahm ihre Hand, um sie zu beruhigen.

„Ist schon gut, Engelchen. Zum Glück hat sie den Hund ja nicht hier gesehen."

Angela lächelte schwach und atmete ein paar Mal tief durch.

„Du kannst einen manchmal ganz schön erschrecken, mit deinen Schauermärchen, Hanna."

Johanne schüttelte sorgenvoll den Kopf.

„Es kann jedenfalls nicht schaden ein paar »Vaterunser« zu beten. Ich werde gleich morgen zur Kirche gehen."

„Beten ist immer gut. Aber bleib' nur nicht zu lange in der zugigen Kirche. Du holst dir sonst selbst noch eine Krankheit."

Angela lächelte und hatte schon fast zu der Fröhlichkeit zurück gefunden, mit der sie Engel begrüßt hatte.

„Nun aber, zurück an die Arbeit", rief sie und klatschte in die Hände. Geschäftig sprangen Engel und die Mägde herum und folgten ihren Anweisungen. Trotzdem spürte Engel ein leichtes Unbehagen bei dem Gedanken an den Bauernschaftshund.

Am späten Nachmittag kehrte Henrich Huckeriede zurück. Er polterte in die Stube, in der die Nachbarinnen zum Spinnen versammelt waren und setzte sich auf seinen Stuhl. Eine Weile lauschte er den Geschichten und Liedern, die in der fröhlichen Runde zum Besten gegeben wurden. Engel dachte bei sich, dass ihr Onkel ungewöhnlich still sei. Sie sah ihn neugierig an. Seine Stirn war leicht gerunzelt. Als er merkte, dass sie ihn beobachtete, lächelte er und sprang auf.

„Komm, Engelchen. Ich bringe dich besser nach Hause, bevor es draußen zu dunkel wird. Dann kann ich auch noch mal mit deinem Vater reden."

Engel legte die Wolle aus der Hand, die sie gekämmt hatte, stand auf und folgte ihrem Onkel. Huckeriede reichte seiner Nichte ihr warmes Tuch und gemeinsam gingen sie über die Diele aus dem Haus. Das Pferd war noch nicht in den Stall zurückgebracht worden. Huckeriede sattelte es und schwang sich hinauf.

„Na komm."

Er streckte die Hand nach Engel aus, das Mädchen ergriff sie, kletterte aufs Pferd und machte es sich hinter ihrem Onkel gemütlich. Sie hatte nur selten Gelegenheit mitzureiten. Obwohl sie fünf Pferde besaßen, hatte sie so viel zu tun, dass Ludwig meistens alleine ritt. Engel kuschelte sich enger an ihren Onkel und hielt sich mit beiden Armen an ihm fest. Das Pferd setzte sich in Bewegung. Engel genoss die sanften, schaukelnden Bewegungen des Tieres.

„So würde ich am liebsten immer heimgebracht werden. Der Wagen ist viel unbequemer."

Huckeriede lachte.

„Ja, ja. Wenn du ein Junge geworden wärst, dann würdest du längst auf einem eurer Pferde die Gegend unsicher machen."

Engel wurde rot. Sie bemühte sich wirklich, sich für die Dinge zu interessieren, mit denen sich Mädchen beschäftigen sollten. Trotzdem war es ihr tausendmal lieber einen Tag mit ihrem Vater auf der Heide beim Plaggenhieb zu verbringen, als einen Nachmittag am Spinnrad. Sie seufzte.

Nun ja, es lässt sich eben nicht ändern. Ich bin nun einmal ein Mädchen und werde das Beste daraus machen. Immerhin darf ich montags zu Johanne gehen und das ist alle mal hundert Spinnachmittage wert. Ich bin gespannt, was sie mir das nächste Mal beibringen wird.

Mit offenen Augen träumte Engel vor sich hin. Sie ritten die gleiche Strecke, die sie am Morgen gegangen war und es dauerte gar nicht lange, bis sie das Waldmann'sche Colonat erreichten. Henrich lenkte das Pferd zum Dielentor, wo es von Adam in Empfang genommen wurde.

„N'abend Prinzessin, Colon."

Der Großknecht nickte kurz. Er half Engel vom Pferd. Henrich stieg selber hinunter.

„Ist Ludwig daheim?"

„Wo sollte er sonst sein. Die Schafe machen ihm Sorgen."

Engel ließ ihren Onkel stehen und ging ins Haus. Eben deckten Maria und Victor den Abendtisch. Engel hängte das Tuch auf und griff mit zu. Als Ludwig mit Huckeriede hereinkam, war schon alles fertig. Auch die Knechte und Mägde kamen herbei und alle setzten sich zum Abendessen. Ludwig sprach das Dankgebet und den Segen. Anschließend beteten alle das Vaterunser. Just in diesem Augenblick schlug die Standuhr in der Stube die volle Stunde. Engel blieb fast das Herz stehen. Sie hatte noch die Stimme der alten Johanne im Ohr.

„Hütet euch davor, das Vaterunser zu beten, wenn die Uhr zur vollen Stunde schlägt. Es bedeutet, dass der Tod euer Haus heimsuchen wird und davor gibt es kein Entrinnen."

Engel hatte große Angst. Sie nahm Maria in den Arm, die neben ihr saß und heftig zitterte. Auch die anderen schwiegen betreten.

„Du lieber Gott, bitte lass es nicht Victor sein", flüsterte Catharina so leise, dass es nur Grete und Engel hörten, die direkt neben ihr saßen.

„Ich will nicht sterben!"

Philippina schluchzte laut, aber Ludwig schnitt ihr Weinen mit fester Stimme ab.

„Du wirst auch nicht sterben. Wahrscheinlich ist das nur ein Zeichen, dass die Schafe nicht mehr zu retten sind."

Diese Erklärung leuchtete allen ein und so atmeten sie erleichtert auf. Sicherheitshalber begann Grete zu beten und die anderen fielen nach und nach ein.

„Und ob ich schon wanderte im finstern Tal, fürchte ich kein Unglück. Denn Du bist bei mir, Dein Stecken und Stab trösten mich. Gutes und Barmherzigkeit werden mir folgen mein Leben lang, und ich werde bleiben im Hause des Herrn immerdar. Amen."

Für einen kurzen Augenblick herrschte noch Schweigen, dann begann Adam mit einem scharfen Messer hauchdünne Scheiben von dem riesigen Schwarzbrot zu schneiden und zu verteilen. Engel bewunderte, wie ruhig er den schweren Brotlaib hielt und wie gleichmäßig die Scheiben wurden. Immerhin wog ein Brot nur geringfügig weniger als ein Sack Mehl.

Als jeder sein Brot hatte, wurde gemütlich gegessen. Bald war die gute Stimmung wieder hergestellt und alle redeten durcheinander.

Nach dem Essen setzten sich Catharina, die Mägde, Grete und Engel aufs Flett zum Spinnen. Victor und Maria mussten Wolle kämmen und die Knechte gingen zum Dreschen ins Dreschhaus hinüber, wo die Heuerleute schon auf sie warteten. Huckeriede und Ludwig machten es sich mit einem Krug Bier am großen Tisch im Flett gemütlich und sprachen miteinander. Engel konnte kein Wort verstehen, weil die Frauen fröhlich sangen. Nur zwischen den Liedern wehten ein paar Gesprächsfetzen zu ihnen herüber.

„... wiederkommen... keine Zeit... glaube ich nicht..."

Einmal dröhnte Huckeriedes Stimme so laut, dass sie selbst den fröhlichen Gesang übertönte. „Und ich sage dir, Ludwig, da stimmt was nicht!"

Obwohl sie nur so wenig hören konnte, war Engel klar, worüber sich die beiden Männer unterhielten. Offensichtlich war Henrich vom Grafen aufs Neue vertröstet worden. Nun machte er sich Sorgen. Engel wusste genau, dass Ludwig das nicht ernst nahm. Der Freikauf lag ihm lange nicht so sehr am Herzen, wie das Wohlergehen seiner Schafe. Engel lächelte.

Genau das ist der Grund, warum Vater ein so guter Colon ist und der Hof gedeiht. Kein Wunder, dass der Graf sich nicht so leicht davon trennen will.

Zwei Tage später geschah etwas Unerwartetes. Wie jeden Freitag hatte Engel Johanne ein kurzes Stück auf dem Heimweg begleitet. Die alte Frau war stets dankbar für diese kleine Freundschaftsgeste und Engel genoss die wenigen Minuten, die sie dadurch frei hatte.

„Ich zeige dir, wie man aus Erde eine wunderschöne rote Farbe herstellen kann. Du wirst begeistert sein. Es ist ein Rezept, das noch von meiner Urahne stammt. So ein schönes Rot bekommst du bei keinem Färber."

Engel nickte geistesabwesend. Sie war mit den Gedanken woanders.

Seit sie montags zu Johanne gehen durfte, bekam sie von Catharina viel mehr zu tun, als Grete oder Maria. Sie hatte seit dem letzten Sonntag nicht einmal bei Klara reinschauen können. Dabei hätte es sie zu sehr interessiert, wie es ihrer Freundin auf dem Meyerhof gefiel. Schließlich arbeitete sie nun schon ein paar Tage dort.

„Bis zum nächsten Freitag, Engelchen."

Johanne umarmte das junge Mädchen. Engel küsste sie auf die faltige Wange und verabschiedete sich ebenfalls. Sie winkte der Frau noch eine Weile nach, dann kehrte sie um und machte sich auf den Weg zurück.

Als sie schon die halbe Einfahrt hinaufgegangen war, knallte hinter ihr eine Peitsche. Engel drehte sich um. Eine leichte, zweispännige Kutsche kam auf sie zu gerast. Gerade noch rechtzeitig sprang sie zur Seite. Der Mann auf dem Kutschbock lachte über Engels erschrockenes Gesicht. Engel hatte den Fahrer erkannt. Es war der Meyer.

„Flink wie ein Wiesel", brüllte er über die Schulter zu ihr zurück, während er auf den Hof sauste und die Kutsche in letzter Sekunde vor dem Hoftor zum Stehen brachte. Er rief lauthals nach dem Colon. Die Hühner, die sich grade noch rechtzeitig in Sicherheit gebracht hatten, gackerten aufgebracht. Der Lärm reichte aus, Ludwig aus dem Schafstall zu locken. Engel hatte inzwischen das Dielentor erreicht. Neugierig blieb sie stehen. Ein Besuch des Meyers war selten. Was er wohl von ihrem Vater wollte?

„Hallo Ludwig, alter Knabe. Schön dich zu sehen", rief er mit seiner lauten Stimme und hob zur Begrüßung den Hut. Seine von schwarzen Haaren gesäumte Halbglatze glänzte vor Schweiß. Er war ein kleiner, dicker Mann, der schwitzte, als sei er den ganzen Weg vom Dorf gerannt. Engel betrachtete ihn angewidert. Das elegante Wams und die Hose aus teurem Stoff waren schwer mit silbernen Ketten behängt. Der Mantel hing achtlos über der Armlehne der Kutsche, wo er gegen das verdreckte Rad rieb. Engel schüttelte den Kopf. Wie konnte der Meyer nur so nachlässig sein. Arme Klara, dass sie bei so einem arbeiten muss.

Ludwig wollte es kurz machen.

„Was willst du?"

Umständlich kramte der Meyer ein Papier aus seinem Wams und reichte es ihm.

„Hier, lies das. Du kannst doch lesen, oder?"

Engel schnappte entrüstet nach Luft, traute sich aber nicht etwas zu sagen.

„Sag schon was du willst. Ich habe keine Zeit, das hier zu lesen. Ich muss schließlich noch was tun."

Ludwig schwenkte das Blatt durch die Luft.

„Ach, eigentlich wollte ich dir nur mitteilen, dass ich den Hof gekauft habe. Das dort ist eine Kopie des Kaufvertrages."

„Das ist nicht möglich", entfuhr es Ludwig. Ungläubig begann er das Dokument nun doch zu lesen.

„Aber sicher ist das möglich. Der Graf hatte es mir schon lange versprochen. Übrigens steht auf der Rückseite genau, wie das von nun an mit den Hand- und Spanndiensten gehalten wird."

Der Meyer beugte sich vor und grinste hämisch.

„Na, freust du dich gar nicht?"

Ludwig war blass vor Wut. Er und Meyer hatten sich noch nie besonders gut verstanden, aber das hier war einfach zu viel.

„Entweder diese Urkunde ist nicht Rechtens, oder der Graf hat sein Wort gebrochen. Er hat mir auf die Hand versprochen, dass ich mich freikaufen kann. Mein Herr ist nach wie vor der Graf, bis diese Sache geklärt ist."

„Glaub mir. Der Verkauf ist völlig in Ordnung. Da kannst du nichts dran rütteln. Von jetzt an ist das hier mein Hof."

„Das werden wir noch sehen. Immerhin gilt ein Handschlag unter Männern genau soviel wie so ein papierener Wisch."

„Mach dich doch nicht lächerlich."

Meyer stieg von seiner Kutsche.

„So, jetzt sehe ich mir meinen Hof mal genauer an. Mal sehen, wie meine neuen Mägde so aussehen. Vielleicht kann ich ja die eine oder andere für mich begeistern."

Er kicherte. Engel sah, wie Ludwig das Blut ins Gesicht schoss. Er machte einen Schritt nach vorn und blockierte dem Meyer den Weg. Er überragte ihn drohend, da er mehr als einen Kopf größer war und wesentlich schlanker und kräftiger. Hastig kletterte der Meyer auf seine Kutsche zurück.

„Ich komm' dann in ein paar Tagen noch mal wieder. Du kannst ja inzwischen die Aufstellung der Hand- und Spanndienste durchlesen. Ich kann mir die Frauen ja auch später angucken."

Jetzt, als er wieder auf seinem Kutschbock saß, kehrte seine angeberische Sicherheit zurück. Doch damit hatte er Ludwigs Geduld etwas zu sehr strapaziert.

„Verlass sofort meinen Hof", donnerte der Colon mit nur knapp unterdrückter Wut. Der Meyer sah seine geballten Fäuste und grinste höhnisch.

„Es ist nicht dein Hof, es ist mein Hof."

Plötzlich fiel ihm Engel auf, die am Dielentor stand und das Ganze mit ängstlich aufgerissenen Augen beobachtete.

„Du hast eine hübsche Tochter, Waldmann. Du solltest sie zum Arbeiten zu mir schicken, damit sie lernt, wie man auf einem richtig großen Hof lebt."

Er bedachte Engel mit einem Blick, der dem Mädchen die Schamröte ins Gesicht steigen ließ. Auch Ludwig hatte den Blick bemerkt. Mit eisiger Stimme sagte er: „Nur über meine Leiche!"

Der Meyer lachte lauthals.

„So was geht manchmal schneller, als man denkt."

Er wendete die Kutsche und zog den beiden erschöpften Pferden die Peitsche über. Mit einem heftigen Satz sprangen die Tiere an und die Kutsche stürmte vom Hof.

Ludwig kochte vor Wut.

„Ich hätte nicht gedacht, dass das Wort des Grafen so wenig wert ist. Aber dass er uns ausgerechnet an den Meyer verkauft hat, ist die Höhe!"

Engel verstand die Empörung ihres Vaters gut. Wie konnte der Graf sie nur an jemanden verkaufen, der seinen eigenen Hof nur eben so über Wasser halten konnte.

Vater hat doch, neben Gerhard Averbeck, den größten Hof der Gegend! Bedeutet das denn gar nichts? Man muss doch etwas dagegen tun können.

Ludwig stampfte auf der Diele hin und her, wie ein unruhiger Ochse. Dabei zermarterte er sich den Kopf. Um ihm nicht im Weg zu sein setzte sich Engel an ihr Spinnrad und beobachtete ihn von dort. Auch Catharina sah hin und wieder zu ihrem Mann hinüber. Schließlich hielt sie es nicht mehr aus.

„Ludwig. Wenn du schon nicht mit mir reden willst, reite doch zu Henrich rüber. Vielleicht kann er dir helfen."

Ludwig blieb überrascht stehen und sah seine Frau an.

„Du hast recht, meine Liebe. Was würde ich nur ohne dich machen?"

Er beugte sich zu ihr herunter und küsste sie auf die Wange.

„Ich bin bald wieder da."

Ludwig verließ er mit schnellem Schritt das Haus, sattelte eigenhändig ein Pferd und ritt davon. Engel konnte den Hufschlag hören, als er vom Hof trabte. Eine Weile herrschte bedrücktes Schweigen, dann sah Catharina Engel an.

„Du warst doch eben draußen auf dem Hof. Kannst du mir sagen, was los ist? Ich habe Ludwig noch nie in meinem Leben so wütend gesehen."

Zögernd erzählte Engel von dem Verkauf an den Meyer. Catharina war empört.

„Kein Wunder, dass er so wütend ist."

„Er war auch ganz schön sauer auf den Grafen."

„Es ist ja auch Wortbruch, wenn er uns wirklich an den Meyer verkauft hat. Er hat den Freikauf mit Handschlag besiegelt und Ludwig hat ihm vertraut."

Engel fielen Johannes schlechte Omen ein. Ihr Herz begann heftig zu klopfen.

Bitte, lieber Gott, lass ihn heil und gesund zurückkommen.

Angestrengt spitzte sie die Ohren, ob sie den Hufschlag eines Pferdes hören konnte. Sie horchte mit ihrem ganzen Wesen, leicht vorgebeugt, obwohl sie wusste, dass ihr Vater noch nicht einmal Huckeriedes Hof erreicht haben konnte. Dabei drehte sie automatisch das Spinnrad, ohne sich wirklich darauf zu konzentrieren.

Als es schließlich zu dunkel wurde, um weiterzuarbeiten, schickte Catharina alle zu Bett. Aber Engel konnte nicht einschlafen. Sie wartete und lauschte, bis Ludwig lange nach Mitternacht endlich wieder daheim war. Dann erst sank sie erleichtert in einen tiefen und traumlosen Schlaf.

Am nächsten Morgen erwachte Engel nur mühsam. Sie fühlte sich wie gerädert. Unwillig krabbelte sie aus dem warmen Durk. Sie zitterte, denn im Zimmer war es kalt. Verschlafen schlüpfte sie so schnell sie konnte in ihre Kleidung. Anschließend ging sie aufs Flett, wo Catharina und die Mägde schon bei der Arbeit waren, und wusch sich in dem Steintrog neben der linken Seitentür Hände und Gesicht. Das eisige Wasser weckte sie erst richtig auf.

„Engel komm mal her. Ich mach' dir die Haare", rief Catharina. Engel war überrascht. Sie hatte sich schon lange daran gewöhnt die Haare selbst zu kämmen und zu flechten, aber natürlich nahm sie Catharinas Angebot gerne an. Die Frisur sah viel ordentlicher aus, wenn jemand anders das Flechten übernahm.

Engel setzte sich auf die Bank vor der Herdstelle und streckte die Hände nach der Wärme aus. Catharina löste den dicken Zopf blonder Haare und begann sie zu kämmen. Obwohl sie vorsichtig war, ziepte es gelegentlich. Um Engel abzulenken erzählte sie, was für den Tag geplant war.

„Denk dir nur, ich fahre heute mit deinem Vater nach Osnabrück. Wir werden ein paar Sachen verkaufen. Adam ist schon dabei, einige Ballen von dem gefärbten Leinen und zwei Schock Eier und einen Teil der gesponnenen Wolle aufzuladen. Außerdem will dein Vater zur Land- und Justizcanzlei. Er hat es sich in den Kopf gesetzt, den Graf auf Wortbruch zu verklagen."

„Bringst du uns etwas Süßes mit?"

„Mal sehen."

Aufgeregt rutschte Engel auf der Bank hin und her.

„Zapple nicht so", befahl Catharina streng. Engel blieb stocksteif sitzen. „Wenn ich fertig bin, kannst du schon mal Butter einpacken. Adam wird sie dann zum Wagen bringen."

Kaum waren Engels Haare ordentlich geflochten, aufgesteckt und unter der Mädchenhaube verschwunden, stand sie auf und huschte in die Milchkammer. Sie stapelte die vorbereiteten hübsch verzierten Butterstückchen vorsichtig in eine Holzkiste, die sie zuvor mit einem sauberen Tuch ausgelegt hatte. Als die Kiste voll war, deckte sie sie mit einem weiteren Tuch ab, damit die Butter auf der langen Fahrt nicht einstaubte. Sie steckte gerade die Ecken fest, als Adam kam. Er schulterte die Kiste und verließ das Haus durch die Seitentür. Engel huschte zum Frühstückstisch und ließ sich auf ihren Platz neben Grete fallen. Außer Adam war sie die letzte, die sich zum Frühstück setzte. Sie sprach ein Dankgebet und griff hungrig zu.

Victor und Maria sahen ihre Eltern sehnsüchtig an. Sie wären auch gerne in die große Stadt gefahren. Besonders Victor träumte von goldenen Straßen und Heldentaten.

„Warum kann ich nicht mit? Bitte Mama, ich möchte auch in die Stadt."

Aber Catharina blieb hart.

„Nein, mein Liebling. Die Stadt ist viel zu gefährlich für dich. Du bist noch viel zu jung."

Victor war eingeschnappt.

„Bin ich gar nicht."

Gleich nach dem Essen übergab Catharina Grete das Kommando über das Haus und ließ sich von Ludwig über die Diele führen. Engel folgte ihnen. Dabei sah sie, wie Victor wütend einer Katze auf den Schwanz trat, die auf der Diele döste.

„Schäme dich Victor", tadelte sie ihn leise. „Du kannst doch nicht einfach ein wehrloses Tier treten, nur weil du sauer bist."

Victor streckte ihr die Zunge raus und rannte hinter seinen Eltern her.

Es war schon dunkel, als Engel auf den Hof ging. Sie wickelte sich in eine Decke, setzte sich auf die Bank vor der Tür und wartete auf ihre Eltern. Träumend sah sie zum Nachthimmel auf. Die Sterne funkelten fröhlich und sie hätte am liebsten laut gesungen. Nach einiger Zeit sah sie auf dem Weg zum Hof eine bekannte Gestalt. Engel sprang auf und lief ihr entgegen.

„Klara, wie schön dich endlich wieder zu sehen."

„Engel! Ich hab' dich schon vermisst."

Klara freute sich, die Freundin zu sehen, konnte aber ein Gähnen nicht unterdrücken.

„Hat dir der Meyer frei gegeben?"

„Ja. Ich habe Vater versprochen mit ihm morgen in die Messe zu gehen. Ich muss nur nach dem Gottesdienst gleich wieder zurück."

„Er scheint ja wenigstens zu dir nett zu sein."

Klara schüttelte den Kopf.

„Ich mag ihn nicht. Er sieht mich immer so merkwürdig an."

„Wieso merkwürdig?"

„Ich weiß nicht genau. Er guckt eben auf eine seltsame Art und Weise. Ich mag das nicht. Zum Glück ist er meistens mit den Männern draußen."

„Mich hat er auch seltsam angesehen, als er gestern hier war."

Engel erzählte ihrer Freundin, was in den letzten Tagen geschehen war.

„Vater verklagt jetzt den Grafen. Sie sind grade in Osnabrück."

„Ich wünsche euch viel Glück."

Klara gähnte erneut. Engel schlug ihr vor schnellstens ins Bett zu gehen. Klara verabschiedete sich und ging den Berg hinauf nach Hause. Engel winkte ihr noch nach, als der Wagen mit ihren Eltern auf den Hof rollte. Catharina war nicht begeistert, ihre Tochter zu sehen.

„Warum bist du noch nicht im Bett, Engel?"

„Ich habe noch mit Klara geredet."

Ludwig sprang vom Wagen und half seiner Frau beim Absteigen. Engel hielt die Pferde und traute sich nicht, ihre Eltern auszufragen. Ludwig schien ihre Neugier zu bemerken, denn er fing von sich an zu erzählten.

„Wir saßen den halben Tag beim Justizsekretär Vezin. Er nahm unsere Klage auf. Nun geht alles seinen Weg. Er wird unseren Fall auch vor Gericht vertreten, weil er Ende des Monats zum Justizrat befördert wird. Er gefällt mir. Jedenfalls verstand er, warum ich vor Gericht gehen will."

Ludwig spannte die Pferde aus. Catharina nahm ihren Korb vom Wagen, der Nadeln, Spitzen, Gewürze und andere Kleinigkeiten enthielt. Sie sah ihrer Mutter nach, die mit den Einkäufen ins Haus ging.

Engel half ihrem Vater, den Wagen mit den restlichen Einkäufen in den Schuppen zu schieben.

„Erzählst du mir von der Stadt?"

„Ich habe dir doch nach dem letzten Besuch schon so viel erzählt. Es hat sich fast nichts verändert. Nur, dass an den Häusern rund um den Markt jetzt Laternen hängen. Sie werden angezündet, sobald es dunkel wird. Sie sollen den Platz heller machen, geben aber kaum mehr Licht, als im Sommer die Glühwürmchen."

„Warst du in der Marktkirche oder im Dom? Sind sie wirklich so groß wie Grete sagt?"

Ludwig lachte und nahm Engel in die Arme.

„Das nächste mal werde ich dich wohl mitnehmen müssen, mein Engel. Sonst fragst du mir noch Löcher in den Bauch."

Engel strahlte und lehnte den Kopf gegen die breite Brust ihres Vaters. Ludwig strich ihr zärtlich übers Haar.

„Nun aber ab ins Bett mit dir. Ich versorge nur schnell die Tiere und komme dann nach."

Engel gehorchte glücklich. Sie kletterte in ihren Durk und schlief, noch bevor ihr Vater die Pferde abgerieben hatte. Sie träumte von der großen Stadt. In ihrem Traum saßen summende Glühwürmchen an den Häusern und beleuchteten die Straßen, in denen zahllose Menschen wie Ameisen hin und her eilten.

Den ganzen Sonntag war Engel mit den Gedanken in der Stadt. Nur während des Gottesdienstes, der wie immer in der Kapelle der Schelenburg stattfand, zwang sie sich nicht daran zu denken. Aber schon auf dem Heimweg träumte sie sich wieder ins unbekannte Osnabrück. Erst am Abend wurde sie von Catharina aus ihren Träumen gerissen.

„Engel, sei so gut und mach Maria einen Tee. Sie hat so ein Kratzen im Hals und ich will nicht, dass es schlimmer wird."

Engel griff nach dem Wasserkessel und schwenkte ihn über das Feuer.

„Darf ich ein wenig Honig hineintun?"

Catharina nickte und Engel ging zum Brotschrank. Sie holte den Honigtopf und eine Tasche aus dem Schrank. Darin waren Kräuter, die sie unter Johannes Aufsicht im letzten Jahr gesammelt hatte. Sie suchte Huflattich und Lungenkraut heraus und stellte verärgert fest, dass von beidem nicht mehr viel übrig war. Sie warf die Kräuter in einen Krug, goss kochendes Wasser darüber und goss das Ganze durch ein sauberes Tuch in eine Schale. Zum Schluss gab sie noch einen kleinen Löffel Honig dazu und reichte Maria den Tee. Victor stellte sich neben sie.

„Ich will auch Tee mit Honig."

„Du bist nicht krank."

„Bin ich doch!"

Victor hustete so kräftig er konnte. Sofort kam Catharina herbei.

„Victor, Liebling. Geht es dir nicht gut?"

Victor hustete erneut.

„Engel, sei so gut und mach ihm auch einen Tee."

„Die Kräuter sind fast alle."

„Dann gehst du morgen zu Johanne und holst neue. Sie hat sicherlich noch genug."

Catharina nahm einen großen Löffel Honig und legte ihn in eine zweite Schale, die sie Engel hinhielt. Gehorsam goss Engel Tee für Victor ein.

Am nächsten Morgen ging Engel gleich nach dem Frühstück ins Dorf. Auf der Einfahrt des Hofes, auf dem Johanne wohnte, traf sie die Großmagd der Meyers.

„Na, Engel, willst du auch zur Hüsselten?"

Engel nickte und folgte der Großmagd zum Backhaus.

„Es ist doch niemand krank, oder?"

„Nein, mir sind nur die Kräuter ausgegangen."

„Dann ist ja gut."

Engel öffnete die Tür und ließ der Magd den Vortritt. Das Licht im Backhaus war so schwach, dass Engel die getrockneten Kräuter kaum erkennen konnte, die überall an der Decke hingen. Sie atmete den vertrauten Geruch und seufzte glücklich.

Endlich mal wieder hier. Wie ich das vermisst habe!

Johanne stand am Herd und rührte in einem Topf, der so dicht es ging über dem winzigen Feuer hing. Sie sah nur kurz auf, nickte den beiden Frauen zu und rührte weiter.

„Setzt euch, ich bin gleich soweit."

Die Magd ließ sich schnaufend auf den einzigen Stuhl fallen. Das altersschwache Holz knarrte beängstigend, hielt aber.

„Unsere Colona hat mal wieder Kopfschmerzen und ihr Mittelchen ist alle."

„Habe ich ihr nicht erst Weihnachten etwas gegeben?"

„Ja, aber diesen Monat war es besonders schlimm. An manchen Tagen konnte die Colona nicht einmal Kerzenlicht ertragen."

Johanne nickte.

„Engel kannst du mal bitte?"

Engel nahm der Magd das mitgebrachte Glasfläschchen aus der Hand und ging zu einem Regal, das über dem Esstisch angebracht war.

„Soll ich ihr etwas von der Weißdorn-Essenz abfüllen oder vom Weidenrindenpulver?"

„Weißdorn."

Engel füllte die Flasche mit einer Essenz aus einem Tonkrug und gab sie der Magd zurück. In der Zwischenzeit war Johanne fertig geworden. Sie schwenkte den Topf vom Feuer, wischte sich die Finger an der Schürze ab und reichte der Magd zum Abschied die Hand.

„Und richte der Colona aus, sie darf auf keinen Fall mehr als 10 Tropfen am Tag nehmen."

Die Magd versicherte, dass sie die Colona darauf hinweisen würde und verschwand. Johanne lächelte Engel an.

„Endlich bist du wieder da!"

„Ich kann leider nicht besonders lange bleiben. Mir sind nur ein paar Kräuter ausgegangen und Mutter macht sich mal wieder unnötige Sorgen um Victor."

Während Johanne aus den getrockneten Kräutern Huflattich und Lungenkraut heraussuchte und zerstieß, schilderte Engel, was am vergangenen Abend passiert war. Johanne nickte verstehend.

„Sei nicht zu böse mit deiner Mutter. Sie kann nichts dafür. Es gibt einen guten Grund, warum sie Victor so bevorzugt."

„Ach ja? Und was für einen?"

Johanne legte ihr eine Hand auf die Schulter.

„Ich kann dir das nicht erklären. Das muss schon deine Mutter machen."

Engel schmollte und setzte sich auf den frei gewordenen Stuhl.

„Ich will es aber jetzt wissen."

„Prediger 2 Vers 16: Ein jegliches hat seine Zeit. Immerhin bist du das Lieblingskind deines Vaters."

Engel sah so überrascht aus, dass Johanne lachen musste. Sie trat an den Herd und zog ein Stück Tuch aus dem Topf, in dem sie vorhin gerührt hatte.

„Komm schon Kind, lass uns sehen, wie die neue Farbe aussieht. Ich habe das Rezept von einer Freundin aus Belm."

Am Montag Abend saßen wieder alle gemütlich beim Spinnen zusammen. Es wurde gesungen und gelacht. Schließlich sah sich Catharina nach den Kindern um.

„Engel, bring' doch bitte die Kleinen ins Bett. Es ist langsam Zeit."

Engel stellte das Spinnrad zur Seite, stand auf und streckte sich. Sie stieg über die Wollkörbe zu Victor und Maria hinüber. Plötzlich sprang die Dielentür auf und einer der Heuerleute kam hereingestürzt.

„Schnell! Adam ist... es ist alles voller Blut!"

Alle sprangen auf und rannten hinaus. Engel rannte hinter ihren Eltern her.

„Bitte, lieber Gott, lass ihn nicht tot sein. Er darf nicht tot sein."

Sie erreichten das durch einige Laternen schwach beleuchtete Gebäude. Sie drängelten sich durch die Männer, die im Kreis um einen leblosen

Körper standen, der mit dem Gesicht nach unten auf den zum Dreschen ausgebreiteten Garben lag.

Catharina schickte Grete sofort zu Averbecks. Wortlos drehte sich Grete um, zwängte sich ins Freie und lief über die Felder davon.

Engel kam gerade rechtzeitig, um zu sehen, wie ihr Vater Adam vorsichtig umdrehte. Er schob seinen Arm unter seinen Oberkörper und hob ihn behutsam an. Aus einer Wunde am Kopf strömte Blut, lief über Adams bleiches Gesicht und tropfte auf Ludwigs Hemd. Er stöhnte leise.

„Er lebt, Gott sei Dank!"

Catharina kniete sich neben ihren Mann und betrachtete die Wunde. Engel war erleichtert, denn trotz Johannes Unterricht war sie sich nicht sicher, was zu tun war. Catharina sah sich um.

„Wir müssen die Blutung stillen. Hat jemand ein sauberes Tuch?"

Ohne zu überlegen zerrte Engel ihr Taschentuch aus der Schürzentasche und reichte es ihrer Mutter, die es auf die Kopfwunde drückte. Adam wimmerte und schlug endlich die Augen auf. Die Anwesenden atmeten befreit auf. Der Verletzte stöhnte vor Schmerz.

„Mein Kopf... Was ist passiert?"

Eine Welle der Erleichterung ging durch die Zuschauer. Schnell griffen ein paar Hände nach Adam und trugen ihn langsam ins Haus. Alle, die nicht helfen konnten, folgten. Sie unterhielten sich im Flüsterton. Einer der Heuerleute sah Ludwig fragend an.

„Soll ich den Apotheker holen?"

Der Colon schüttelte den Kopf.

„Nicht nötig. Es ist nur eine Platzwunde. Catharina wird es richten."

Die Träger hatten Adam auf den Tisch gelegt, den die Mägde schnell freigeräumt hatten. Catharina eilte in die Stube und kam wenig später mit ein paar sauberen Binden und einer halbleeren Flasche vom Selbstgebrannten zurück. Sie gab Adam einen kräftigen Schluck und benutzte den Rest, um die Wunde auszuwaschen. Sie arbeitete langsam und gründlich. Von Zeit zu Zeit stöhnte Adam. Als die Wunde sauber war, winkte sie Engel ihr beim Anlegen des Verbandes zu helfen. Im selben Augenblick ertönte donnernder Hufschlag von der Auffahrt und wenig später stolperte Gerhard Averbeck auf die Diele.

„Wo ist Adam!"

Ludwig zeigte auf den Verletzten.

„Es geht ihm gut. Er hat nur eine Platzwunde. Catharina kümmert sich darum."

„Gott sei gelobt. Ich habe schon das Schlimmste befürchtet."

Gerhard stellte sich neben seinen Bruder, nahm seine Hand und redete beruhigend auf ihn ein. Ludwig wusste, dass sein Großknecht in guten Händen war und so wendete er sich den Anderen zu.

„Wie ist das passiert?"

Ludwig sah seine Männer streng an. Der Knecht Jacob antwortete.

„Dorsch ist bein Schlagen aus'n Takt gekommen und hat den Adam an'n Kopf erwischt."

Um besser sehen zu können, stand Engel hinter ihrem Vater. Außerdem hatte sie dort auch Adam im Blick, der noch immer mit geschlossenen Augen auf dem Tisch lag.

„Und wo ist Dorsch jetzt?"

Engel beobachtete schweigend, wie die Männer Dorsch nach vorne schoben.

„Ich hab's nich' mit Absicht getan. Wirklich! Nich' mit Absicht", jammerte er ein ums andere Mal. Eine starke Schnapsfahne wehte Engel und Ludwig entgegen. Engel schüttelte sich angewidert.

Jacob sagte: „'n roten Hahn uppen Dacke, iß nich sau schlimm osse stännich 'n Fatt Brannewin in'n Keller."

Die Männer murmelten zustimmend. Dorsch sah Ludwig verzweifelt an, der prüfend die Luft einsog. Engel merkte, wie ihr Vater mit jedem Atemzug wütender wurde.

„Hinrich Dorsch, du wagst es betrunken zum Dreschen zu gehen?"

„Es war doch keine Absicht. Ich tu es auch nie wieder. Keinen Tropfen rühre ich mehr an. Ehrenwort."

„Solltest du noch ein einziges Mal betrunken hier auftauchen, kannst du deine Sachen packen und gehen."

Dorsch schwankte wie unter einem schweren Schlag. Er weinte.

„Gnade, Colon. Wo soll ich denn hin. Was wird dann aus Klara. Es war doch wirklich keine Absicht. Engel, sag doch etwas..."

Engel war entsetzt.

Wieso spricht er mich an? Ich kann doch gar nichts tun.

Angeekelt wendete sie sich von Dorsch ab.

Wie kann sich ein erwachsener Mann nur so gehen lassen. Arme Klara. Das hat sie wirklich nicht verdient.

Ludwig sprang auf und wies Dorsch mit ausgestreckter Hand die Tür.

„Halt den Mund! Dass du überhaupt noch eine Chance bekommst verdankst du nur der Freundschaft unserer Töchter. Also wage es ja nicht, noch ein einziges Wort darüber zu verlieren. Verlass sofort mein Haus und kehre erst zurück, wenn du wieder bei Verstand bist!"

Schluchzend erhob sich der Heuermann. Mit dem Hemdsärmel wischte er sich Rotz und Tränen ab, drehte sich um und schlurfte weinend zur Dielentür hinaus.

Peinlich berührt wendete Engel sich wieder Adam zu, dem es offensichtlich schon wieder besser ging. Ludwig schickte die verbliebenen Leute zurück, um das Dreschhaus zu reinigen und das blutige Getreide auf den Mist zu werfen.

Catharina schenkte den Männern und sich selbst je einen Schluck Schnaps in ein paar Becher.

„Ich glaube auf den Schreck können wir das brauchen."

„Und ich bekomme nichts mehr, oh Herrin der Heilkräuter?"

Adam war selbst vom Tisch heruntergestiegen und saß auf seinem üblichen Platz. Er schnitt eine Grimasse und fasste sich an den Kopf. Catharina goss ihm wortlos ein. Engel versuchte ihre Gefühle im Griff zu behalten. Adam sollte nicht merken, wie sehr sie sich um ihn sorgte.

„Tut es noch sehr weh?"

„Aber sicher doch, Prinzessin. So ein Dreschflegel hat schließlich ganz schön Schwung. Mein Kopf ist einmal richtig gut durchgeschüttelt."

Gerhard legte seinem Bruder die Hand auf die Schulter.

„Nur gut, dass er noch ganz ist. Ich nehme dich besser mit heim. Da kannst du dich in Ruhe erholen."

Catharina stimmte Gerhard sofort zu.

„Das ist ein guter Vorschlag. Er hat wirklich Glück gehabt, dass Dorsch ihn nicht voll erwischt hat. Er sollte ein paar Tage im Bett bleiben."

Die Sorge in Catharinas Stimme war nicht zu überhören. Unerwartet wurde Engel von einer Eifersuchtswelle gepackt, die zum Glück nur ein paar Sekunden andauerte.

So etwas Albernes. Wie kann ich nur auf Mutter eifersüchtig sein. Sie würde sich um jeden unserer Leute so sorgen. Und Adam weiß doch auch, wie glücklich sie verheiratet ist.

Catharina schenkte eine zweite Runde Schnaps aus.

„Ich habe schon Männer gesehen, die nach einem Schlag auf den Kopf an Wundfieber gestorben sind, obwohl sie gar keine Wunde hatten."

„Alles, was du wünscht, edle Retterin", flachste Adam.

Der Knecht war noch immer ziemlich bleich und schloss die Augen. Er kämpfte gegen die Übelkeit, aber außer Catharina und Engel merkte das niemand.

„Na ja, so schlecht kann es dir ja nicht gehen, wenn du schon wieder mit meiner Frau tändelst."

Ludwig grinste.

„Es ist eben eine so schöne Frau, dass selbst jemand der halb tot ist, nicht anders kann."

Trotz seiner Verletzung blieb Adam schlagfertig, aber Catharina stand ihm in nichts nach.

„Wenn den Isel tou woll wätt, loppt hei uppet Is un bräck sick'n Bein."

Adam sah Ludwig mit einem spitzbübischen Lächeln an. Da ihn sein Kopf sehr schmerzte, schloss er die Augen schnell wieder. Catharina legte ihm die Hand auf die Schulter und sah Gerhard an.

„Bring ihn besser nach Hause. Je schneller er ins Bett kommt, desto besser."

Engel stand auf. Sie wollte Gerhard helfen, traute sich aber nicht. Da fiel ihr Blick auf Maria und Victor, die sich im Hintergrund gehalten hatten, um nicht aufzufallen. Engel ging lächelnd auf die beiden zu und umarmte sie.

„Nun ist alles wieder gut. Adam wird schon bald wieder ganz gesund sein. Und für euch wird es jetzt wirklich Zeit ins Bett zu gehen."

In den nächsten Tagen wurde Adam nicht nur von Engel vermisst. Den Schafen ging es ständig schlechter und Ludwig machte sich große Sorgen. Er hätte die Herde im Gegensatz zu vielen anderen Coloni der Gegend gerne gehalten. Doch ohne Adams Hilfe war es schwierig, die halbwegs gesunden Schafe von den todkranken zu trennen und sie in getrennten Ställen unterzubringen.

Engel beobachtete, wie er ständig gereizter wurde. Schon die kleinste Kleinigkeit ließ ihn aus der Haut fahren. Engel versuchte, ihm so gut wie möglich zu helfen. Leider konnte sie nicht viel tun, denn ihr Wirkungsbereich war das Haus. Schließlich bemerkte sie Victor, der im Hof mit seinem Steckenpferd spielte. Jubelnd galoppierte er über den Hof, die Schleuder in den Hosenbund geschoben. Geschickt hüpfte er über Äste und andere kleine Hindernisse und trieb sich mit seiner kurzen Peitsche an.

„Hussa, Pferdchen! Lauf!"

„Victor, hör endlich auf zu spielen und hilf Vater."

Victor hustete gekünstelt.

„Siehst du, ich bin erkältet und Mutter hat gesagt, dass ich mich schonen muss."

„Das ist eine faule Ausrede. Du bist der einzige Junge in der Familie, also hilf deinem Vater gefälligst."

„Ich mag keine Schafe."

Er wendete sich wieder seinem Spiel zu. Aufgebracht riss Engel ihm die Peitsche aus der Hand.

„So wird aus dir nie ein guter Colon. Du gehst jetzt sofort zu Vater und hilfst ihm, sonst werfe ich die Peitsche ins Feuer."

Victor heulte laut auf und sofort kam Catharina aus dem Haus gerannt.

„Victor, Liebling, was ist denn passiert? Hast du dir weh getan?"

Besorgt ging sie in die Hocke und nahm den Jungen in den Arm. Dass dabei ihr weiter Rock dreckig wurde, störte sie nicht.

„Engel will meine Peitsche verbrennen."

„Anna Engel Waldmann! Wie kannst du nur so mit deinem Bruder umgehen. Dabei ist er noch so klein! Geh sofort ins Haus und kümmere dich um deine Aufgaben!"

Engel sah sie erschrocken an. Damit hatte sie nicht gerechnet. Wortlos drehte sie sich um und ging ins Haus zurück. Die Peitsche nahm sie mit. Victor merkte es und schrie noch lauter. In der Diele warf Engel das Spielzeug zu den Rindern in den Stall. Sollte sich Victor doch auf der Suche danach ordentlich schmutzig machen. Das war ihr egal. Wütend stapfte sie über das Flett. Die alte Johanne, die wie jeden Freitag am Feuer saß und spann, sah ihr verwundert nach. So kannte sie Engel gar nicht. Das junge Mädchen ging in die Milchkammer und goss Flott ins Butterfass. Der gewohnte Prozess des Butterns half ihr, sich langsam wieder zu beruhigen. Trotzdem dauerte es ziemlich lange, bis ihre Wut verraucht war.

Langsam begann es, draußen dunkel zu werden. Die alte Johanne sammelte ihre Sachen zusammen und begann den Tisch für das Abendessen zu decken. Nach dem Essen würde sie sich auf den Weg zurück ins Dorf machen. Engel beobachtete, wie Victor seine frisch gewaschene Peitsche über dem Feuer zu trocknen versuchte. Catharina sah ihm unruhig zu.

„Geh nicht zu dicht ran, Liebling. Das ist gefährlich."

„Ja, ja."

Engel grinste in sich hinein. Geschieht ihm ganz recht. Der arme Vater schuftet und er spielt.

Sie half Johanne, den Rest des schweren Schwarzbrotes aus dem Brotschrank zu heben. Normalerweise schnitt Adam das Brot, aber heute Abend würde Ludwig diese Aufgabe übernehmen.

„Viel Brot ist nicht mehr da", sagte Johanne zu Grete, die gerade die Milchsuppe auf den Tisch stellte.

„Dann müssen wir wohl bald wieder backen. Ich sage Mutter bescheid."

Engel hörte nur mit einem Ohr zu. Besorgt sah sie, wie ihr Vater das Haus betrat. Trotz der Dunkelheit auf der Diele konnte sie erkennen, wie müde er aussah. Erschöpft ließ er sich an seinen Platz am Kopf des Tisches fallen und wenig später saßen auch alle anderen.

Die Großmagd sprach das Tischgebet und alle begannen zu essen. Nach einer Weile rieb sich Ludwig die Augen.

„Wir werden die Schafe töten müssen. Ich habe Dorsch den Auftrag gegeben, am Rand der großen Wiese eine Grube auszuheben. Dort können wir sie vergraben."

„Aber Ludwig! Alle Schafe?"

Catharina war entsetzt und Engel hielt die Luft an. So etwas hatte sie nach Johannes schlechten Vorzeichen schon befürchtet.

„Nahezu. Gerhard hat mir von einem Colon in Bohmte erzählt, der so wenigstens einen Teil seiner Herde gerettet hat."

Johanne machte das Zeichen, mit dem Böses abgewehrt werden konnte.

„Die Tiere sind verhext! Ganz sicher liegt ein Fluch auf ihnen. Ich kann sie dir besprechen. Dann geht es ihnen bald wieder besser."

„Geh nur und versuche dein Glück. Aber wenn das auch nicht hilft, werde ich die kranken Tiere morgen töten und vergraben lassen."

„Wie viele Tiere sind denn krank?"

„Wir haben nur noch eine Hand voll gesunder Schafe."

Der Rest des Abendessens verlief in gedrückter Stimmung. Die sonst so fröhliche Runde war schweigsam und traurig. Nach dem Essen räumten die Mägde den Tisch ab, so schnell sie konnten.

Die alte Johanne nahm ein Messer und eine Schale, die sie mit Asche aus der Herdstelle füllte. Sie stach das Messer in die Asche und murmelte ein paar Worte. Schließlich verließ sie das Haus und ging mit gemessenen Schritten über den Hof zum Schafstall. Alle Anwesenden folgten ihr. Engel ging neben ihrem Vater. Sie trug eine Kerze, die Johanne angezündet hatte. Am Schafstall angekommen, öffneten Ludwig und Jacob beide Stalltore weit, damit Johanne etwas sehen konnte. Die alte Frau nahm Engel die Kerze ab und drückte ihr dafür die Schale mit der Asche in die Hand. Sie zog das Messer heraus und ging in den Stall. Gespannt bildeten die anderen einen Halbkreis vor den Toren und beobachteten die alte Frau. Langsam schritt sie an den Tieren vorbei. Jedem einzelnen Tier zeichnete sie das segensreiche Symbol des Kreuzes dreimal auf die dicke Wolle am Hals. Es dauerte lange, bis sie alle Tiere behandelt hatte. Es wurde immer dunkler und stiller. Engel wagte kaum zu atmen. Nur gelegentlich zerriss das Blöken eines Schafes das Schweigen. Schließlich kehrte Johanne zu den Wartenden zurück. Sie steckte das Messer in die Asche zurück und löschte die Kerze. Schließlich drehte sie sich noch einmal zu den Tieren um.

„Jesus Christus reiset über Berg und Tal,
über Flüsse und Meer
und nimmt die Krankheit an sich. Amen"

Dann wendete sie sich Ludwig zu.

„So etwas habe ich noch nie gesehen. Ich habe mein Bestes getan, aber ich weiß nicht, ob es reichen wird."

Plötzlich krächzte ein Käuzchen in der Eiche hinter der Scheune und alle fuhren erschrocken zusammen.

„Klä di witt, du moß baule mit", wisperte die Großmagd mit heiserer Stimme und Johanne schlug die Hände über dem Kopf zusammen.

„Ach du mein Herrgott, beschütze uns in unserer Not. Der Tod kommt auf diesen Hof. Gott sei uns gnädig."

Engel schauderte. Schon wieder eine Todeswarnung. Ludwig lachte gezwungen.

„Es ist doch nur ein Käuzchen. Es kann den Tod nicht vorhersagen. Nur Gott ist allwissend."

„Aber in seiner Gnade warnt er uns auf diesem Wege, dass wir nicht schuldbeladen sterben. Ich jedenfalls werde noch heute Nacht in die Kirche gehen und beten."

Johanne hielt an ihrer Überzeugung fest. Sie zog sich ihr Tuch über die Schultern und humpelte so schnell sie konnte vom Hof. Engel sah ihr noch einen Moment nach und bemerkte dabei, wie sich Catharina mit einem besorgten Blick auf Victor bekreuzigte.

Catharina beschloss, dass am Sonntag alle zum Gottesdienst gehen sollten, die nicht auf dem Hof bleiben mussten. Da Ludwig wegen der Schafe nicht mitkommen wollte, schickte sie Maria zu Rahenkamp, mit der Bitte sie alle mitzunehmen.

„So trifft uns das Unheil wenigstens nicht unvorbereitet."

Sie versuchte tapfer auszusehen. Engel beobachtete, wie ihr Blick immer wieder sorgenvoll zu Victor wanderte, als hätte das Käuzchen nur nach ihm gerufen.

„Mutter, geh du doch auch mit in die Kirche."

„Das geht nicht, Engel. Grete war schon letzten Sonntag nicht mit und den anderen habe ich einen halben Tag frei gegeben, damit sie für unser Wohl beten können. Ich muss das Haus hüten und das Essen bereiten."

„Das kann ich doch auch tun. Ich bin schließlich schon alt genug."

Engel hatte sich bisher gerne um solche Aufgaben gedrückt. Für einen Moment sah Catharina ihre Tochter überrascht an, lächelte dann aber erfreut und umarmte sie.

„Ich danke dir, Engelchen."

Am nächsten Tag beim Frühstück stützte Ludwig den Kopf in beide Hände und atmete tief durch.

„Liebe Güte, bin ich müde. Die Sache mit den Schafen, Adams Unfall, Johannes Warnung, der Prozess gegen den Grafen und dann noch der Meyer. Es ist ein bisschen viel auf einmal."

Engels Herz zog sich zusammen. Sie hätte ihrem Vater gerne geholfen, wusste aber, dass es nichts gab, was sie tun konnte. Zum Glück wusste ihre Mutter einen Rat.

„Du solltest mal mit jemandem in Ruhe über alles reden."

„Mit wem soll ich denn reden. Henrich ist mit den Meyern doch schon aus Familientradition verfeindet. Und Gerhard hat genug eigene Probleme."

„Warum reitest du nicht zu deinem Bruder nach Wittlage. Die Männer werden für ein paar Stunden auch ohne dich auskommen."

„Und ich bin ja auch noch da. Ich pass' schon auf", rief Victor dazwischen. Ludwig lachte aus vollem Herzen. Engel tat es gut zu sehen, dass sich seine Laune schlagartig gebessert hatte.

Ludwig sah seinen Sohn an, der schmollend die Tischplatte anstarrte.

„Na gut Victor. Dann will ich mal sehen, was für ein Colon aus dir werden wird. Ich verlasse mich ganz auf dich."

Wenig später bestieg er sein Pferd, zerwühlte seinem Sohn noch einmal das Haar und ritt davon. Engel seufzte, als sie die stolz geschwellte Brust ihres Bruders sah.

Na, das kann was werden, dachte sie.

Engel hatte genug Arbeit für den Tag und Victor störte weniger, als sie erwartet hatte. Trotzdem wartete sie ab Mittag sehnsüchtig auf ihren Vater.

Hoffentlich fühlt er sich schon wieder besser.

Von Zeit zu Zeit ging sie zum Hoftor und hielt vergeblich nach ihm Ausschau. Endlich hörte sie Ludwigs Stimme, als sie grade den Tisch für das Abendessen deckte. Er unterhielt sich mit Jacob, dem Knecht. Wenig später stand er auf dem Flett und nahm sich etwas Suppe.

„Grüß dich, mein Engel. Ihr müsst heut ohne mich essen. Ich muss gleich noch mal zu den Schafen. Jacob meint, dass es ihnen noch schlechter geht. Nur gut, dass ich sowieso vorhatte, morgen nicht zur Kirche zu gehen. Gott wird das schon verstehen."

Engel nickte.

Wenigstens sieht er nicht mehr so müde aus, dachte sie und sah ihrem Vater zu, wie er die Suppe hinunterstürzte.

Sonntag früh zogen alle, die in die Kirche gehen wollten, ihre besten Sachen an. Engel staunte mal wieder darüber, wie ähnlich sich Grete und Catharina sahen. Grete umarmte sie im Vorbeigehen. Verlegen begann Engel die Teller und Löffel vom Tisch zu sammeln. Sonntags wurde alles Geschirr gründlich gespült und geschrubbt. Engel wusste, dass sie sonst nicht besonders viel zu tun haben würde. Die meisten Arbeiten waren schon am Sonnabend erledigt worden, schließlich arbeitete man nicht am Tage des Herrn. Auch das Mittagessen war schon vorbereitet. Engel musste es nur rechtzeitig zur Heimkehr der Kirchgänger warm machen. Sie lächelte ihrer Mutter beruhigend zu, die ihr von ihrem Platz am Herd sorgenvoll zusah.

Sie stellte das schmutzige Geschirr in den größten Topf und wollte ihn mit Wasser aus dem Wassertrog füllen. Missmutig stellte sie fest, dass nur noch sehr wenig Wasser in dem großen Steintrog war.

„So was Dummes! Man merkt doch wirklich, dass Adam nicht da ist."

Sie schnappte sich die beiden Holzeimer, hängte sie an das Joch und ging aus der dem Hof zugewandten Seitentür. Als sie zum Brunnen ging, um frisches Wasser zu holen, bemerkte sie Victor, der sich auf den Hof geschlichen hatte.

Es war noch ziemlich dunkel und so konnte sie ihn kaum erkennen. Er stand an der Hofeinfahrt und hielt Ausschau. Dabei hüpfte er von einem Bein aufs andere, um sich warm zu halten. Als Engel quietschend die Tür öffnete, drehte er sich zu ihr um und beobachtete sie. Im selben Augenblick trat Ludwig vor das Dielentor. Er sah hinter seinem Sohn etwas Riesiges, Dunkles auftauchen, das schnell größer wurde.

„Victor! Platz da!"

Victor sprang erschrocken zur Seite und Rahenkamps Leiterwagen, beladen mit Kirchgängern, polterte an ihm vorbei auf den Hof. Engel ließ die Eimer fallen, rannte zu ihrem Bruder und nahm ihn tröstend in die Arme.

„Lass mich! Ich bin doch kein kleines Kind."

Victor schüttelte sie ab.

„Könnt ihr nicht aufpassen!"

Ludwig war außer sich und machte ein paar Schritte auf die Kutsche zu. Rahenkamp hielt an und sah sich verwirrt um.

„Was ist denn los?"

Bevor ihr Vater die Beherrschung verlor und vielleicht etwas sagte, das er später bereute, rannte Engel über den Hof. Victor folgte ihr.

„Ich stand am Tor und ihr habt mich beinahe umgefahren. Aber mir ist nichts passiert."

„Wirklich? Ich habe dich gar nicht gesehen."

„Es ist ja noch sehr dunkel. Victor hätte dort gar nicht stehen sollen."

Engel sah zu ihrem Vater hinüber und erkannte, dass er sich noch immer nicht ganz beruhigt hatte.

Ich muss ihm mehr Zeit geben.

Als Rahenkamp absteigen wollte, streckte Engel ihm die Hände entgegen. Ihr Herz klopfte heftig, aber für ihren Vater musste sie es wagen. Rahenkamp nahm es mit Humor.

„So alt bin ich eigentlich noch nicht, Mädchen."

Lachend ließ sich der Colon Engels Hilfe gefallen und gab ihrem Vater so die Zeit, sich etwas zu beruhigen. Ludwig winkte Victor ins Haus zu gehen und der Junge gehorchte widerstandslos.

„Ich sage Catharina bescheid, dass ihr da seid."

Er folgte seinem Sohn.

Engel begrüßte die Nachbarn und lächelte den Colon freundlich an.

„Es ist wirklich lieb, dass ihr unsere Leute mitnehmt. Vater ist so besorgt wegen der Schafe und Adam ist immer noch nicht wieder auf den Beinen."

„Na ja, ich werde nicht selber fahren. Aber Henning ist ein guter Kutscher."

„Henning?"

„Mein neuer Knecht. Er ist schon seit Martini bei uns. Kennst du ihn noch gar nicht?"

Rahenkamp zeigte auf einen stämmigen Mann mittleren Alters, der neben ihm auf dem Kutschbock gesessen hatte und nun die Zügel in der Hand hielt.

„Doch, selbstverständlich. Ich wusste nur nicht, wie er heißt. Aber warum fährst du nicht mit?"

„Ich werde gleich vom Meyer abgeholt. Wir sollen im Auftrag des katholischen Priesters nach Essen rüber fahren und wegen der Ausbesserung des Kirchturms verhandeln."

Eine Magd rief vom Wagen: „Das ist nur eine gute Ausrede, nicht zum Gottesdienst zu gehen."

Engel grinste spitzbübisch. Rahenkamp und die anderen Kirchgänger lachten fröhlich. Es war kein Geheimnis, das ihr Nachbar bei den Predigten gelegentlich einschlief, obwohl er gerne und regelmäßig zur Kirche ging.

In der Zwischenzeit hatte sich Ludwig wieder beruhigt und kam aus dem Haus.

„Catharina ist gleich soweit."

Rahenkamp nickte dankend. In diesem Augenblick verließ Catharina das Haus. Beide Männer eilten, um ihr auf den Wagen zu helfen und sie in warme Decken zu wickeln. Wenig später saßen auch Grete, Maria, Victor, die Mägde und Jacob warm eingepackt auf dem Wagen. Rahenkamp betrachtete das Gefährt kritisch.

„Nur gut, dass der Wagen so groß ist. Sonst hätten einige von euch zu Fuß gehen müssen."

Der Rahenkamp'sche Großknecht wendete und fuhr langsam vom Hof. Auch sein Colon machte sich auf den Heimweg. Engel winkte ihm und den Kirchgängern nach, bis sie nicht mehr zu sehen waren. Dann holte sie die Eimer und ging zum Brunnen.

Etwa zwei Stunden später steckte Engel den letzten Löffel zurück an seinen Platz. Sie sah sich um. Alles war blitzblank, bis auf den großen Topf in dem sie abgewaschen hatte. Auch die Butter war schon gestampft, die Eier eingesammelt und der Eintopf, den es zu Mittag geben sollte, hing bereits am Kesselhaken. Engel legte einen Zacken zu und verscheuchte eine Katze, die zu dicht am Feuer saß. Nun war der Topf an der richtigen Stelle, um langsam warm zu werden. Engel war zufrieden.

„Wenn die Kirchgänger zurück sind, ist er heiß."

Sie schöpfte das Abwaschwasser aus dem Topf und trug es aus dem Haus, um es in den Garten zu gießen. Von der Vorderseite des Hauses hörte sie ihren Vater wütend mit jemandem schimpfen.

„Verschwinde! Und zwar sofort! Mit Sack und Pack! Ich will dich hier nie wieder sehen!"

Engel tat der Hausierer leid, der da so angeschrien wurde. Schließlich konnte der Mensch ja nichts dafür, dass Ludwig Sorgen hatte.

In Gedanken versunken ging sie ins Haus zurück und machte sich dran, den Topf zu schrubben. Mit feinem Sand scheuerte sie, bis das Kupfer wieder rotgolden glänzte. Schließlich lehnte sie sich zufrieden zurück und wischte sich den Schweiß von der Stirn. Im selben Augenblick entdeckte sie Ludwig, der gerade die Diele betreten hatte.

„Engelchen, sei doch bitte so gut und hole mir ein Glas Buttermilch."

„Mach ich!"

Sie ließ alles stehen und liegen und sprang auf. Ludwig lachte fröhlich.

„Lass dir ruhig Zeit, mein Engel. So schnell verdurste ich nicht."

Engel wurde rot und ging etwas langsamer in die Milchkammer. Ludwig rief ihr nach.

„Ich werde Adam noch eben seinen Spaten auf 's Bett legen. Sonst vergisst er ihn zu flicken."

Engel hörte ihren Vater die Leiter zu Adams Kammer über dem Pferdestall hinaufsteigen. Plötzlich krachte und polterte es. Ludwig schrie erschrocken auf. Die kaputte Sprosse der Leiter hatte unter seinem Gewicht nachgegeben. Mit lautem Getöse fiel er auf den steinharten Boden. Der Spaten schepperte laut, als er gegen einen Stein prallte. Engel ließ den Becher mit der Buttermilch fallen und raste aufs Flett.

„Vater!"

Sie schrie erschrocken, als sie den leblosen Körper auf der Diele liegen sah. In wenigen Sekunden saß sie neben dem Gestürzten am Boden. Entsetzt sah sie, wie Blut aus einer Platzwunde an Ludwigs Hinterkopf auf den Dielenboden lief.

„Vater, sag doch was."

Ludwig seufzte und öffnete die Augen.

„Engelchen..."

Er versuchte zu lächeln.

„Oh, mein Schädel."

Er stöhnte und griff sich an den Kopf. Er zuckte vor Schmerz zusammen, als er mit der Hand an die Wunde kam. Erstaunt betrachtete er das Blut an seinen Fingern.

„Ich blute!"

Er versuchte sich hinzusetzen, war aber zu benommen. Engel bemerkte es und nahm seine blutverschmierte Hand. Zärtlich drückte sie sie und spürte, wie ihr Vater den Druck leicht erwiderte.

„Gott sei ewig Dank, du lebst!"

Ludwig atmete mühsam.

„Ich hab dich lieb, mein Engel."

Er wurde wieder ohnmächtig. Engel erschrak sehr. Ein paar Sekunden blieb sie reglos neben dem Bewusstlosen sitzen. Sie war wie betäubt. Als ihr Kopf wieder klar war, beherrschte sie ein einziger Gedanke.

„Ich muss Hilfe holen!"

Augenblicklich sprang sie auf, raffte die Röcke und rannte los. Dabei stolperte sie über den Spaten und fiel beinahe wieder hin.

Wütend gab sie dem Werkzeug einen Tritt, der es polternd ein paar Meter über den Dielenboden rutschen ließ. Ohne sich weiter darum zu kümmern rannte sie so schnell sie konnte aus dem Haus, über den Hof und die Straße hinauf. In ihrem Kopf rasten die Gedanken eben so schnell, wie ihre Füße auf dem gefrorenen Boden.

Wer ist jetzt bloß noch zu Hause? Klara? Die ist bestimmt zur Kirche. Ihr

Vater könnte da sein. Wer sonst noch? Volberts? Rahenkamp? Ja, Colona Rahenkamp ist zu Hause. Wenn Hinrich nicht da ist, gehe ich zu Rahenkamps. Irgend jemand muss mir doch helfen.

Es dauerte nicht einmal eine Minute, bis sie das Heuerhaus erreichte. Sie riss die Tür auf, sah aber auf den ersten Blick, dass niemand daheim war. Verzweifelt drehte sie um und hetzte den Berg weiter hinauf, auf Rahenkamps Hof zu. Schon in der Einfahrt stolperte sie dem Colon in die Arme. Sie war glücklich jemanden entdeckt zu haben, der helfen konnte. Sie atmete so heftig, dass sie nicht sprechen konnte.

„Mädchen, was ist denn los. Beruhige dich doch."

„Vater... ist... gestürzt... von der Leiter", stieß Engel keuchend hervor. Rahenkamp verstand sie sofort.

„Lauf ins Haus und schick meine Frau. Sie soll Zeug zum Verbinden mitbringen. Und der Meyer ist im Pferdestall. Sag ihm, er soll sofort den Apotheker benachrichtigen."

Wenige Minuten später war Engel schon wieder auf dem Rückweg. Sie war ziemlich außer Atem, rannte aber trotzdem so schnell sie konnte. Sie machte sich große Sorgen um ihren Vater. Als sie über den Hof rannte, sah sie eine bekannte Gestalt über die Felder davonlaufen.

Was macht Adam hier? Sollte er nicht noch im Bett liegen?

Sie blieb stehen und sah ihm einen Moment verwundert nach. Dabei sah sie den Wagen der Rahenkamps mit den Kirchgängern über die Kuppe bei Volberts Hof kommen. Bald würden alle wieder daheim sein. Erschöpft stolperte Engel über den Hof und durch das Dielentor ins Haus. Der Dielenboden war vom Blut ihres Vaters ganz dunkel geworden.

Rahenkamp hatte Ludwig vom Boden aufgehoben und auf die Bank am Feuer gelegt. Die Kopfwunde blutete nicht mehr. Da die Sitzfläche recht schmal war, hingen seine Arme seitlich schlaff herunter.

„Vater!"

Engel beugte sich hinab, um seine Hand zu nehmen. Rahenkamp hinderte sie daran.

„Das möchtest du nicht wirklich tun, Engel."

Engel sah den Bauern verständnislos an.

„Er ist tot."

„NEIN!"

Engel riss sich los und griff nach Ludwigs Hand. Sie war kühl und leblos und fiel schlapp zurück, als Engel sie entsetzt losließ. Sie starrte ihren Vater fassungslos an.

„Nein! Das ist nicht wahr! Das kann nicht wahr sein."

Sie schüttelte verzweifelt den Kopf. Eine riesige Faust zerdrückte ihr Herz, bis sie keine Luft mehr bekam. Besinnungslos brach sie zusammen.

Als sie wieder zu sich kam, lag sie in ihrem Durk. Klara saß neben ihr und hielt ihre Hand.

„Sag, dass es nicht wahr ist."

Engel richtete sich auf und sah ihre beste Freundin beschwörend an. Klara schüttelte den Kopf. Sie wusste wie sehr Engel ihren Vater liebte.

„Der Apotheker hat es bestätigt."

„Aber er hat doch noch gelebt, als ich um Hilfe rannte."

„Manchmal stirbt man eben nicht sofort. So etwas kommt vor."

Die Mädchen schwiegen. Engel war wie versteinert. Ihr ganzer Körper fühlte sich an, als sei er aus Eis. Unvermittelt nahm Klara sie in den Arm. Engel hielt sich lange an ihr fest.

Später betraten die Freundinnen das Flett. Alle Fenster waren mit dunklen Tüchern verhängt, bis auf eines, das weit offen stand, damit die Seele des Verstorbenen den Weg in den Himmel finden konnte. Eine kleine Öllampe stand auf dem Tisch. Die Flamme flackerte unruhig im Luftzug. Engel ging zu ihrer Mutter, die starr auf ihrem Stuhl am Feuer saß, die Arme um ihre weinenden Kinder gelegt. Engel fühlte sich als ginge sie durch Watte. Alles um sie herum schien unendlich weit weg zu sein. Sie lehnte sich Trost suchend gegen Catharinas Arm. Obwohl sie versuchte nicht zu ihrem Vater hinüber zu sehen, blieb ihr Blick doch immer wieder an dem Toten hängen, der noch immer auf der Bank lag.

Irgend jemand fragte: „Ist Brot im Hause?"

Catharina bejahte diese Frage unwillkürlich, aber Grete wurde plötzlich rot. Verlegen beugte sie sich zu ihrer Mutter hinunter und flüsterte ihr etwas ins Ohr.

„Was? Kein Brot mehr?"

Catharina war verstimmt. In einem reichen Hause wie dem Colonat Waldmann sollte es immer genug Brot geben. Dafür fühlte sie sich als

Colona verantwortlich. Außerdem war es ein schlechtes Omen für die Kinder, wenn beim Tode des Vaters kein Brot mehr vorhanden war.

„Wie konnte denn das passieren?"

Grete zuckte mit den Schultern.

„Na ja, ein wenig ist noch da. Aber viel ist es nicht mehr."

„Dann müssen wir sofort nach der Beerdigung backen."

Catharina befreite sich sanft von ihren Kindern, kniete nieder und begann zu beten. Alle Anwesenden traten näher und folgten ihrem Beispiel. Auch Engel sank auf den Boden und faltete die Hände. Unwillkürlich wiederholte sie die Worte, die ihre Mutter sprach, vergaß sie aber sofort wieder. Sie merkte nicht einmal, wie sich die harten Pflastersteine des Fletts in ihre Knie gruben.

In diesem Augenblick kam Adam durch die Dielentür. Er kniete an der Tür nieder und sprach das Gebet mit. Anschließend sagte er: „Meine Schwägerin und die anderen Nachbarn sind verständigt und kommen gleich. Außerdem habe ich einen Mann nach dem Pastor zur Schelenburg geschickt. Auf dem Rückweg wird er im Dorf dem Pfarrer wegen der Beerdigung bescheid geben. Soll ich die Bienen wecken?"

Rahenkamp nickte. Es war eine alte Tradition, den Bienen bescheid zu sagen. „Anschließend kümmerst du dich am besten um die Tiere. Wir machen das hier schon."

Engel schlich sich hinter Adam zur Seitentür bei der Milchkammer. Ohne dass es ihr bewusst wurde, wusch sie sich im Vorbeigehen im Wassereimer das eingetrocknete Blut von den Händen und trocknete sich die Hände an der Schürze ab. Sie verließ das Haus, um eine Weile allein zu sein. Auf gar keinen Fall wollte sie dabei sein, wenn die Nachbarinnen Ludwig wuschen und mit dem Totenhemd bekleideten. Sie beobachtete, wie Adam durch den Garten zu dem kleinen Unterstand ging, wo die Bienen in ihren Körben überwinterten. An jedem Korb klopfte der Knecht dreimal an und murmelte ein paar Worte. Obwohl Engel ihn nicht hören konnte, wusste sie doch, was er sagte.

„Höt gi 't woll, bliwet flidig, jur Härr Ludwig Waldmann is daude."

Engel fühlte sich noch immer wie betäubt. Ohne nachzudenken ging sie am Hof vorbei zum Schafstall, um frisches Stroh für Ludwigs Bett zu holen. Sie hätte es auch vom Boden über den Rinderställen holen können, aber irgendwie erschien es ihr so richtiger.

Am Stall stieß sie mit Hinrich Dorsch zusammen, der gerade in diesem Augenblick um die Ecke bog. Engel verzog angewidert das Gesicht, denn der Heuermann schwankte stark und stank schon wieder nach Alkohol.

„Verscheihung... bidde Engelschen... verscheih mir."

Er jammerte und griff nach dem Arm des Mädchens. Wortlos riss sich Engel los und rannte in den Schafstall, während Dorsch weiter in Richtung Haupthaus torkelte. Als das Mädchen wenig später mit frischem Stroh in die Stube kam, war der Heuermann schon nicht mehr zu sehen. Wahrscheinlich hatte Klara ihren Vater heimgebracht. Anna Averbeck nahm Engel das Stroh ab.

„Vielen Dank, Liebes. Aber nun setz dich irgendwo hin. Bis nach der Beerdigung brauchst du nicht zu arbeiten. Das machen wir."

Engel nickte. Da es zum Herumsitzen zu kalt war, zog sie das Kleid aus und kletterte in ihren Durk. Sie zog die Schiebetüren zu und rollte sich unter der Decke zusammen. Engels Herz fühlte sich an, als sei es aus Stein. Der ganze Brustkorb tat ihr weh und das Atmen fiel ihr schwer. Immer wieder tauchte aus der ganzen Verwirrung ein quälender Gedanke auf.

Ich bin Schuld, dass er alleine sterben musste. Wäre ich nur nicht fortgelaufen.

Sie versuchte an etwas anderes zu denken und sich auf die Gespräche der Nachbarinnen zu konzentrieren, aber die Stimmen klangen weit entfernt und unwirklich. Nach einiger Zeit ging die Tür des Durks einen Spalt weit auf und Maria fragte leise: „Darf ich zu dir ins Bett?"

Wortlos hob Engel die Decke und das Mädchen kuschelte sich an sie. Es dauerte gar nicht lange, bis auch Victor in ihr Bett krabbelte.

„Kommt Vater jetzt in den Himmel?" Seine Augen waren vom Weinen gerötet und er schniefte entsetzlich.

„Aber natürlich kommt er in den Himmel." Engel strich ihrem Bruder übers Haar. Getröstet kuschelte sich der Kleine an sie und schlief bald ein.

„Ich habe ihn so lieb. Er wird mir entsetzlich fehlen", sagte Maria und sah ihre Schwester mit feuchten Augen an. Engel versuchte tapfer zu sein, aber der Schmerz in ihrem Herz war zu groß. Die Tränen liefen ihr unaufhaltsam über die Wangen. Gemeinsam weinten sich die beiden Mädchen in den Schlaf.

Die nächste Zeit erlebte Engel wie betäubt. Gefühllos nahm sie alles hin, was geschah. Das Leben war unwirklich und weit entfernt. Es war ihr egal, dass für Victor und Marie die Schule ausfiel und sie nicht zu Johanne gehen durfte. Victor gefiel diese Tradition natürlich sehr, aber auch das war Engel gleichgültig.

Die Nachbarinnen kümmerten sich um den Haushalt, so dass Catharina und die Kinder nichts zu tun hatten. Sie kleideten Ludwig in sein Hochzeitshemd, das nun sein Totenhemd sein sollte, und setzten ihm eine weiße Zipfelmütze auf, zum Zeichen, dass er verheiratet war. Da Ludwig nie eine Nachtmütze getragen hatte, litt Engel unter dem ungewöhnlichen Aussehen ihres geliebten Vaters noch mehr. Er schien ihr fremd und unnahbar. Die Ereignisse verschwammen für sie zu einem Alptraum, aus dem sie nur zu gerne aufgewacht wäre.

Ohne zu Denken kochte sie Kaffee für die Kleidernachbarn, den guten echten Kaffee, nicht die Mischung aus Malz und Wegwarte, die es alle Tage gab. Stumpfsinnig trank sie einen Schluck Schnaps, wenn die Flasche bei ihr anlangte und reichte sie weiter. Sie betete mit der Mutter und den Geschwistern für das Seelenheil des Vaters und fühlte sich, als sei sie mit ihm gestorben. Die ganze Zeit stand sie innerlich neben sich, weinte und schrie.

Der schwarz lackierte Sarg mit dem weißen Papierkreuz wurde geliefert und auf der Diele auf zwei mit weißen Tüchern abgedeckte Flachsbrechen gestellt. Die Nachbarinnen betteten den Toten hinein. Der Pfarrer kam, um den Termin für die Beerdigung zu besprechen. Er ärgerte sich darüber, dass der Pastor der Schelenburg Ludwig bereits wenige Stunden nach dem Tod eingesegnet hatte und machte darüber eine abfällige Bemerkung. Das ließ sich Catharina nicht gefallen. Trotz ihrer großen Trauer richtete sie sich stolz auf und sah dem Pfarrer direkt ins Gesicht.

„Wir sind evangelisch lutherischen Glaubens. Reicht es nicht, dass mein Gatte katholisch beerdigt wird? Soll er vorher eine katholische Salbung über sich ergehen lassen, nur um einen Pfaffen zufriedenzustellen?"

Engel war von der Heftigkeit ihrer Mutter so überrascht, dass sie aus ihrer Teilnahmslosigkeit gerissen wurde. So empört hatte sie Catharina noch nie erlebt. Dieser Ausbruch machte ihr schlagartig bewusst, wie sehr ihre Mutter um Ludwig trauerte. Engel fühlte sich auf wunderbare Art getröstet. Aber der Pfarrer war überrascht und verwirrt, denn er hatte die Bäuerin als höfliche, liebevolle und ruhige Frau in Erinnerung.

„So habe ich das doch gar nicht gemeint."

Er entschuldigte sich, aber während des restlichen Gesprächs über die Details der Beerdigung blieb die Atmosphäre unbehaglich. Erst als der Geistliche wieder gegangen war, entspannte sich Catharina wieder. Sie rief nach Adam, der sich seit Ludwigs Tod um den Hof kümmerte. Er kam sofort herbei.

„Nun, was sagt der Pfarrer?"

„Die Beerdigung wird gleich morgen stattfinden. Du kannst also Bursprache halten und die Nachbarn für den Abend zur Totenwache einladen."

Adam nickte und verließ das Haus. Engel wusste, dass er nun nacheinander zu Rahenkamp und Greiwe, den beiden nächsten Nachbarn, gehen und ihnen die Nachricht durch den geöffneten oberen Teil der Seitentür zurufen würde.

„Hüte Auwend uppe Dowake, un muoen froh nigen Uhr mit den siäligen Ludwig Waldmann to Grawe gaun."

Erst danach durfte er das Haus betreten und die Anwesenden begrüßen. So wollte es die Tradition. Von den beiden Familien würde die Kunde schnellstmöglich zu deren Nachbarn getragen und von denen wiederum zu deren Nachbarn. Dabei war die Reihenfolge genau festgelegt. Aus dem Haus, das die Nachricht aus zwei Richtungen erhielt, ging jemand in den Wald und sagte sie in eine Kopfweide oder einen Graben. Auf diese Weise wurde verhindert, dass bei den geladenen Nachbarn ebenfalls jemand zu Tode kam. Engel war sich nicht sicher, ob jemals ein Graben oder eine Weide zur Totenwache gekommen war. Über diesen Gedanken musste sie beinahe lächeln.

Jedenfalls stellt dieser Brauch sicher, dass alle Nachbarn schnell benachrichtigt werden, dachte sie. Niemand will gern, dass die Bursprache bei ihm zusammenkommt.

Ein lautes Knarren schreckte Engel aus ihren Gedanken. Catharina hatte die schwere Eichentruhe in der Schlafstube geöffnet, in der die selten benutzte Wäsche lag. Auf dem Flett wartete eine Witwe aus Schledehausen, die für andere Leute Näharbeiten übernahm. Engel hatte sie gar nicht kommen hören. Sie nickte der Näherin freundlich zu und ging ins Schlafzimmer.

Catharina und Grete nahmen ordentlich gefaltete Kleider aus der Truhe. Zuunterst lagen mehrere Ballen schwarzer Stoff und ein Stapel weißer Taschentücher, die Catharina an sich nahm. Engel wusste, dass aus dem Stoff Kleider für die Mägde und Mützen für die Knechte genäht wurden. Engel ging zu ihrer Schwester und half ihr die Kleider wieder einzuräumen.

„Bis zur Beerdigung werden die Sachen wohl nicht mehr fertig."

Grete lächelte schwach. Ihre Augen waren vom Weinen gerötet.

„Die Mützen werden genäht sein, das ist versprochen. Die Kleider bekommen wir dann ein, zwei Tage später. So, erledigt. Lass uns noch schnell das Feuer anfachen und die Kerzen aufstellen, bevor die Nachbarn kommen."

Engel folgte Grete aufs Flett, wo der Sarg stand. Der Deckel lag daneben auf dem Boden. Engel holte vier Kerzen und das Kruzifix aus der guten Stube und stellte sich vor dem Sarg auf. Für einen Moment war sie mit dem Toten allein.

„Liebster Vater. Verzeih mir, dass ich nicht bei dir geblieben bin. Ich wusste doch nicht, dass du sterben würdest."

Sie wischte sich mit einem Schürzenzipfel ein paar Tränen ab und stellte das Kreuz und die Lichter auf den Sargdeckel.

Derweil schürte Grete das Feuer, bis die Flammen bis zum Kesselhaken loderten. Dann gingen die Schwestern nach draußen, um genug Feuerholz für die Totenwache hereinzuholen. In der Zwischenzeit holte Maria mehrere Flaschen Schnaps herbei, während Victor auf der Diele spielte.

Am nächsten Morgen wachte Engel erst spät auf. Das Kissen war von ihren Tränen durchnässt, denn im Traum hatte sie den furchtbaren Unfall wieder und wieder erlebt. Sie fühlte sich müde und unendlich traurig.

Wäre ich doch nicht fortgelaufen, dann hätte Vater wenigstens nicht alleine sterben müssen. Sie seufzte schwer und zog ihr schönstes Kleid an. Dazu kam die schlichte weiße Trauermütze mit den schwarzen Bändern und ein schwarzes Schultertuch.

Als sie endlich aufs Flett kam, sah sie ihre Mutter weinend Abschied nehmen. Catharina trug zu ihrem schwarzen Sonntagskleid und dem schwarzen Schultertuch die aus schwarzen Spitzen und dunklen Perlen hergestellte Trauermütze der verheirateten Frauen und das silberne Halsgeschirr. Sie zog Ludwig den Ehering vom Finger, den sie als Witwenring behalten wollte. Als Ersatz steckte sie ihm seinen Alltagsring an.

Die Nachbarn waren schon alle da und als Catharina zurücktrat, legte der Zimmermann den Deckel auf den Sarg und verschloss ihn. Auch die Taschentücher für die Träger waren schon an die Griffe gebunden.

„Dat Likenbeer gift inn Kroog anne Kerk", verkündete der Zimmermann und rief noch einmal alle zusammen.

„Wir wollen dem Verstorbenen ein Vaterunser mit auf den Weg geben und auch dem gedenken, der als nächstes sterben wird."

Engel konnte sich kaum an die Worte des Gebets erinnern. Sie sah noch immer den liebevollen Blick ihres Vaters und spürte seine Hand in ihrer. Schließlich nahm Colona Rahenkamp die Kerzen vom Sargdeckel, legte sie in einen Korb und eilte voraus zur Kirche. Vier Männer hoben den Sarg an und trugen den Verstorbenen mit den Füßen voran durch das weit geöffnete Dielentor aus dem Haus. Einige Nachbarinnen blieben zurück, um den Leichenschmaus vorzubereiten. Sie räumten sofort alles weg, was beim Aufbahren benutzt worden war, löschten alle Lichter und schlossen die Türen. Auf keinen Fall sollte Ludwig zum Wiedergänger werden.

Vor dem Dielentor stand der Leichenwagen. Er war mit vier Pferden bespannt. Auf der Ladefläche lagen mehrere Strohwische, auf die der Sarg gestellt wurde.

Es nieselte leicht. Adam Averbeck, der seine neue, schwarze Trauermütze trug, nahm ein Pferd des vorderen Gespanns am Halfter und führte es vom Hof. Die Sargträger gingen neben dem Wagen her und die Trauergäste reihten sich dahinter ein, die Familie zuerst.

Gerhard Averbeck führte Catharina am Arm. Engel ging mit Grete direkt hinter den beiden her. In diesem Augenblick schüttelten alle vier Pferde die Köpfe und warfen sie in die Höhe. Gerhard Averbeck legte seinen Arm tröstend um Catharina und deutete auf die Pferde.

„Na, dann steht uns wohl bald eine Hochzeit ins Haus."

Catharina seufzte.

„Ich wünschte, ich könnte den Hof ohne Mann bewältigen. Dann wäre es nicht nötig wieder zu heiraten."

Engel, die mit Grete hinter den beiden ging, war empört. Ihr Vater war noch nicht einmal begraben und schon wurde von Hochzeit geredet.

Wie eine schwarze Raupe kroch der Trauerzug den vorgeschriebenen Leichenweg entlang und wurde dabei an jedem Hof, an dem sie vorbei kamen, ein Stückchen länger. Engel bemerkte davon wenig. Sie war mit den Gedanken weit weg. So ging es den letzten Hügel hinunter und vorbei an den Fachwerkhäusern Schledehausens zur Kirche. Auf dem Kirchhof angekommen, hoben die Träger den Sarg vom Wagen und stellten ihn auf die Totenbahre. Die Strohwische warfen sie neben das Tor, sie waren für den Totengräber bestimmt.

Der Pfarrer empfing den Zug am Kirchhofstor.

„Benedicat vos omnipotens Deus, Pater et Filius et Spiritus Sanctus."

Er segnete den Toten und ging dann mit gemessenen Schritten zum Grab. Ihm folgten die Träger mit dem Sarg und die Trauernden. Der Sarg wurde in das vorbereitete Loch hinuntergelassen und gemeinsam beteten die Trauernden das Vaterunser. Der Pfarrer sprengte ein paar Tropfen Weihwasser auf den Sarg und warf zum Zeichen der körperlichen Vergänglichkeit drei Handvoll Erde hinterher. Alle Anwesenden folgten seinem Beispiel.

Zuletzt begaben sich alle in die Kirche zur Totenmesse. Die Glocke begann mit dem Totengeläut für Ludwig und der Pfarrer sang das Requiem.

„Requiem aeternam dona eis, Domine, et lux perpetua luceat eis."

Engel starrte vor sich auf den Boden, ohne etwas zu hören. Plötzlich kniff Grete sie in den Arm und riss sie so aus den Gedanken.

„Nimm dich zusammen. Es ist ja gleich aus."

Engel schluckte und gab sich Mühe dem Pfarrer zuzuhören. Er begann grade ein Gebet, das ausnahmsweise mal nicht lateinisch war.

„Gott, mein Gott! Schwer liegt deine Hand auf mir. Tief betrübt ist meine Seele, und wie eine dunkle Wolke steht das Leid zwischen dir und mir. Und doch, ich weiß, du hast mich nicht verlassen."

Engel betete aus tiefstem Herzen mit.

Nach dem Gebet und einem Segen für die Gemeinde, schilderte der Pfarrer mit wenigen Worten das Leben des Verstorbenen. Gleichgültig lauschte Engel seinen Beschreibungen. Erst seine Schlussworte weckten ihre Aufmerksamkeit.

„Danken wir Gott, dass Colon Ludwig Waldmann ein schneller und vor allem schmerzfreier Tod vergönnt war. Pax Domini sit semper vobiscum. Ite, missa est."

Erregt sprang Engel auf. Zum Glück standen in diesem Augenblick auch die anderen Trauergäste auf. Der Gottesdienst war beendet und der Pfarrer zog mit seinen Messdienern den Gang entlang aus der Kirche.

Am liebsten hätte Engel laut geschrien. Sie wollte dem Gottesmann erklären, dass ihr Vater nicht sofort tot war, doch sie musste sich gedulden bis alle die Kirche verlassen hatten. Sie entdeckte den Pfarrer im Gespräch mit Gerhard und Adam Averbeck.

„Na, Prinzessin, warum bist du denn mit einem Mal so blass."

Engel ignorierte den Knecht.

„Bitte, Pater. Es stimmt nicht, dass Vater schnell gestorben ist. Er hat noch meine Hand gehalten."

„Mein liebes Kind, das ist absolut unmöglich. Der Apotheker hat ganz eindeutig festgestellt, dass dein Vater an einem Genickbruch gestorben ist."

„Aber..."

„Du kannst mir ruhig glauben. So ein Tod ist schnell und schmerzlos."

Engel begann zu weinen. Adam war das unangenehm und so verdrückte er sich mit einer gemurmelten Entschuldigung. Der Pfarrer versuchte ungeschickt, Engel zu trösten.

„Na, na, Kindchen. Du brauchst doch nicht zu weinen. Gott hat deinen Vater zu sich geholt. Es geht ihm jetzt gut! Du wirst schon sehen, die Zeit heilt alle Wunden."

Engel beruhigte sich langsam, war aber enttäuscht, dass sie nicht ernst genommen wurde.

Es muss doch irgend jemanden geben, der mir glaubt.

Engel bedankte sich bei dem Pfarrer und machte sich auf die Suche nach ihrer Familie, die inzwischen mit den Trauergästen ins Wirtshaus gegangen war. Dort wurde das Leichenbier ausgeschenkt. Sie hatte die Wirtsstube kaum betreten, als sie gegen den Meyer prallte, der sich mit Gerhard Averbeck unterhielt. Gerhard nutzte die Gelegenheit, ihn loszuwerden. Er schob sich an ihm vorbei und nahm Engels Hand.

„Mein herzliches Beileid, Engel."

Trotzig reckte Engel das Kinn in die Höhe und kämpfte gegen die Tränen. Sie antwortete nicht. Gerhard lächelte.

„Tapfer, tapfer. Glaub mir, ich werde Ludwig auch sehr vermissen. Immerhin war er mein bester Freund. Er hat mir nach dem Tod meiner Eltern sehr geholfen. Ohne ihn hätte ich meinen Hof niemals so gut in den Griff bekommen."

„Ich weiß, dass er ein guter Mensch war. Das brauchst du mir nicht zu sagen."

Engel schlüpfte an Gerhard vorbei und suchte in dem Getümmel nach Catharina, bis sie sie fand. Ungeduldig wartete sie darauf, dass sich die Familie auf den Heimweg machte. Nach einiger Zeit hielt sie es nicht mehr aus.

„Mutter? Ich werde schon nach Hause gehen. Ich halte es hier einfach nicht mehr aus."

„Ist gut. Wir kommen gleich nach."

Engel verließ das Wirtshaus. Auf einer Bank neben der Tür saß Hinrich Dorsch mit einem kleinen Krug Branntwein. Eine Alkoholfahne hing in der Luft wie ein schmutziges Tuch. Als er Engel sah, lallte er etwas, dass das Mädchen nicht verstand. Angewidert machte sie einen Bogen um den Betrunkenen und ging.

Arme Klara. Sie hat es wirklich nicht leicht mit dem Säufer. Aber wenigstens hat sie ihren Vater noch.

Die Trauer griff mit schwarzen Fingern nach Engels Herz und es dauerte ziemlich lange, bis sie wieder klar denken konnte. Familie, Freunde und Nachbarn waren noch im Dorf, das schon weit hinter ihr lag. Sie fühlte sich grenzenlos allein.

Hier draußen schrie sie ihre Wut und Trauer in den Himmel.

„Gott! Wie konntest du das bloß zulassen? Warum musste Vater sterben?"

Sie brauchte fast den ganzen Heimweg um sich wieder zu beruhigen, aber die Frage nach dem Grund für Ludwigs Tod ließ sie nicht mehr los. Als sie um die letzte Kurve bog, sah sie ihr Zuhause durch die Bäume von Volberts Hof schimmern. Sie erinnerte sich daran, wie sie nach dem unglücklichen Sturz von Rahenkamps zurückgekommen war.

Ich muss Adam fragen, was passiert ist. Er ist ja genauso schnell vom Hof gerannt, wie ich nach Vaters Sturz. Möglicherweise hat Vater auch noch mit ihm geredet.

Engel ging schneller und war wenig später daheim. Aus dem Haus duftete es verlockend. Wahrscheinlich hatten die Nachbarinnen den Leichenschmaus bereits fertig. Es würde ja auch nicht mehr lange dauern, bis die anderen aus dem Dorf zurückkehrten. Sie bemerkte, dass die Unglücksleiter bereits aus dem Haus in den Wagenschuppen gebracht worden war. Nach dem, was passiert war, wollte sie niemand mehr benutzen. Engel war froh darüber. Sie sah sich unschlüssig um. Ein unterdrücktes Lachen schwebte durch die Luft, das sie zögern ließ. Schließlich setzte sie sich auf einen alten Eimer, der ebenfalls im Wagenschuppen stand. Ihr war noch nicht nach Gesellschaft zumute.

Eine Zeit lang starrte sie auf die Leiter, ohne sie wirklich zu sehen. Dann stand sie auf und betrachtete sie genau. Sie hätte nicht einmal sagen können, warum sie das tat. Es kam ihr einfach wichtig vor, so als könnte sie Ludwigs Tod dann besser ertragen. Die dritte Sprosse von oben war zerbrochen und die Reste sahen morsch aus. Die anderen Sprossen wirkten stabil.

Engel setzte sich auf einen großen Stein neben dem Wagenschuppen und grübelte. Sie war so in ihre Gedanken vertieft, dass sie die Rückkehr ihrer Familie gar nicht bemerkte. Victor musste sie erst anstoßen, um ihre Aufmerksamkeit zu bekommen.

„Mama schickt mich. Du sollst zum Essen kommen. Wir warten schon."

Der Tisch für den Leichenschmaus war in der guten Stube gedeckt worden. Die meisten Nachbarn und Verwandten saßen schon erwartungsvoll auf ihren Plätzen. Das Zimmer war zum Bersten voll, denn selbstverständlich waren auch die weiter entfernten Familienmitglieder gekommen. Engel bemerkte Vettern und Kusinen, die sie schon seit einem Jahr nicht mehr gesehen hatte. Alle redeten durcheinander. Engel hielt sich zurück.

Sie ließ sich am Fuße der Tafel neben Colon Rahenkamp nieder, der ihr freundlich zunickte. Engel war froh, dass er darauf verzichtete mit ihr zu reden. Sie hatte noch keine Lust, sich mit jemandem zu unterhalten. Die Speisen wurden aufgetragen. Von allem gab es reichlich und für eine Weile herrschte gefräßige Stille. Dann begann Catharina, wie es die Tradition verlangte, zu erzählen, wie Ludwig vor vielen Jahren um sie geworben hatte. Aus jedem Wort, konnte Engel die tiefe Liebe heraushören, mit der ihre Mutter an ihrem Ehemann hing. Als Catharina geendet hatte, gaben Nachbarn und Verwandte kleine Anekdoten aus Ludwigs Jugend zum Besten. Eine Weile drehte sich das Gespräch am Tisch um Ludwigs Leben. Engel hörte nicht weiter zu. Die meisten Geschichten kannte sie schon. Lustlos rührte sie das Warmbier in ihrer zinnernen Tröstelbierschale um. Sie hatte keinen Hunger. Statt dessen versuchte sie ihre Gedanken zu ordnen. Ein Bild, das ihr wichtig zu sein schien, flackerte am Rande ihrer Erinnerungen. Doch wenn sie versuchte sich darauf zu konzentrieren, entglitt es ihr wie ein schlüpfriger Fisch.

Plötzlich wurde ihre Aufmerksamkeit gestört. Rahenkamp prostete Catharina quer über den Tisch zu und übertönte damit alle anderen. Er war schon etwas angetrunken.

„Na, Catharina, nun kannst du ja eigentlich diese unsinnige Klage zurückziehen."

Henrich Huckeriede donnerte dazwischen, noch bevor Catharina den Mund aufmachen konnte.

„Auf keinen Fall!"

„Ach komm. Ludwig hat doch nichts mehr davon."

„Ein Wortbruch bleibt ein Wortbruch! Der Graf hat sein Ehrenwort gegeben und es nicht gehalten. Das ist eine Sache des Prinzips. Catharina muss den Prozess zu Ende führen und ich werde ihr dabei helfen. Das schwöre ich, so wahr ich Henrich Huckeriede heiße."

Henrich war aufgesprungen und beugte sich drohend Richtung Rahenkamp, die Hand zum Schwur erhoben. Auch Rahenkamp hielt es nicht mehr auf seinem Stuhl. Er schwankte leicht und hielt sich deshalb sicherheitshalber mit beiden Händen am Tisch fest.

„Ihr könnt sowieso nicht gewinnen. Der Graf hat die besseren Karten."

Bevor die beiden ernsthaft zu streiten begannen, meldete sich Catharina energisch zu Wort.

„Setzt euch sofort wieder hin! Dies ist eine Totenfeier in Ludwigs Gedenken und kein Wirtshaus, wo ihr euch prügeln könnt."

Die beiden Männer drehten sich zu Catharina um und versuchten gleichzeitig etwas zu sagen, aber Catharina schnitt ihnen das Wort ab.

„Jetzt ist nicht der rechte Zeitpunkt zu entscheiden, ob der Rechtsstreit weitergeht. Also setzt euch endlich hin."

Gehorsam sanken die beiden Streithähne auf ihre Stühle zurück. Für den Rest der Feier wurde das Thema nicht wieder angesprochen, aber die beiden Männer warfen sich mehr als einmal wütende Blicke zu.

Engel verlor sich wieder in Gedanken und blieb den ganzen Nachmittag in sich gekehrt. Sie merkte nicht, dass sie von ihrer Mutter beobachtet wurde. Nach einer Weile legte Catharina ihr die Hand auf die Schulter.

„Nun kümmere dich endlich ein wenig um deine Kusinen. Sie sind extra aus Belm hergekommen. Du wirst sie so schnell nicht wiedersehen."

„Ja, Mutter."

Engel bemühte sich. Doch was ihre Verwandten erzählten, war für sie belanglos. Das Zuhören fiel ihr schwer und auf Fragen antworte sie verspätet oder gar nicht. Da es genügend andere Leute gab, die sich gerne unterhielten, war Engel bald wieder allein. Sie war damit zufrieden. So konnte sie in Ruhe nachdenken. Doch als es dämmerte war ihr immer noch nicht klar, was sich ihrer Erinnerung entzog.

Ich muss jemanden fragen. Allein komme ich nie drauf. Vielleicht kann mir Colon Rahenkamp helfen.

Sie fing den Nachbarn ab, als er vom Donnerbalken zurückkam. Er hatte reichlich Bier genossen und war deshalb ziemlich beschwipst. Engel nahm ihren ganzen Mut zusammen und hielt ihn am Ärmel fest.

„Als du bei Vater ankamst, war er da eigentlich schon tot?"

Rahenkamp antwortete wie erwartet:

„Mau-se-dod. Möge erin Friedn ruh'n."

Engel war sich sicher, dass sie nicht geträumt hatte, als Ludwig mit ihr sprach, aber sie hätte gerne einen Zeugen dafür gehabt. Deshalb hakte sie nach. Wäre der Colon nicht schon angetrunken, hätte sie sich nicht getraut.

„Bist du ganz sicher?"

„Ludwig lag mid'em Gesicht im Dreck und ich'ab noch'edacht, wie endwürdigen' das für einen Mann vie ihn ssein musch."

„Und woran hast du gemerkt, dass er tot war?"

„Bein anhebm hat schein Kopf scho mergwürich hinunher geschaugld."

Er führte Engel vor, wie der Kopf gewackelt hatte und es dauerte eine Weile bis sein benebeltes Hirn begriff, dass er Engel damit nicht half. Er versuchte sie zu trösten.

„Ludwich isch ebn schehr ungesch-hicks-t gefallen und hat schich dabei den Halsch verdreht. Esch war ein unglückl-hicks-er Umfall."

Engel wendete sich ab und hörte nicht mehr zu. Der Gedanke, der schon den ganzen Nachmittag am Rande ihrer Erinnerung geschwebt hatte, schien zum Greifen nah. Sie versuchte sich die Einzelheiten des Unglückstages ins Gedächtnis zu rufen, aber das fiel ihr schwer. Alles war so schnell gegangen. Sie überlegte angestrengt, aber der Gedanke ließ sich nicht fangen.

Nach und nach verließen die Gäste das Trauerhaus und machten sich auf den Heimweg. Zum Abendessen waren außer den engsten Verwandten nur noch Averbecks und Huckeriedes da.

Catharina saß mit Gerhard Averbeck und Henrich Huckeriede am großen Tisch. Die drei unterhielten sich über das Gerichtsverfahren. Engel, die um sie herum für das Abendbrot deckte, hörte interessiert zu. Sie lächelte über Huckeriedes Versuche, Catharina zu beeinflussen. Die bedächtigen Bemerkungen Gerhards hatten da schon mehr Erfolg. Engel kannte ihre Mutter. Sie würde alle Argumente abwägen und schließlich eine wohlüberlegte Entscheidung treffen.

Sie hatte recht. Es dauerte nicht lange, bis sich Catharina ihre Meinung gebildet hatte.

„Ich denke, dass wir dieses Gerichtsverfahren weiterführen sollten. Es war Ludwig wichtig. Ich habe ihn selten so wütend gesehen, wie an dem

Abend, als er den Kaufbrief vom Meyer in den Händen hielt. Wir werden jedenfalls unser Bestes geben, diesen Prozess zu gewinnen."

Huckeriede strahlte.

„Gute Entscheidung! Ich helfe dir auch, wo ich nur kann."

Engel legte den letzten Löffel neben eine Tröstelbierschale und ging dann zur Feuerstelle um Grete zu unterstützen. Zum Glück war von dem Warmbier noch genügend vorhanden. Auch die Suppe würde noch für alle reichen. Doch vom Brot war nur noch ein schmaler Kanten übrig.

„Wir haben kaum noch Brot, Mutter", verkündete Grete. Catharina sah überrascht auf.

„Ach du meine Güte, das habe ich ganz vergessen. Wir müssen dringend Brot backen."

Anna Averbeck lächelte Catharina an.

„Ich habe grade frischen Sauerteig angesetzt. In ein paar Tagen ist er soweit. Bis dahin könnt ihr einen Laib von uns bekommen."

Gerhard Averbeck reagierte sofort. Er bat Adam, das Brot vom Averbeck'schen Hof zu holen.

„Wir wollen doch nicht, dass unsere besten Freunde Not leiden müssen."

Adam lächelte und warf Engel einen mehrdeutigen Blick zu.

„Das können wir doch unserer Prinzessin nicht antun."

Engel wurde rot vor Scham. Am liebsten wäre sie im Boden versunken. Sie ärgerte sich über Adam. Wie konnte er es wagen! Merkte er denn gar nicht, dass es so kurz nach dem Tod ihres Vaters völlig fehl am Platze war sie zu necken?

Er war schon immer so, flüsterte eine leise Stimme in ihrem Kopf. Engel achtete nicht auf sie. Es war ihr wichtiger sich daran zu erinnern, was bei dem Sturz wirklich geschehen war.

Jetzt, wo Ludwig zur letzten Ruhe gebettet war, ging die Arbeit auf dem Hof weiter, die für einige Tage von den Nachbarn erledigt worden war. Engel seufzte. Allerdings bedeutete das auch, dass sie am nächsten Montag wieder zu Johanne gehen konnte. Dieser Gedanke stimmte sie etwas fröhlicher.

In den nächsten Tagen überlegte Engel ständig, was sie wohl vergessen haben könnte. Sogar bei der Arbeit versuchte sie sich zu erinnern. Das ging einigermaßen gut, bis sie ihrer Schwester am Freitag abend beim

Kochen half. Dabei war sie so geistesabwesend, dass Grete der Geduldsfaden riss.

„Hör endlich auf zu träumen! Das ist ja nicht auszuhalten."

Sie nahm ihr ungeduldig den Salztopf aus der Hand. „Das waren jetzt schon fünf große Löffel. Willst du denn alles versalzen?"

„Entschuldigung."

Engel ging noch etwas Wasser zu holen, um damit die Suppe zu verlängern. Am Wagenschuppen sah sie Rahenkamp, Adam und ihre Mutter stehen, die sich angeregt unterhielten. Beim Wasserschöpfen konnte sie sie gut verstehen. Geistesabwesend hörte sie zu.

„Es dauert nicht mehr lange, bis dieser Balken nachgibt und das Ganze zusammenfällt. Wir sollten beizeiten einen neuen Wagenschuppen bauen." Adam deutete auf das stark verwitterte Holz. Rahenkamp war damit nur teilweise einverstanden.

„Die Heuschüre muss auch dringend erneuert werden."

Catharina war verunsichert.

„Müssen nicht zuerst die Felder vorbereitet werden?"

„Damit beginnen wir im März, wann immer es das Wetter zulässt. Ich habe den Heuerleuten schon aufgetragen, alle Geräte zu überprüfen und bei Bedarf zu reparieren."

Catharina nickte Adam dankbar zu. Dann fiel ihr etwas ein.

„Sollte nicht besser jemand anders die Befehle erteilen? Immerhin bist du nur der Großknecht."

Engel horchte auf. Sie ließ die vollen Eimer auf dem Brunnenrand stehen und huschte schnell hinter eine Eiche. Von dort konnte sie einen guten Blick auf das Trio werfen. Catharina sah Adam unschlüssig an.

„Ich könnte meinen Vater bitten zu kommen."

„Das ist doch nicht nötig. Die Heuerleute gehorchen mir und ich bin ja auch schon lange genug auf dem Hof. Ich kenne mich recht gut aus."

Adam lächelte gewinnend. Seine weißen Zähne blitzten aus dem braunen Gesicht und für einen Moment sah er in Engels Augen aus, wie ein Fuchs, der erfolgreich eine Gans gestohlen hatte.

Catharina merkte es nicht. Sie ging langsam über den Hof und sah sich die Gebäude an. Am kleinen Schafstall blieb sie ratlos stehen.

„Was ist mit den Schafen? Ist jetzt nicht Zeit für die Lämmer?"

„Eigentlich wäre es in wenigen Wochen soweit. Aber die Tiere sind zu krank. Wir haben schon begonnen, sie zu töten. Zum Glück hat Ludwig schon eine Grube ausheben lassen."

Catharina seufzte schwer und Rahenkamp war entsetzt.

„Müsst ihr alle Tiere schlachten?"

„Fast alle. Der Apotheker hat sie sich angesehen und meint, da sei nichts mehr zu machen."

„Und von dem Fleisch ist nichts zu retten?"

„Leider nein. Der Apotheker hat uns empfohlen, die ganzen Tiere zu vergraben. Er meint, es könnte sonst gefährlich für uns werden."

Rahenkamp schüttelte ungläubig den Kopf und Catharina seufzte leise.

„Nun müssen die Kinder doch Not leiden. Hätte ich bloß rechtzeitig gebacken."

Adam legte ihr die Hand auf die Schulter. Engel war überrascht, dass Catharina sie nicht sofort abschüttelte.

„Mach dir keine Sorgen, Colona. Auch wenn die Schafe getötet werden, müsst ihr nicht darben. Wir haben doch noch das Getreide, den Lein und die anderen Tiere."

Rahenkamp zog ein säuerliches Gesicht. Auch Engel war bestürzt. Wie kam der Knecht dazu ihre Mutter zu berühren und warum wies Catharina ihn nicht zurecht?

Mit einem Mal erkannte sie, dass ihre Schwärmerei für Adam vorbei war. Keine Spur von Eifersucht, nur Wut auf den dreisten Knecht.

Catharina strich sich müde über die Augen.

„Zum Glück kann ich morgen schon mit dem Backen beginnen. Der Sauerteig müsste eigentlich gut sein. Man weiß ja nicht, was noch kommt."

„Ich gebe Dorsch bescheid, dass er das Backhaus vorbereitet."

„Und sag ihm, dass wir Klara brauchen werden."

„Aber natürlich. Das mache ich doch gerne."

Engel war nicht überrascht, dass Klara dabei sein sollte. Die dreißig Pfund schweren Brotleibe formte man am besten zu zweit und Klara war besonders geschickt dabei.

Engel sah noch einmal um die Eiche herum nach ihrer Mutter. Von Adam fürsorglich gestützt, ging sie über den Hof. Rahenkamp folgte den beiden.

Engels Wut kehrte zurück. Sie lehnte sich an den mächtigen Stamm und atmete tief durch, um sich zu beruhigen. Ich muss unbedingt mit Klara reden, dachte sie. Nur gut, dass wir morgen backen. In diesem Moment rief Grete nach ihr.

„Engel, wo bleibst du? Musst du den Brunnen erst noch graben?"

Schnell holte Engel ihre Wassereimer und ging zum Haus zurück. Dabei sah sie einen Reiter auf einem Pony den Berg hinab auf ihren Hof zu traben. Sie blieb stehen und sah ihm entgegen. Allerdings hatte Grete mittlerweile die Nase voll von ihrer trödeligen Schwester, kam aus dem Haus und packte sie am Arm.

„Komm jetzt endlich rein!"

„Da kommt jemand."

Grete drehte sich um. Überrascht sah sie dem Mann entgegen, der jetzt die Einfahrt entlang geritten kam. Engel musste sich das Lachen verkneifen, denn der Reiter wirkte ausgesprochen lächerlich. Zwei große Füße ragten aus den Steigbügeln, und eine warme Fellmütze umschloss den Kopf. Der Körper wurde von einem langen Mantel verdeckt, der aber die Kontur von schmalen Schultern erkennen ließ. Gleich darunter verbreiterte sich der Körper schlagartig, so dass der Mann im Näherkommen wie eine schwarze Birne wirkte.

Als er die Mädchen erreicht hatte, zog er die Mütze ab. Verlegen drehte er sie in seinen großen Händen hin und her.

„Guten Tag, meine Damen."

Engel fand das schmale Gesicht mit der überlangen Nase und dem störrischen braunen Haar sofort sympathisch.

„Dies ist doch der Hof des verstorbenen Colon Waldmann?"

Die Mädchen nickten und erleichtert stieg der junge Mann ab. Dabei entfaltete er Beine, die zur Verwunderung der beiden Mädchen immer länger wurden. Sie schienen gar nicht wieder aufhören zu wollen. Beim Reiten hatte er sie so stark angewinkelt, dass ihm die Knie gegen die Ellbogen stießen. Es war klar, dass das Pony für seinen Reiter viel zu klein war. Oder anders herum, er war zu lang für das Tier. Als er endlich neben den Mädchen stand überragte er sie um mindestens zwei Köpfe. Engel kam sich daneben wie ein Zwerg vor.

„Ist es möglich, Colona Waldmann zu sprechen?"

Engel und Grete nickten stumm. Sie waren noch zu erstaunt, um anders zu antworten. Sie starrten den jungen Mann wortlos an, dem diese Aufmerksamkeit sichtlich unangenehm war.

„Ähm... Wäre es zu viel verlangt, mich zu ihr zu führen?"

Endlich hatte sich Engel gefangen.

„Aber natürlich kann ich sie zu meiner Mutter führen."

Sie drückte Grete die Eimer in die Hand und winkte dem jungen Mann ihr zu folgen. Grete sah ihr einen Moment nach und ging dann kopfschüttelnd ins Haus zurück. Engel wusste genau, was sie dachte.

Aber es stimmt nicht. Ich drücke mich nicht vor der Arbeit, verteidigte sie sich im Stillen. Dann wendete sie sich ihrem Gast zu, der sein Pony am Zügel führte.

„Bitte entschuldigen sie, dass wir sie so angegafft haben. Es war nur zu komisch, wie sie immer länger und länger wurden."

Der junge Mann wurde rot.

„Ist nicht so schlimm. Ich bin das gewohnt. Wo kann ich meine Trude abstellen?"

„Das Pony heißt Trude? Wie nett. Und wie heißen sie?"

„Friedrich Reesmann. Kann ich Trude nun irgendwo festbinden? Sie läuft sonst weg. Sie ist eine sehr eigenwillige Stute."

„Sie können sie da drüben festmachen."

Engel zeigte auf einen Eisenring in der Hauswand neben der Tür zum Pferdestall, der zu diesem Zweck dort angebracht war. Trude wurde festgebunden und Engel brachte den jungen Mann zu Catharina ins Backhaus. Nach der Begrüßung stellte er sich vor.

„Ich komme im Auftrag des Vogts Kruse, der leider erkrankt ist. Ich soll die Ausstattung des Hofes aufnehmen."

„Das wollen sie ganz allein machen?"

Catharina war überrascht. Sie wusste zwar, dass der Hof vom Vogt geschätzt werden musste, doch so schnell hatte sie nicht damit gerechnet.

„Ich war eben beim Kötter Sieck. Er wird morgen früh gleich herkommen. Außerdem kommt mein Kollege, Untervogt Vehring, mit dem zweiten Zeugen aus Schledehausen. Sie hatten heute noch keine Zeit. Man hat den Vogt unter Druck gesetzt, hier schnell eine Bestandsaufnahme durchzuführen."

„Wahrscheinlich wegen des Rechtsstreits."

Engel bereute ihre unüberlegte Bemerkung sofort, denn Adam sah sie gereizt an. Sie wurde rot. Untervogt Reesmann beachtete die beiden nicht und sprach ungerührt weiter.

„Ich bin beauftragt hier zu übernachten, um... nun ja, um alles vorzubereiten."

Er räusperte sich verlegen. Engel schien es, als sei ihm etwas unangenehm.

Sagt er vielleicht nicht ganz die Wahrheit?

„Ich hoffe, dies macht ihnen keine Umstände."

Catharina überlegte einen Moment. Sie zuckte kurz mit den Schultern.

„Es steht noch ein freies Bett in der Knechtekammer."

„Vielen Dank. Das ist sehr freundlich."

Während der Untervogt Catharina erklärte, wie die Aufnahme ablaufen sollte, nickte Adam der Colona kurz zu, nahm Engel beim Arm und zog sie mit sich vor die Tür.

„Du musst unbedingt verhindern, dass er jetzt schon ins Haus geht!"

„Warum?"

„Die Aufnahme des Hofes wird gemacht, um zu schätzen, wie viel Sterbegeld ihr zu zahlen habt. Da darf nur so wenig wie möglich aufgelistet werden. Ich habe nicht damit gerechnet, dass heute schon jemand kommt."

Engel wurde mit einem Mal klar, dass der Untervogt nur aus einem Grund gekommen war. Er sollte verhindern, dass der wertvollste Teil des Besitzes fortgeschafft wurde. Das war bei Hofaufnahmen in der ganzen Gegend üblich.

Ob der Meyer dahinter steckt? Je wertvoller unsere Sachen, desto höher wird die Abgabe.

Sie öffnete den Mund, um Adam danach zu fragen, aber der Großknecht unterbrach sie.

„Kein Aber! Du schaffst uns den Kerl vom Hals! Wir brauchen etwa ein bis zwei Stunden, um das Wichtigste zu den Nachbarn zu bringen. Wir nehmen den Weg hinten an den Feldern vorbei, der ist recht gut geschützt."

Engel seufzte. Ihr war die Lust vergangen, noch länger mit Adam zu reden.

„Ich werde es versuchen."

„Dann los."

Adam eilte mit großen Schritten davon. Engel sah ihm nach. Ihr Blick fiel auf das Pony des Untervogts und ein Geistesblitz durchzuckte sie. Sie lächelte.

Möglichst unbefangen ging sie zu Trude, die brav an ihrem Platz stand. Sie streichelte die Stute. Trude hob überrascht den Kopf und schnaubte freundlich. Das machte es Engel leicht, die Zügel zu nehmen und den Knoten zu lösen, mit dem das Pony an dem Eisenring festgemacht war. Zum Abschied klopfte das Mädchen der Stute noch einmal kräftig auf die Flanke.

Als Trude merkte, dass sie nicht mehr angebunden war, keilte sie vor Freude kräftig aus. Zum Glück traf sie nur die Luft. Dann wieherte sie laut, ging vorne in die Höhe und galoppierte davon.

Engel war entsetzt. Mit solch einer Reaktion hatte sie nicht gerechnet.

Hoffentlich läuft sie nicht so weit. Sonst finden wir sie nie wieder.

Sie rannte zurück zum Backhaus. Friedrich hatte das Wiehern offensichtlich gehört und wusste, was es zu bedeuten hatte, denn er kam ihr bereits entgegen gelaufen.

„Oh du Miststück! Du ungehorsamer Gaul! Du Schindmähre! Ich bring' dich zum Schlachter", brüllte er Trude hinterher und rannte ihr nach.

„Warten sie, ich komme mit!"

Engel raffte die Röcke und rannte ebenfalls los. Allerdings blieb sie schon bald zurück. Mit Friedrichs langen Beinen konnte sie nicht Schritt halten. So schnell sie konnte lief sie den Berg hinauf, an Dorschs Heuerhaus und Rahenkamps Hof vorbei, immer weiter bergan. Am oberen Ende von Rahenkamps Garten angekommen, sah sie Friedrich Reesmann warten. Er schien kaum außer Puste zu sein.

„Danke, das sie helfen wollen. Aber es hat keinen Sinn. Trude ist einfach schneller, als wir. Kommen sie, wir folgen ihr ein wenig langsamer. Sie bleibt sicherlich bald stehen, um zu grasen."

Engel konnte nicht antworten. Sie war zu sehr außer Atem. Der Untervogt nahm ihren Arm und gemeinsam gingen sie weiter. Engel genoss das Gefühl mit ihm zu gehen, auch wenn sie sich den starken Arm eines Mannes etwas anders vorgestellt hatte. Sie staunte über sich selbst, denn bisher hatte sie es eher als unangenehm empfunden, geführt zu werden. Nur bei ihrem Vater hatte sie sich wohl gefühlt.

Gemeinsam wanderten die beiden durch den Wald. Als Engel wieder ruhig atmen konnte, entwickelte sich rasch ein angeregtes Gespräch. Engel war fast ein wenig traurig, als sie Trude ein halbes Stündchen später auf der Brander Heide fanden. Ohne Widerstand ließ sich das Pony einfangen. Friedrich lächelte Engel an.

„Schade, nun ist unser kleiner Ausflug zu Ende. Machen wir uns also auf den Heimweg."

„Wir könnten den Weg dort drüben nehmen und über Dörmanns Colonat gehen. So ist es zwar etwas länger, dafür aber... ähm... besonders schön."

Engel wurde vor Verlegenheit rot. Ihr war klar, dass Friedrich dieses Angebot leicht missverstehen konnte. Leider fiel ihr kein anderer Grund für den Umweg ein.

Auf alle Fälle bekommt Adam so seine geforderte Stunde, dachte Engel trotzig und streichelte Trude ohne den Untervogt anzusehen.

Friedrich war es gewohnt, dass sich hübsche junge Mädchen schnellstmöglich von ihm verabschiedeten und so errötete er selbst ein wenig.

Um die eigene Unsicherheit zu überspielen tat er so, als merke er Engels Verlegenheit nicht. Er stimmte begeistert zu, bot ihr den Arm und nahm das Pony beim Halfter. Engel war erleichtert und ließ sich von Friedrich führen. Als sie in den angegebenen Weg einbogen, unterhielten sie sich schon wieder lebhaft.

Als sie eine dreiviertel Stunde später wieder auf dem Hof ankamen, waren sie bereits gute Freunde. Engel war darüber ein wenig erstaunt. Es ging ihr beinahe zu schnell. Die Freundschaft zu Klara war über viele Jahre gewachsen, hatte sich langsam entwickelt und gefestigt. Wer war dagegen schon Friedrich Reesmann? Sie kannte ihn doch kaum und trotzdem fühlte sie sich mit ihm ebenso wohl wie mit Klara. Außerdem konnte sie in ihrer Familie mit niemandem so offen reden. Nicht einmal ihrem Vater hatte sie so viel von sich erzählt. Friedrich ließ ihren Arm los und band Trude wieder an dem Eisenring fest.

„Das hat mir viel Spaß gemacht. Vielleicht können wir mal wieder so spazieren gehen."

Engel war erstaunt zu sehen, dass er bei diesem Vorschlag leicht errötete. Sie lachte fröhlich.

„Ja, wenn Trude das nächste Mal abhaut!"

Darüber musste auch Friedrich lachen.

„Na, was ist hier denn so witzig?"

Adam kam gutgelaunt zwischen Schafstall und Wagenschuppen hervor. Er sah so zufrieden aus, dass Engel ihm unwillkürlich böse war.

„Ach, nichts Wichtiges."

Reesmann winkte ab und gemeinsam betraten sie das Haus.

„Hmmmm, das duftet aber lecker."

Friedrich schnupperte verzückt, so dass Engel schon wieder grinsen musste. Catharina blickte den Dreien von ihrem Stuhl am Herd entgegen. Sie sah Adam fragend an und er nickte leicht. So wusste sie, dass die wertvollsten Besitztümer sicher untergebracht waren. Engel merkte sofort, dass die beiden größten Kupferkessel nicht an ihrem Platz hingen. Auch andere Gegenstände fehlten.

Hoffentlich haben sie meine Sachen auch mit weggebracht.

Adam ließ sich mit einem Seufzer auf seinen Platz am Tisch plumpsen.

„Wunderbar! Wir kommen gerade recht zum Abendessen."

Wenig später saßen alle am Tisch und griffen zu. Nachdem der erste Hunger gestillt war, unterhielt man sich. Zunächst drehte sich das Gespräch um die schlechte Ernte im letzten Jahr und die hohen Abgaben. Schließlich sprach Adam noch über die Tötung der kranken Schafe. Engel war klar, dass der Untervogt den Eindruck bekommen sollte, der Hof sei in letzter Zeit vom Pech verfolgt.

Sonst würde er sich sicherlich wundern, warum ein reicher Hof wie der unsere, nicht mehr besitzt. Trotzdem sollte Adam nicht so abwertend reden. Es ist ein wunderbarer Hof und Vater hat ihn sehr geliebt.

Engel merkte, dass ihr Adam langsam auf die Nerven ging. Sie sah Friedrich an, der dem Großknecht höflich zuhörte und gelegentlich antwortete. Sie wunderte sich über sein schalkhaftes Lächeln.

Wahrscheinlich kennt er diese Art von Gespräch nur zu gut. Schließlich schaffen alle ihre Sachen weg, wenn der Vogt seine Leute schickt. Ob er uns durchschaut hat? Warum sagt er bloß nichts?

Schließlich wendete sich Friedrich an Catharina.

„Wäre es möglich, dass sie uns eine Hilfskraft zur Verfügung stellen könnten, die sich hier auskennt? Das würde uns die Hofaufnahme sehr erleichtern."

„Wir brauchen jede Hand", meinte Adam abweisend.

„Nun... es muss ja kein Erwachsener sein. Es wäre nur schön, wenn die entsprechende Person schreiben könnte."

Engel mischte sich ungefragt ein und erntete dafür von Adam einen verärgerten Blick.

„Das kann ich doch machen. Bitte, Mutter! Der Lehrer sagte oft, ich hätte eine schöne Handschrift. Ich wäre auch ganz bestimmt nicht im Weg. Grete meint sowieso, dass ich zur Zeit im Haus nicht zu gebrauchen bin."

Catharina lächelte über den Eifer ihrer Tochter. Es war das erste Mal seit Ludwigs Tod, dass sich Engel wieder ernsthaft für etwas interessierte.

„Das ist ein guter Einfall, Engelchen. So kommst du endlich auf andere Gedanken."

Adam räusperte sich. Engel konnte sehen, dass ihm diese Entscheidung nicht gefiel.

Zum Glück hat er das nicht zu entscheiden, dachte sie und lächelte. Auch Friedrich war zufrieden.

„Das ist wunderbar. Kötter Sieck kommt morgen ganz früh, so dass ich gleich nach dem Frühstück anfangen kann. Untervogt Vehring und der zweite Zeuge kommen etwas später. Wenn sie mich nun bitte entschuldigen würden, ich muss mich um Trude kümmern."

„Jacob kann sich um ihre Stute kümmern. Er muss sowieso unsere Tiere versorgen."

Engel wusste, dass Adam diesen Vorschlag nur machte, damit der Untervogt nicht alleine auf dem Hof herumlief. Dies schien auch Friedrich klar zu sein, denn er lächelte Adam freundlich an us sagte: „Danke, aber das mache ich lieber selber."

Er erhob sich, verneigte sich vor Catharina, Grete und Engel und ging aus dem Haus. Adam folgte ihm, um ihm zu zeigen, wo er sein Pony unterbringen konnte.

Die letzten Arbeiten des Tages gingen Engel flink von der Hand. Als sie endlich in ihrem Durk lag konnte sie vor Aufregung nur schwer einschlafen.

Am nächsten Tag wachte Engel schon sehr früh auf. Da die wertvolle Uhr zu Rahenkamp geschafft worden war, hatte sie beim Zubettgehen eine Stundenkerze angezündet und auf eine Truhe im Schlafzimmer gestellt. Sie war erst um wenige Stunden abgebrannt. Engel wälzte sich von einer Seite auf die andere, konnte aber nicht wieder einschlafen. Schließlich stand sie leise auf und begann mit der Hausarbeit.

„So kann Grete wenigstens nicht behaupten, ich hätte nichts getan", erklärte sie einem Huhn, das schlaftrunken gluckste. Es sah sie vorwurfsvoll an, als sie eine Hand in das Nest schob, um an die Eier zu kommen.

Als die Großmagd aufstand, um das Feuer anzufachen, leckten die Flammen bereits lustig am Kaffeetopf, die Milchsuppe stand fertig am Rand der Herdstelle, der Frühstückstisch war gedeckt und die Eier lagen fertig gekocht in ein Handtuch eingeschlagen. Engel sah aus der Milchkammer und musste über das verdutzte Gesicht der Magd herzlich lachen.

„Du kannst ja schon mal mit dem Melken anfangen."

Sie ging zurück zu ihrem Butterfass.

Es dauerte noch eine ganze Weile, bis endlich alle aufgestanden waren und sich nach einer Tasse Kaffee an die Arbeit machten. Als letzter kam Friedrich und rieb sich verschlafen die Augen. Er hatte sehr schlecht geschlafen. Maria flüsterte Engel ins Ohr.

„Stell dir mal vor, wie der sich zusammenfalten muss, damit er in das kleine Bett in Adams Kammer passt."

Die Mädchen kicherten. Als Friedrich zu ihnen herüber sah, wurde Engel rot. Er konnte schließlich nichts dafür, dass er so groß war. Sie nahm sich vor besonders gute Arbeit zu leisten, damit der Untervogt mit ihr zufrieden sein konnte.

Friedrich wartete bis Kötter Sieck auf dem Hof ankam. Dann begann er sofort mit der Hofaufnahme. Engel bekam einige Blatt Papier, einen Bleistift und ein Brett als Schreibunterlage.

„Damit sie im Stehen besser schreiben können."

Gemeinsam gingen sie aus dem Haus und machten einen kurzen Rundgang über den Hof. Dabei kamen ihnen Klara und Hinrich Dorsch entgegen, die beim Brotbacken helfen sollten. Engel winkte ihnen fröhlich zu und folgte Friedrich in den Pferdestall.

„Wissen Sie, wie alt die Tiere sind?"

Engel nickte.

„Gut, dann schreiben Sie das Alter bitte selbständig dazu. Sind sie soweit?"

Kötter Sieck nickte und Engel begann aufzuschreiben, was ihr der Untervogt ansagte.

„Da sind zuerst ein braunes Mutterpferd von 10 Reichstaler, eine braune Stute zu 37 Reichstaler, 10 Silbergroschen und 6 Pfennig."

Plötzlich sagte jemand: „Wie geht es, Engel? Ist die Mutter gar nicht daheim?"

Engel, die niemanden hatte kommen hören, erschrak und ließ den Bleistift fallen. Als sie sich umdrehe stellte sie erleichtert fest, dass nur Rahenkamp mit dem Meyer hinter ihr stand.

„Ach du meine Güte, habt ihr mich erschreckt."

Rahenkamp entschuldigte sich und Engel sagte ihm, wo er Catharina finden konnte. Der Nachbar nickte ihr dankbar zu. Der Meyer wendete sich wortlos ab und ging zum Backhaus.

„Keine Sorge, er hat von euren Sachen nichts gesehen", flüsterte Rahenkamp Engel zu, bevor er ihm folgte. Engel warf einen Blick auf Friedrich, aber zum Glück hatte er Rahenkamps letzte Bemerkung nicht gehört. Er redete sofort weiter, als Engel den Bleistift aufhob, so als hätte die Störung gar nicht stattgefunden.

Schließlich waren alle Lebewesen aufgeschrieben. Als nächstes waren die Geräte dran.

„Das Pferdegeschirr zu 6 Reichstaler, eine Grünkarre zu 10 Silbergroschen und 6 Pfennig."

So ging es immer weiter. Friedrich diktierte und Engel schrieb. Bald verkrampften ihre Finger und schmerzten. Sie hatte noch nie so viel auf einmal schreiben müssen.

„Dort kommt Untervogt Vehring mit dem zweiten Zeugen. Lasst uns eine Pause machen."

Engel war froh, dass sie den Stift für eine Weile zur Seite legen konnte. Verstohlen rieb sie sich die Hand, während Friedrich seinen kräftig gebauten Kollegen und den zweiten Zeugen begrüßte. Anschließend gingen sie alle zum Frühstück ins Haus. Vor dem Essen nahm Adam Engel zur Seite.

„Der Meyer hat angekündigt, gelegentlich vorbeizusehen, um den Vögten zu helfen. Aber er wird wohl eher sicherstellen wollen, dass sie nichts vergessen. Achte darauf, dass er seine Nase nicht überall hineinsteckt."

„Ich werd's versuchen."

Engel setzte sich an ihren Platz. Victor setzte sich neben sie.

„Ich helfe euch. Mutter hat gesagt, ich darf."

„Pass aber auf, dass du niemandem im Weg bist."

Victor nickte, denn er hatte sich den Mund zu vollgestopft, um anders zu antworten. Kaum war das Frühstück beendet, ging es schon weiter. Untervogt Vehring wollte unbedingt noch vor dem Mittag fertig werden.

„Dann kann ich heute noch die Zusammenfassung anfertigen und Abschriften machen. Sonntag vor dem Kirchgang können die Zeugen sie unterschreiben. So hat der Vogt schon am Montag alles auf dem Schreibtisch."

Wenn Engel zu Friedrich hinüber gesehen hätte, wäre ihr aufgefallen, dass er sich offensichtlich lieber mehr Zeit gelassen hätte. Engel nutzte jede Pause, um ihre Finger zu dehnen. Das milderte den Krampf. Sie führte die Untervögte von Raum zu Raum. Victor folgte ihnen so dicht, dass er den Männern auf die Finger sehen konnte.

Hoffentlich geht das gut, dachte Engel. Sie gab sich große Mühe das, was ihr angesagt wurde, so sauber und lesbar wir nur möglich aufzuschreiben.

Währenddessen eilten die Mägde hin und her, um die Zutaten ins Backhaus zu bringen. Dort wurde in zwei großen Steintrögen Teig angesetzt. Adam hatte von seiner Schwägerin Sauerteig geholt und die Schale auf dem Flett neben das Feuer gestellt. Jacob trug in großen Säcken Mehl ins Backhaus. Er grinste, als er Victor bemerkte, der den Untervögten übereifrig zu helfen versuchte.

„Na, der lütte Colon passt aber scharf auf."

Nach den Arbeitsgeräten wurden die Schränke und ihr Inhalt, das Geschirr, die Töpfe und Pfannen der Herdstelle, Schinken, Mehl, Butter, Salz und andere Vorräte, Lampen, Laternen, Kerzen und vieles mehr gezählt und aufgeschrieben. Die beiden Zeugen folgten wortlos und öffneten Schränke und Kisten. Dabei war ihnen Victor ständig im Weg. Engel versuchte ein paar mal erfolglos ihn wegzuschicken.

„Ich muss doch aufpassen, dass sie alles richtig machen. Das ist schließlich mein Hof."

Philippina lachte und schob den Jungen zur Seite, um den Rest Mehl in die Kiste auf dem Dachboden zurückzutragen. Victor machte einen Schritt rückwärts und stieß dabei gegen die Schale mit dem Sauerteig. Kötter Sieck konnte grade noch rechtzeitig zugreifen, sonst wäre die graue Masse ins Feuer gekippt. Adam, der grade hereinkam, war wütend.

„Victor, du Tolpatsch. Mach dich sofort zum Teigkneten fertig. Die anderen Jungen haben sich schon längst die Füße gewaschen. Nur du stehst hier noch rum."

Victor verschwand wortlos, doch sein Gesichtsausdruck sprach Bände. Engel war froh, als sie endlich vom Flett in die Stube wechselten. Hier war wesentlich weniger los. Nur Victor saß auf einem Hocker, einen Eimer Wasser vor sich und schrubbte sich murrend die Füße. Engel war froh, dass sie diesmal nicht helfen musste die schweren Brotlaibe zu formen. Sie hatte lieber vom Schreiben verkrampfte Finger, als Rückenschmerzen.

Die beiden Zeugen folgten ihr und den Untervögten auf Schritt und Tritt. Sie sagten nichts, sondern sahen nur zu. Sie machten Engel ein wenig nervös, denn von Zeit zu Zeit blickte ihr einer der beiden über die Schulter. Aber sie gewöhnte sich daran.

Endlich hatten sie alle beweglichen Güter im Haus geschätzt und notiert. Nun ging das Zählen in den anderen Gebäuden weiter.

„Diese Forke ist markiert. Wem gehört sie?"

Vehring deutete auf ein geschnitztes Zeichen am Stiel. Engel erkannte es sofort.

„Das ist Adams Zeichen. Ich glaube er hat eine Forke, einen Holzrechen, einen Spaten, einen Dreschflegel und einige Messer. Auch von Jacob müssten einige Geräte da sein."

Sie sonderte die gekennzeichneten Arbeitsgeräte aus und lehnte sie außen an den Schuppen. So bekam ihre Hand eine dringend benötigte Pause und den beiden Männern wurde es leichter, die verbliebenen Geräte zu zählen.

„So, schon fertig."

Engel betrachtete nachdenklich die zur Seite gestellten Geräte.

„Merkwürdig... Adams Spaten ist gar nicht dabei."

Friedrich sah von seiner Arbeit auf.

„Vielleicht hat er ihn mit heim genommen."

„Schon möglich. Er brauchte dringend eine neue Metallkante. Die alte war schon ganz schartig."

Untervogt Vehring reckte sich.

„Wir sind nicht hier, um fremder Leute Eigentum aufzunehmen. Uns interessiert nur das, was zum Hof gehört. Also, zurück an die Arbeit."

Engel nahm ihr Schreibbrett und den Bleistift wieder zur Hand und ließ sich weiter Dinge ansagen. Zum Glück dauerte es nicht mehr lange, bis auch das letzte Gerät aufgeschrieben war. Vehring schnaufte heftig.

„Na wunderbar. Jetzt müssen wir nur noch den Wert des Getreides schätzen." Er holte aus der Satteltasche seines Pferdes ein dickes Buch und stapfte ins Haus. Mit einem entschuldigenden Lächeln nahm Friedrich Engel die Schreibsachen ab und folgte ihm.

„Wir setzen uns in eure Stube. Da haben wir unsere Ruhe. Sieh zu, dass uns keiner stört", sagte Vehring und schlug Engel die Stubentür vor der Nase zu. Engel runzelte gekränkt die Stirn.

Das hätte er auch netter sagen können.

Gereizt ging sie zum Herd und beschloss ein ordentliches Mittagessen zu machen.

Der Tisch war gedeckt und das Essen vorbereitet. Es fehlte nur noch die Petersilie am Eintopf. Gerade als die Untervögte aus der Stube kamen und Catharina durch die dem Backhaus zugewandte Seitentür aufs Flett trat, verließ Engel das Haus durch den anderen Seitenausgang in den Garten. Ein scharfer Wind pfiff ihr um die Ohren. Zum Glück war noch genug Petersilie da. Der Frost hatte ihr fast nicht geschadet. Schnell zupfte sie ein großes Bund der zarten Stengel ab und steckte sie in ihre Schürzentasche. Als sie sich aufrichtete, um ins Haus zurückzukehren, sah sie Trude an der Eiche stehen, die ihr Vater vor einigen Jahren an der Ecke des Gartens gepflanzt hatte.

Dieses Miststück.

Engel ging zügig auf das Pony los, das ihr freundlich entgegen schnaubte. Genüsslich fraß es von dem Grünkohl, der im Winter als einziges frisches Gemüse auf den Tisch kam.

Na warte!

Sie hatte Trude schon fast erreicht und wollte mit einem schnellen Sprung nach ihrem Halfter greifen, als ihr etwas Langes zwischen die Beine geriet. Mit einem dumpfen Klatschen schlug sie der Länge nach auf dem Boden auf. Trude wieherte überrascht und warf den Kopf in die Höhe, blieb aber wo sie war. Leise fluchend erhob sich Engel, strich ihre Schürze glatt und sah in die Tasche nach der Petersilie. Anschließend betrachtete sie den Gegenstand genauer, über den sie gestolpert war.

Was macht denn der Spaten hier?

Engel erkannte dunkle Flecken auf dem Holz und auf der schartigen Metallkante. Sie bückte sich, um sie gründlicher zu untersuchen.

Was sind das bloß für eigenartige Flecken?

Engel versuchte vergeblich sie mit Spucke abzuwischen. Dabei fühlten ihre Finger ein Zeichen, das in den Stiel eingelassen war. Es war Adams Zeichen.

Das ist der Spaten, den Vater Adam aufs Bett legen wollte.

Engel verlor die Gewalt über ihre Gefühle. Eine Welle der Traurigkeit rollte über sie hinweg. Lange Zeit stand sie in der Dunkelheit ohne zu bemerken, dass sie weinte. Schließlich beherrschte eine einzige Überlegung ihr Denken.

Also hat Adam doch etwas zu verbergen. Warum sollte er sonst den Spaten so in den Garten legen, dass man ihn kaum sehen kann?

Engels Herz pochte heftig. In diesem Augenblick hörte sie verschiedene Stimmen auf dem Hof nach Trude rufen. Sie stach den Spaten in den Boden, um beide Hände frei zu haben, und nahm das Pony am Halfter. Sie führte es durch den Garten zu den Suchenden.

„Ich habe deinen Spaten entdeckt. Er ist im Garten", rief sie Adam zu. Er blickte Engel unfreundlich entgegen.

„Was für einen Spaten?"

„Den, bei dem die Kante schartig ist."

„Das olle Ding? Ich wusste nicht mal, dass es verschwunden war."

„Aber ohne ihn wäre Vater nicht gestorben."

Engel redete mehr mit sich selbst, als mit den anderen. Trotzdem hörten es alle. Verständnislose Gesichter blickten ihr entgegen.

„Dummes Zeug", brummte Rahenkamp und Meyer nickte. Die beiden waren zu einer letzten Kontrolle gekommen und wollten gerade gemeinsam den Hof verlassen.

„Da du Trude gefunden hast, können wir ja endlich essen." Ungeduldig ging Adam ins Haus. Klara sah ihre Freundin fragend an. Engel spürte, wie sie mal wieder rot wurde. Sie versuchte sich zu verteidigen.

„Ohne den Spaten wäre Vater niemals die Leiter hinaufgestiegen."

Klara nickte bedächtig.

„Das mag schon sein. Aber er ist hinaufgestiegen. Das kannst du nun mal nicht ändern."

„Unterhaltet euch morgen darüber", befahl Hinrich Dorsch. „Jetzt hab' ich Hunger."

Er schnappte sich seine Tochter und zog sie ins Haus. So blieb nur noch Friedrich. Engel sah ihn herausfordernd an.

„Und sie glauben mir auch nicht, nicht wahr?"

„Natürlich glaube ich Ihnen. Allerdings können sie dem Besitzer des Spatens nicht die Schuld für den Tod ihres Vaters geben. Er hat ihn ja nicht gezwungen auf die Leiter zu steigen."

Engel wusste, dass der Untervogt recht hatte. Sie wollte schon nachgeben und ins Haus gehen, als sie in Gedanken ihren Vater vor sich sah.

Trotzig reckte sie das Kinn vor und sah Reesmann an. Ihre Augen brannten, aber sie weinte nicht.

„Irgend etwas gibt es, das nicht stimmt. Ich kann mich nur nicht erinnern. Mein Kopf ist hohl wie eine rotfaule Fichte."

Engel merkte, dass sie schon fast um Verständnis bettelte. Friedrich dachte nach.

„Um ihrer Seelenruhe Willen, werden wir uns den Spaten nach dem Essen einmal genauer ansehen."

Engel seufzte erleichtert.

„Danke."

Wenig später gingen sie zusammen in den Garten. Engel fand die Stelle leicht wieder, wo sie über den Spaten gestolpert war. Immerhin war der Boden durch ihren Sturz ziemlich zerwühlt. Sie sahen sich um.

„Das gibt es doch nicht. Ich weiß genau, dass ich ihn hier in die Erde gesteckt habe."

Engel war verwirrt, als sie das Werkzeug nirgends entdecken konnte.

„Jemand hat ihn geholt."

Reesmann deutete auf ein paar undeutliche Fußstapfen.

„Jedenfalls scheint an dieser Sache tatsächlich etwas faul zu sein. Warum sollte jemand einen kaputten Spaten aus dem Garten holen."

Plötzlich kam in Engel ein ungeheuerlicher Verdacht auf.

„Was ist, wenn Vater gar nicht durch den Sturz gestorben ist? Es waren Flecken am Spaten."

„Was für Flecken?"

„Ich weiß es nicht. Aber was, wenn es Blutflecken waren."

„Es hilft uns leider nicht weiter, wenn du es nicht genauer weißt."

Engel merkte, dass Friedrich sie duzte, aber es machte ihr nichts aus.

„Ich kann mir jedenfalls nicht erklären, warum der Spaten ausgerechnet jetzt geholt wurde."

„Es gibt bestimmt zahlreiche Gründe. Egal wie merkwürdig es uns jetzt vorkommt."

Engel wollte protestieren, aber Friedrich schnitt ihr das Wort ab.

„Selbst Blut auf dem Spaten wäre noch kein Beweis. Es könnte ja bei dem Unfall darauf gespritzt sein. Totschlag ist ein sehr ernstes Verbrechen. Da solltest du auf keinen Fall eilfertig urteilen."

„Aber..."

„Ich weiß. Ein paar Dinge ergeben keinen Sinn. Leider reicht das nicht für einen offiziellen Verdacht."

Plötzlich fiel Engel noch etwas ein.

„Kurz bevor Vater an jenem Tag ins Haus kam, schimpfte er ziemlich laut mit jemandem, den er auf seinem Hof nie wieder sehen wollte."

„Das könnte auf Bettelvolk hindeuten. Ich werde mich mal umhören. Vielleicht waren Landstreicher oder Zigeuner in der Gegend. Denen ist so ziemlich alles zuzutrauen. Keine Sorge. Auch wenn ich keine Beweise habe, werde ich mich darum kümmern."

Engel war zufrieden. Zwar glaubte Friedrich ihr nur teilweise, aber wenigstens nahm er sie ernst. Es tat gut die Zweifel aussprechen zu können. Sie bedankte sich bei Friedrich, dem das sichtlich unangenehm war.

„Nun muss ich aber wirklich heim."

Engel begleitete ihn zu Trude und winkte ihm nach, bis er nicht mehr zu erkennen war.

Am nächsten Tag ging Engel sofort nach dem Aufstehen zu Klara, obwohl sie wusste, dass sie dafür Ärger bekommen würde.

„Zum Kirchgang werde ich schon rechtzeitig wieder daheim sein."

Sie ging über den Hof. Plötzlich hörte sie ein lautes Schnarchen. Es dauerte eine Weile, bis sie merkte, dass die Tür zum Schafstall offen war. Als sie nachsah, fand sie im Stroh etwas, das wie ein Haufen Lumpen aussah. Es war Hinrich Dorsch, der sich in seinen langen, vielfach geflickten Mantel gewickelt und zum Schlafen zusammengerollt hatte. Er roch so stark nach Schnaps und Erbrochenem, dass Engel ihn nicht berühren wollte. Sie ließ ihn liegen und ging weiter zu Klara. Sie fand ihre Freundin im Stallbereich des Heuerhauses, wo sie mit verweinten Augen die magere Ziege molk.

„Gesegneten Sonntag, Klara."

„Ach Engel."

Klara schluchzte und wischte sich mit der Schürze die Tränen ab.

„Vater ist die ganze Nacht nicht heimgekommen. Ich mach mir solche Sorgen."

„Das brauchst du nicht. Er liegt bei uns im Schafstall und schläft."

„Dem Himmel sei dank."

Sie sprang auf, stellte den kleinen Eimer mit Ziegenmilch auf den Tisch und nahm das Schultertuch vom Haken.

„Wo willst du hin?"

„Ihn holen, was sonst?"

„Lass ihn lieber schlafen. So wie er riecht hat er wieder ganz schön gesoffen."

Klara hielt ihr Tuch unschlüssig in den Händen.

„Ich kann ihn doch nicht einfach da liegen lassen."

„Im Stall ist es warm und gemütlich. Lass ihn ruhig schlafen. So wird er seinen Rausch am besten los."

Energisch nahm Engel ihr das Tuch ab und hängte es zurück an seinen Haken.

„Am besten machst du ihm ein gutes Frühstück. Das wird er brauchen, wenn er aufwacht."

Wortlos begann Klara das karge Frühstück für sich und ihren Vater vorzubereiten.

„Außerdem passt es ganz gut, dass er nicht da ist. Ich wollte nämlich etwas Wichtiges mit dir besprechen."

„Mach schnell. Wenn ich hier fertig bin, gehe ich Vater wecken. Er darf die Messe auf keinen Fall schon wieder versäumen."

„Wieso schon wieder?"

„Letzten Sonntag bekam ich ihn einfach nicht wach. Aber das ist doch unwichtig. Sag mir lieber, was du von mir willst."

Engel sah ihrer Freundin bei der Arbeit zu und wusste nicht, wo sie anfangen sollte. Nach längerer Zeit sagte sie einfach: „Ich glaube nicht, dass Vater durch den Unfall starb. Untervogt Reesmann meint auch, dass da etwas nicht stimmt. Er findet es verdächtig, dass der Spaten verschwunden ist, grade als wir ihn untersuchen wollten."

„Welcher Spaten? Wovon sprichst du überhaupt?"

„Ich fand ihn gestern Abend im Garten, als ich Trude eingefangen habe. Er hatte Flecken. Vielleicht waren es sogar Blutflecken. Das bedeutet vielleicht, dass Vater erschlagen wurde."

Klara war bestürzt.

„Aber wer würde so etwas Schreckliches tun?"

„Der Untervogt meint, dass es Zigeuner waren, aber ich glaube das nicht. Dafür ist jemand anders verantwortlich, und ich weiß genau wer."

„Denk' an das achte Gebot »Du sollst nicht falsch Zeugnis reden wider deinen Nächsten«. Mach dich nicht unglücklich, Engel."

„Tue ich doch gar nicht. Ich mache mir nur so meine Gedanken. Und die kann mir keiner verbieten."

Engel sah Klara trotzig an. Schließlich sagte sie unvermittelt: „Es ist wirklich merkwürdig. Vor Vaters Tod mochte ich Adam sehr gern und jetzt kann ich ihn nicht mehr ausstehen. Er benimmt sich, als gehört der Hof ihm. Und Mutter verlässt sich nur noch auf ihn."

Klara war froh, dass Engel das Thema gewechselt hatte.

„Ich hab' dir ja gleich gesagt, dass er ein Schürzenjäger ist."

„Er ist nur noch gemein zu mir. Ich hatte viel mehr freie Zeit, als Vater noch lebte."

Klara schmunzelte.

„Er packt euch wirklich hart an, was?"

„Es würde mich gar nicht wundern, wenn er etwas mit Vaters Tod zu tun hätte."

„Aber Engel! So etwas kannst du nicht einfach behaupten."

„Wenn ich bloß den Spaten noch hätte. Es ist doch wirklich verdächtig, dass es ausgerechnet Adams Spaten ist."

„Du kannst doch niemanden verdächtigen, etwas so Böses getan zu haben, nur weil sein Spaten verschwunden ist. Auf einem großen Hof gehen öfter mal Dinge verloren."

„Er braucht nur Mutter zu heiraten, dann gehört ihm der Hof wirklich."

Klara war entsetzt.

„Engel! Das ist absolut unchristlich. Du versündigst dich!"

„Ich glaube eben nicht an einen Unfall."

„Dann erzähl es mir nicht. Ich will es gar nicht wissen."

„Aber du bist meine beste Freundin. Du bist die einzige, von der ich weiß, dass sie es nicht weitererzählt. Irgendwie muss ich meine Gedanken doch ordnen."

„Bist du denn wirklich fest davon überzeugt, dass es kein Unfall war?"

„Eben nicht. Das macht es ja so kompliziert."

„Warum ist das nur so wichtig für dich?"

„Vater hat so viel für mich getan und ich war nicht einmal für ihn da, als er starb. Ich muss wissen, was geschehen ist. Das bin ich ihm schuldig."

Engel sah Klara fest in die Augen.

„Würdest du das nicht auch für deinen Vater tun... obwohl er so viel trinkt?"

Klara seufzte.

„Wahrscheinlich schon", gab sie widerwillig zu. Sie holte ihr Tuch und legte es sich um die Schultern als Zeichen, dass das Gespräch zu Ende war.

„Jetzt gehe ich Vater wecken, sonst kommen wir zu spät zur Kirche."

Engel ging mit Klara aus dem Haus, den Berg hinunter bis sie den Schafstall erreichten. Gemeinsam schoben sie das Tor ein Stückchen weiter auf. Klara versuchte ihren Vater zu wecken, aber der Betrunkene kam nur halb zu sich. Widerstandslos ließ er sich auf die Beine helfen. Klara stützte den Schwankenden und mit Engels Hilfe schleppte sie ihn durch das Stalltor.

„Bis bald."

Sie führte ihren Vater vom Hof. Engel schüttelte sich vor Ekel.

Arme Klara. Warum trinkt der Kerl nur immer so viel? Langsam muss er den Tod seiner Frau doch mal überwunden haben.

Plötzlich hörte sie vom Haus her Adams Stimme.

„Anna Engel Waldmann! Komm sofort hierher! Was fällt dir ein vom Hof zu gehen, bevor deine Arbeit erledigt ist."

Seufzend machte sich Engel auf den Weg in die Milchkammer, um ihren täglichen Aufgaben nachzukommen.

In den nächsten Tagen musste Engel hart arbeiten. Kaum hatte sie eine Aufgabe erledigt, gab ihr Adam einen neuen Auftrag. Abends fiel sie todmüde ins Bett. Manchmal schlief sie schon, bevor sie ihr Nachgebet beendet hatte.

Sie wurde von Adam und Catharina so sehr mit Arbeit eingedeckt, dass sie auf ihre Treffen mit Johanne verzichten musste. Dabei vermisste sie das Lernen sehr und beneidete Maria und Victor, die sich jeden Morgen auf den Weg zur Schule machen durften.

Nach fast zwei Wochen hielt sie es nicht mehr aus und ging zu ihrer Mutter. Unsicher versteckte sie ihre Hände unter der Schürze. Catharina lächelte über die Verlegenheit ihrer Tochter.

„Was möchtest du, Engelchen?"

„Na ja... ich war jetzt so lange nicht mehr bei Johanne. Ich wollte nur wissen, wann ich denn wieder hingehen darf."

„Johanne wird langsam zu alt für so etwas. Du solltest sie schonen. Außerdem brauchen wir dich hier."

„Johanne hat sich noch nie über mich beschwert. Ich lerne doch so gerne."

Engel war klar, dass ihre Mutter das nicht verstehen konnte. Catharina hatte nicht einmal Schreiben gelernt, wie sollte sie da Engels Hunger nach Wissen begreifen.

„Bitte, Mutter. Lass mich doch hingehen."

„Nun, ich werde darüber nachdenken."

Engel wandte sich von ihrer Mutter ab. Die Enttäuschung war ihr so deutlich ins Gesicht geschrieben, dass Catharina sie zurück rief.

„Warte einen Moment. Wie wäre es denn, wenn du im Frühling zu Hukkeriedes hinüber gehst. Angela könnte dich im Weben unterrichten. Du weißt doch, dass sie die beste Weberin der Gegend ist."

Dieser Vorschlag war zwar nur ein schwacher Trost, aber Engel freute sich trotzdem. Immerhin gab es dort keinen Adam, der ihr ständig neue Arbeiten übertrug.

Langsam und widerwillig zog sich der Winter zurück. Der Frühling kam. Zuerst brachte er wochenlangen Regen mit sich, so dass Engel und Maria jeden Tag stundenlang an der Herdstelle standen und Kleidungsstücke trockneten. Engel ärgerte sich, dass sie Adam nicht überwachen konnte.

Wie soll ich jemals herausfinden, was mit Vater passiert ist, wenn ich hier festsitze.

Sie war nicht die einzige, die schlechte Laune hatte. Victor versorgte sie nur mürrisch mit Feuerholz, während Catharina die Mägde und Adam die Knechte scheuchte. Angestrengt wurde gehämmert, gehobelt und gesägt. Bis zur Aussaat musste alles ausgebessert und vorbereitet sein. Adam überwachte die Heuerleute mit scharfem Auge und ließ keinen Fehler durchgehen. Keiner von ihnen wagte offen zu murren, aber mehr als einer schimpfte heimlich, immerhin war Adam nur Großknecht und nicht Colon.

Der März kam und im Haus wurde es stiller, jetzt arbeiteten fast alle auf den Feldern. Engel war jetzt öfter in Adams Nähe. Sie ließ ihn kaum aus den Augen, konnte aber nichts Verdächtiges entdecken.

Adam ließ zuerst den Mist, der sich im vergangenen Jahr angesammelt hatte, vom Hof fahren. Nachdem er gleichmäßig auf den Feldern verteilt war, begann das Pflügen. Wochenlang stampften die Pferde durch die feuchte Erde. Ihr Atem dampfte in der immer noch kühlen Luft. Scholle um Scholle drehte sich der schwere Boden, aufgerissen vom Pflug, der von seinem Lenker nur mit viel Kraft in der Spur gehalten werden konnte. Einige Furchen zurück folgten die Frauen und Kinder. Sie sammelten Steine, die der Pflug aus der Erde riss, und trugen sie am Rande des Feldes zusammen.

Auch wenn es eine anstrengende Arbeit war, liebte Engel diese Zeit. Sie konnte dabei vor sich hin träumen oder den Gesprächen der anderen lauschen. Besonders spannend fand sie Neuigkeiten aus anderen Ländern und die Großmagd kannte immer die neuesten Ereignisse.

„Ich habe gehört, dass die Franzosen jetzt die Schweiz angegriffen haben. Jemand sollte ihnen mal eine Abreibung verpassen. Sonst besetzen sie noch die ganze Welt."

Engel schauderte bei diesem Gedanken. Allerdings war sie sich nicht sicher, ob die Magd wusste, wo die Schweiz lag.

Hoffentlich ist es ordentlich weit weg.

Die jüngeren Mägde nahmen die Befürchtungen der Großmagd selten ernst, obwohl die Neuigkeiten von einer Magd auf Rahenkamps Hof stammten. Dem Colon wurde nachgesagt, dass ein paar seiner Bekannten Beziehungen zum hannoverschen Hof hätten. Daher umgab jedes Gerücht, dass den Weg über sein Gesinde zu den waldmann'schen Mägden fand, ein Hauch von Wahrheit. Die Großmagd wischte sich den Schweiß von der Stirn, bevor sie weitersprach.

„Colon Rahenkamp sagt, die Österreicher hätten die Truppen in Italien jetzt einem Russen unterstellt. Er meint, dass der englische König ernsthaft überlegt einen Teil seiner Armee hinzuschicken. Was soll da bloß noch draus werden?"

Aber die anderen Mägde interessierten sich nicht länger für die große Welt. Sie wendeten sich anderen Themen zu. Besonders die Schwangerschaft der dritten Frau des alten Colon Volbert erregte die Gemüter.

„Es ist sein fünftes Kind. Wer weiß, vielleicht sind es auch zwei. Sie ist immerhin ganz schön dick."

„Ich glaube nicht, dass es Zwillinge sind. Alle seine Kinder waren ziemliche Brocken. Kein Wunder bei dem Vater. Er ist ja auch ein richtiger Bulle."

„Ist schon witzig, dass das Würmchen um fünf Jahre jünger ist, als sein Neffe. Der alte Volbert hat sich wohl noch mal richtig ins Zeug gelegt."

„Wenn es denn sein Kind ist. Mit fast sechzig Jahren ist er doch schon jenseits von Gut und Böse."

Die Mägde lachten. Engel, die diese Art von Tratsch nicht mochte, wendete sich wieder ihren Träumen zu.

Ach wäre es schön wie früher mit Klara über die Felder zu toben. Schade, dass der Meyer ihr so selten frei gibt.

Während sie Steine sammelte, träumte sie sich in die Zeit zurück, als sie und Klara zum Helfen noch zu klein waren.

War ein Feld fertig gepflügt und die Steine aufgelesen, wurden die Pferde mit der Egge bespannt und stapften ein zweites Mal die endlosen Furchen entlang. Ihnen folgten die Sämänner. Jeder trug eine Sähmolle vor sich her, die mit einem Schultergurt gesichert war. Daraus nahmen sie das über den Winter so sorgfältig aufbewahrte und nun von Adam genau abgemessene Saatgut. Mit jedem Schritt warfen sie schwungvoll eine Handvoll Körner. Das Getreide verteilte sich gleichmäßig und prasselte auf den vorbereiteten Acker.

Schritt – Schwung – Schritt – Schwung. Furche um Furche, Acker um Acker wurde gepflügt, abgelesen, geeggt und gesät.

Aber wie jedes Jahr ging die Zeit auch diesmal vorbei und der April näherte sich seinem Ende. Endlich brach die Sonne durch die Wolken.

Drei Tage vor dem ersten Mai schleppten Engel und Maria das schwere Bükefatt, das nur zweimal im Jahr zum Einsatz kam, aus einem Schuppen auf den Hof. Grete sammelte die Wäsche aller Hausbewohner ein. Auch die Heuerleute brachten ihre schmutzigen Sachen. Philippina zog die Betten ab. Victor schleppte mürrisch einen Eimer Wasser nach dem anderen aufs Flett. Die Großmagd brachte das Wasser zum Kochen und die Kleinmagd entleerte die Kupfertöpfe ins Fass. Engel legte die Wäsche hinein. Nach jeder Schicht streute Maria großzügig Holzasche darüber.

Bald sehe ich Klara wieder, freute sich Engel, als endlich alle Schmutzwäsche eingeweicht war. Schade, dass ich mit ihr nicht über Adam reden kann.

Am letzten Tag des Aprils kamen Frauen und Kinder der Heuerleute, um bei der großen Wäsche zu helfen. Klara war eine der ersten. Engel fiel ihr stürmisch um den Hals. Klara erwiderte die Umarmung lachend.

„Ich bin ja so froh, dass ich hier sein kann. Der Meyer hat nämlich vorgeschlagen, dass ich meine Sachen bei ihm waschen soll."

„Der soll bloß nicht so tun, als ob du ihm gehörst."

Die Frauen leerten das Fass und eine schmutzige Brühe ergoss sich über den Hof. Klara und Engel schlängelten sich zwischen den Leuten hindurch zum Dielentor. Wenig später standen sie auf dem Flett, wo in den Kesseln schon frisches Wasser kochte. Die Mägde unterhielten sich.

„Hast du schon gehört? Böttchers Suse hat jetzt einen Verehrer aus der Stadt. Er hat ihr Parfüm mitgebracht. Das hat er extra aus Frankreich kommen lassen. Und was macht sie damit? Sie tropft es in ihre Leibwäsche!"

„So eine Verschwendung."

„Apropos Frankreich. Kämpfen die eigentlich immer noch?"

Die Großmagd nickte.

„Sie haben schon zwei Schlachten gegen den Russen verloren. Der soll nur so weitermachen, dann können die hannoverschen Soldaten ganz gemütlich in Osnabrück sitzen bleiben."

„Und Suse behält ihren neuen Verehrer."

Klara zwinkerte Engel zu.

Immer müssen sie tratschen, übersetzte sich Engel den Wink. Die beiden Freundinnen griffen zu und schleppten wie alle anderen eimerweise kochendes Wasser auf den Hof und frisches Wasser zurück. Das Fass wurde mehrmals geleert und wieder gefüllt.

In den Pausen, in denen die Wäsche einweichen musste, warfen die Kinder die Säcke aus den Betten, die als Matratzen dienten und schleiften sie auf den Hof.

„Wartet, ich helfe euch."

Engel griff mit zu und wenig später lagen alle Säcke in der Sonne. Engel sah zu, wie die Kinder das Stroh herausrissen und sich lachend und kreischend damit bewarfen. Sie lächelte.

Es ist noch gar nicht so lange her, da habe ich bei so etwas noch mitgespielt.

Die Kinder tobten, bis Catharina ein Machtwort sprach und das alte Stroh mitsamt Bettwanzen und Läusen endlich auf dem Misthaufen landete. In der Zwischenzeit hatten Grete, Engel und Klara die Säcke frisch gefüllt, in die Durks zurück getragen und halfen bereits wieder beim endlosen Wassertragen.

„Ich glaube nun ist der gröbste Dreck weg. Lasst uns mit dem Walken anfangen", befahl Catharina, als das Wasser nur noch leicht verschmutzt aus dem Fass lief. Die Kinder jubelten. Die Wäsche wurde Schicht um Schicht aus dem Fass genommen und noch dampfend in die beiden großen Steinmulden gebracht, in denen auch der Brotteig geknetet wurde. Wenig später hatten die meisten Kinder ihre Schuhe ausgezogen. Sie kletterten in die Tröge, um die Wäsche zu treten. Engel lächelte, als sie das bunte Durcheinander von mehr oder weniger beschädigten Holz- und Leder- schuhen sah.

Hauptsache nachher findet jeder sein Paar wieder.

Sie ging ins Haus, kletterte zur Hiele hinauf, holte mehrere große Holz- hämmer hinunter und lud sie auf den Handwagen. Nun musste sie nur noch die Wäsche holen, die nach dem Walken von den Frauen mit der Hand noch einmal gewaschen worden war. Wenig später stapelte sich die saubere Wäsche auf dem Wagen.

Nach dem Mittagessen zogen Klara und Engel die erste Fuhre zum Bach, wo sie von den Frauen ausgespült und mit den Holzhämmern geklopft wurde. Zu guter letzt wurde sie auf die Wiese gelegt, wo sie in Ruhe trocknen konnte. Als alles so weit getan war, ließen sich Klara und Engel erschöpft unter einen Busch fallen.

„Ist das warm heute."

Klara öffnete die obersten beiden Knöpfe ihrer Tracht. Engel sah sich um, aber es waren keine Männer in Sicht. Sie waren alle noch auf den Feldern.

„Ich bin todmüde. Nur gut, dass es ab morgen endlich wieder eine Mit- tagspause gibt. Die habe ich dringend nötig. Mutter und Adam scheuchen uns, als wollten sie Ameisen aus uns machen."

Klara nickte.

„Das geht mir nicht anders. Nachher habe ich grade noch genug Zeit un- sere Wäsche zu legen und wegzuräumen und schon geht es wieder zum Meyerhof."

„Elende Plackerei. Meine None lasse ich mir jedenfalls nicht vermiesen, egal was Adam alles einfällt. Und heute abend komme ich rüber und helfe dir eure Wäsche zu legen."

Ein paar Tage später hüpfte Engel glücklich über ein paar Pfützen, die nach und nach von der Sonne aufgeleckt wurden.

Endlich! Dass Mutter nach all der Zeit noch daran gedacht hat ist fast ein Wunder.

Sie war unterwegs zu Huckeriedes und genoss es, ein wenig Zeit für sich zu haben. In ihrem braunen Wollkleid wurde ihr schnell warm und so faltete sie das warme Schultertuch ordentlich zusammen und legte es auf das feingesponnene Garn in den Korb.

Catharina hatte ihr erlaubt bei ihrer Tante das Weben zu lernen. Angela hatte schon Grete unterrichtet und später würde wohl auch Maria zu ihr geschickt. Doch nun war erst einmal Engel dran, die komplizierten Muster zu lernen, die schon seit vielen Generationen in den Familien der Gegend weitergereicht wurden. Sie freute sich so sehr, dass sie zügig drauf los marschierte und bald ankam. Sie betrat das große Haus durch das Dielentor, das weit offen stand.

„Gott zum Gruß."

Sie blieb stehen, damit sich ihre Augen an das Dämmerlicht gewöhnen konnten. So erkannte sie zuerst gar nicht, wer sie freundlich umarmte und zum Feuer zog. Aber Geruch und Stimme gehörten eindeutig ihrer Patin.

„Engel, wie schön, dass du endlich da bist. Komm rein! Komm schon."

Engel hatte ihre Tante noch nie so glücklich gesehen. Irgend etwas war los. Es war ungewöhnlich, dass sie, die Ruhe in Person, plötzlich so aufgeregt war.

Beschwingten Schrittes ging die Bäuerin zwischen den Mägden hin und her, rührte in den Töpfen, sang leise vor sich hin und sah von Zeit zu Zeit der alten Johanne über die Schulter, die wie immer an ihrem Spinnrad saß. Engel war völlig verwirrt.

„Was ist denn los? Du hast ja Hummeln im Hintern. So kenne ich dich gar nicht."

Angela sah sie überrascht an.

„Ja, hat dir Henrich denn nichts gesagt?"

„Was hätte er mir denn sagen sollen, wenn ich ihn gesehen hätte?"

„Ich bin schwanger, Kind. Endlich bin ich wieder schwanger. Henrich und ich haben es uns so sehr gewünscht und endlich schenkt uns Gott diese Gnade."

„Ich dachte, du hättest mit Anna und den beiden Buben schon genug zu tun."

„Ach Engel... Seit Marias Tod haben wir um ein weiteres Kind gebetet."

Engel erinnerte sich nur noch undeutlich an Annas schmächtige Zwillingsschwester. Sie erkannte die Freude im Gesicht ihrer Tante und die alte Johanne nickte wissend.

„Für ihre Kinder würde eine Mutter sogar dem Teufel die Stirn bieten. Kinder sind das Höchste, was der Herr uns schenken kann."

Engel lächelte.

„Na dann herzlichen Glückwunsch, Tante Angela."

Die alte Johanna schnaufte skeptisch.

„Pah! Ich wäre mit Glückwünschen ganz vorsichtig. Noch ist das Kind nicht geboren und ihr wisst, wie leicht die kleinen Würmer auch danach noch sterben. Seht euch nur die Averbecks an. Dreie haben sie verloren und das Kleine, das sie jetzt haben, sieht auch nicht so aus, als ob es den Sommer sehen wird."

„Aber Hanna, wie kannst du nur so etwas sagen", tadelte Angela.

„Ich sag, was ich weiß."

Um die beiden Frauen abzulenken, fragte Engel, wann sie mit dem Weben beginnen würden. Wenig später saß sie in einer kleinen Kammer neben ihrer Patentante am Webstuhl und ließ sich das Muster der aufgespannten Kettfäden erklären.

Am späten Nachmittag gab Angela Huckeriede ihr Patenkind endlich wieder frei. Mit rauchendem Kopf verließ Engel den Hof. Sie hätte nie gedacht, dass Weben so anstrengend sein konnte. Trotzdem hatte es ihr viel Spaß gemacht und sie freute sich auf die nächste Übungsstunde. Es befriedigte sie, zu sehen, wie groß das Stück Tuch an diesem einen Tag schon geworden war. Fröhlich hüpfte sie die Straße nach Schledehausen entlang, obwohl sie wusste, dass dies ein Umweg war. Der erste Bauernhof, an dem sie vorbei kam, war der Meyerhof. In der Hoffnung Klara zu treffen, blieb sie an der Auffahrt stehen und sah sich um, konnte ihre Freundin aber nicht entdecken.

Schade. Wir hätten uns so schön ein wenig unterhalten können und Adam hätte es nicht einmal gemerkt.

Sie ging langsam weiter ins Dorf hinein. Dort kam ihr Klara entgegen. Engel freute sich sehr sie zu sehen.

„Ich war eben beim Meyer, aber du warst nicht zu sehen. Wo warst du denn?"

„Colona Meyer hat mal wieder Kopfschmerzen. Deshalb hat sie mich zu Johanne geschickt, die vorbereitete Medizin abzuholen. Außerdem sollte ich auf verschiedenen Höfen noch ein paar Besorgungen erledigen."

„Prima. Dann wird sie dich so schnell nicht zurück erwarten."

Die beiden Mädchen setzten sich auf ein paar Steine am Straßenrand. Engel war entsetzt, wie mager und blass Klara aussah.

„Geben die dir nicht genug zu Essen?"

Klara kicherte.

„Eigentlich schon. Aber der Meyer guckt immer so komisch. Dabei vergeht mir der Appetit."

„Dabei ist er selbst so dick wie ein Fass. Richtig abscheulich, nicht wahr?"

Engel schüttelte sich. Klara seufzte.

„Er ist dauernd hinter mir her und versucht mich anzufassen."

„So ein Aas. Du solltest die Stelle aufgeben."

Engel wusste, dass Klara diesen Vorschlag nicht annehmen würde und so wunderte sie sich nicht, als ihre Freundin das Thema wechselte.

„Stell dir vor, er hat vorhin erst von euch geredet."

„Der Meyer?"

„Ja. Er redete von dem Gerichtsverfahren. Er glaubt, dass es nun bald zu Ende ist, weil deine Mutter das nicht durchhält. Er meinte sie hätte schwache Nerven und würde auch gar nicht verstehen, worum es eigentlich geht."

Engel schnaubte abfällig.

„Der wird sich noch wundern. Mutter ist viel klüger als er glaubt. Außerdem stehen ihr Gerhard Averbeck und Onkel Henrich bei und auch unser Advokat wird sich darum kümmern."

„Ihr habt einen Anwalt?"

„Ja, er heißt Vezin und soll ziemlich bekannt sein. Ich hoffe nur, dass er es dem Meyer so richtig zeigt."

Klara lächelte flüchtig.

„Verdient hätte er es. Wenn ihr ihm genug Ärger macht, vergisst er mich ja vielleicht."

„Oller Sack. Ich hasse den Gedanken, dass wir ihm gehören sollen."

„Vielleicht verkauft er euch ja bald weiter."

Engel sah ihre Freundin fragend an. „Wie kommst du darauf?"

„Er braucht ziemlich dringend Geld. Ständig tauchen irgendwelche Leute auf, die etwas bezahlt haben wollen. Die Großmagd meint, dass er Tausende von Talern schuldet."

Engel staunte und Klara lächelte verschmitzt.

„Dagegen sind die paar Taler, die mein Vater dem Wirt und dem Apotheker schuldet ein Witz, nicht wahr?"

Engel war absolut sprachlos. Natürlich wusste jedermann im Dorf, dass der Meyer Geldprobleme hatte, seit sein Hof bei dem großen Feuer bis auf die Grundmauern abgebrannt war. Allerdings hätte Engel nicht mit so hohen Schulden gerechnet.

Plötzlich sprang Klara auf und eilte mit einem kurzen Gruß davon. Engel sah ihr überrascht hinterher, erkannte dann aber die Großmagd des Meyerhofes, die die Straße entlang schlurfte.

Wenn diese Klatschtante mich erwischt, erzählt sie es Johanne und die sagt es Mutter. Dann bekomme ich mächtig Ärger mit Adam. Bloß schnell weg.

Engel versuchte ungesehen zu verschwinden. Sie hatte Glück, denn die Magd sah nicht auf. Erst als Engel das Dorf hinter sich gelassen hatte, atmete sie erleichtert auf. Es dämmerte langsam und der Wind, der über die Felder strich, war kalt. Engel nahm ihr Tuch aus dem Korb und wickelte sich fest darin ein. Dann ging sie zügig heim. Dabei dachte sie an das Gespräch mit Klara. Plötzlich kam ihr ein beängstigender Gedanke.

Was ist, wenn der Meyer Vater getötet hat.

Engel zählte an den Fingern ab, welche Fakten für ihren Einfall sprachen.

Erstens mochte er Vater nicht, auch wegen des Rechtsstreits. Zweitens war er in der Nähe, das heißt, er hätte es tun können. Drittens kann er mit den Zahlungen für Vaters Tod und für die Hand- und Spanndienste einen Teil seiner Schulden bezahlen.

Mit einem Mal wurde ihr klar, was dieser Gedanke bedeutete. Wenn es der Meyer war, wäre Adam unschuldig.

Engel seufzte angespannt. Sie wusste, dass sie dringend mit jemandem ihre Verdächtigen durchsprechen musste.

Schade, dass Klara nicht mit mir darüber reden will.

In Gedanken versunken ging sie weiter.

Schneller als sie erwartet hatte, war sie wieder zu Hause. Durch die geöffnete Stalltür konnte sie Adam sehen, der sich wie jeden Abend bei den wenigen noch nicht getöteten Schafen aufhielt. Um ihm nicht zu begegnen, ging sie zu der Seitentür des Bauernhauses, die vom Flett zum Backhaus führte. Dort saß Victor mit grimmigem Gesicht auf der Bank und schnitzte an einem schmalen Holzkeil herum. Er hatte seine dicke Felljakke an und grummelte vor sich hin. Engel sah ihn überrascht an.

„Was ist denn mit dir los?"

Victor brummte wütend.

„Dieser blöde Adam."

„Ärger?"

„Ich soll Holznägel schnitzen für den neuen Wagenschuppen. Dabei wird der erst im nächsten Winter gebaut, wenn wir die Bäume aus dem Wald holen können."

Engel lächelte. Immerhin war das Schnitzen eine Aufgabe bei der Victor sich nicht sonderlich anstrengen musste.

Mutter hat ihn vielleicht etwas zu sehr verwöhnt.

Um Victor aufzuheitern schlug sie vor, die Keile auf einen Haufen zu legen und für später aufzuheben.

„Aber er verbrennt die Dinger, wenn sie fertig sind."

Engel war entrüstet.

Dabei sieht Adam eine solche Verschwendung gar nicht ähnlich.

Diese Tatsache musste Engel trotz aller Wut auf den Großknecht zugeben. Sie fuhr erschrocken zusammen, als plötzlich Adams Stimme hinter ihr ertönte.

„Wenn du ein paar vernünftige Nägel geschnitzt hast, werde ich sie nicht mehr verbrennen. Also gib dir einfach mehr Mühe!"

Er nahm Engel beim Arm und zog sie ins Haus bis aufs Flett. Catharina sah den Eintretenden aufmerksam entgegen. Adam bemerkte es, straffte seine Schultern und zog ein strenges Gesicht.

„Wo warst du so lange, Prinzessin? Deine Mutter wartet schon auf dich."

Engel erkannte plötzlich, dass „Prinzessin" schon länger kein Kosename mehr war. Von Adams hartem Tonfall überrumpelt fiel ihr keine vernünftige Ausrede ein, also sagte sie die Wahrheit.

„Ich habe Klara getroffen. Sie hat mir erzählt, dass der Meyer das Gerichtsverfahren für beendet hält. Er glaubt wohl, Mutter würde nicht weitermachen."

Catharina mischte sich in das Gespräch ein.

„Nun, da hat er sich getäuscht. Henrich ist heute früh in meinem Auftrag nach Osnabrück zu Canzleirat Vezin gefahren, um ihm meine Entscheidung mitzuteilen."

„Wir geben auf keinen Fall auf. Trotzdem ist das keine Entschuldigung so spät heimzukommen, Prinzessin."

Engel hätte ihn am liebsten gefragt, was er denn mit der ganzen Sache zu tun hatte, aber er würgte jeden Kommentar ab.

„Wenn deine Mutter so nett ist, dich zu Huckeriedes gehen zu lassen, hast du dich auf dem Heimweg gefälligst zu beeilen. Es gibt hier mehr als genug Arbeit für dich."

Engel verschluckte ihre Antwort.

Vater hatte nie etwas dagegen, wenn ich mir hier und dort ein wenig Zeit nahm.

Trotzig presste sie die Lippen zusammen und ging in die Schlafstube, um ihr Schultertuch aufzuhängen. Im Weggehen hörte sie Adam, der sich keine Mühe gab, leise zu sprechen.

„Die Kinder sind viel zu verwöhnt. Die Einzige, die gut arbeitet ist Grete. Es wird Zeit, dass sich das ändert. Sie brauchen dringend eine starke Hand, die sie das Arbeiten lehrt. Du solltest über eine erneute Heirat nachdenken."

Die nächsten Tage vergingen wie im Fluge. Adam scheuchte die Kinder von einer Arbeit zur nächsten. Jeden Abend plumpste Engel todmüde ins Bett und schlief wie ein Stein. Trotzdem bemerkte sie, wie liebenswürdig Adam mit ihrer Mutter umging. Er umschmeichelte sie, wo er nur konnte.

„Es ist bemerkenswert, wie gut du alles im Griff hast, Catharina."

„Ich habe das ja auch ein Vierteljahrhundert gemacht."

„Wenn ich es nicht besser wüsste, würde ich es dir nicht glauben, so jung wie du aussiehst."

„Süßholzraspler", flüsterte Engel. Sie sprach so leise, dass es nur die Kuh hörte, die sie grade molk. Auch Victor brummte mürrisch vor sich hin, als er wenig später auf das Flett kam. Er wollte sich seine belegten Brote für den Nachmittag abholen. Adam hatte ihm befohlen, jeden Tag nach der Schule die Rinder zur Weide zu treiben und Catharina ließ ihn niemals ohne reichlich Wegzehrung aus dem Haus. Sie sprang sofort auf und ging Victors Ränzel holen. Victor nutzte die Zeit und beklagte sich bei seinen Schwestern.

„Ich hasse Rinderhüten. Die blöden Viecher rennen immer so viel herum, dass ich schon ganz platte Füße hab. Wollt ihr mal sehen?"

Victor zerrte an seinem Schuh herum, aber Grete winkte ab.

„Lass die Schuhe an! Ich habe mir deine Füße heute morgen schon ange-guckt. Da ist nichts zu sehen. Stell dich nicht so an."

Engel schüttelte verständnislos den Kopf.

„Sei doch froh. Rinderhüten ist eine ruhige Aufgabe. Du kannst Weiden-flöten basteln, Vogelnester ausnehmen oder dir sonst was einfallen lassen. Ich wünschte, ich könnte mit dir tauschen."

Doch Victor blieb dabei, dass er das von Adam am meisten geknechtete Kind der Familie sei. Darüber musste Engel ein wenig lächeln.

„Wenn er wenigstens nicht wie ein aufgeplusterter Schwan herum stol-zieren würde. Was ist, wenn Mutter ihn heiratet?"

Mit dieser Frage ruinierte Maria Engels Stimmung endgültig. Grete mischte sich ein.

„Ich weiß gar nicht, was ihr habt. Adam ist ein hervorragender Verwal-ter. Er hat alles prima im Griff. Mutter kann sich in jeder Beziehung auf ihn verlassen. Für den Hof wäre es wirklich das Beste, wenn die beiden heiraten würden."

„Mag ja sein. Aber für uns wäre es jedenfalls das Beste, wenn er dahin gehen würde, wo der Pfeffer wächst."

Victor erhielt einen leichten Backenstreich von seiner ältesten Schwester. Zum Glück kam in diesem Augenblick Catharina wieder.

„Ich habe dir noch ein paar Pfannkuchen von gestern eingepackt, Victor. Sei nur schön vorsichtig und komm zurück, sobald es dunkel wird."

Wortlos schnappte sich Victor seinen Beutel und flitzte davon. Er vergaß sogar wegen der Ohrfeige zu weinen und darüber musste Engel beinahe schon wieder lächeln.

Einige Tage später, als das Frühstück fast beendet war, stand Adam auf.

„Wir haben euch etwas Wichtiges zu sagen."

Er streckte die Hand nach der Colona aus, die sich nun ebenfalls erhob.

„Catharina und ich werden noch diesen Sommer heiraten. Wir haben ge-stern Abend zusammen mit meinem Bruder die Eheberedung gehalten. Nun ist alles soweit geregelt."

Engel war entsetzt. Sie hatte fest damit gerechnet, dass ihre Mutter we-nigstens im Trauerjahr ledig bleiben würde. Auch Victor und Maria sahen unglücklich aus. Catharina merkte, dass ihren jüngeren Kindern dieser Gedanke nicht gefiel und versuchte die Entscheidung zu verteidigen.

„Adam kennt sich auf dem Hof gut aus und wenn im August die Ernte beginnt, werde ich seine Hilfe dringend brauchen. Ich kann mich in jeder Beziehung auf ihn verlassen."

„Wir werden uns prächtig verstehen. Nicht wahr, Prinzessin?"

Engel versuchte zu lächeln, aber es gelang ihr nicht.

Typisch, dass er nur mich anspricht. Ich hasse ihn.

Maria hielt die Augen gesenkt und Victor starrte wütend in die Reste seiner Milchsuppe. Nur Grete sah zufrieden aus. Adam bemerkte es nicht. Er zog einen Ring aus der Tasche und reichte ihn Catharina mit den Worten: „Düt giwe ick di to de Trüwwe." Catharina wiederholte die Worte und gab Adam einen Taler, das Trüwwestück.

„Bewahre es nur gut auf, sonst ist das ein schlechtes Zeichen für die Ehe", sagte die Großmagd. Adam nickte ihr freundlich zu.

„So weit, so gut. Wir werden also jetzt zum Grafen fahren und ihn um die Heiratserlaubnis bitten. Bis dahin ist Grete für alles verantwortlich."

Das ist der schlimmste Tag meines Lebens, dachte Engel. Sie hatte die meisten ihrer Aufgaben erledigt und sich heimlich hinter das Backhaus zurückgezogen. Dort saß sie auf einem Stein und haderte mit dem Schicksal. Eine schwache Hoffnung blieb ihr.

Vielleicht verbietet der Graf ja die Hochzeit. Er merkt bestimmt, dass Adam nur hinter dem Hof her ist. Immerhin ist Mutter beinahe doppelt so alt wie er. Das muss der Graf doch merken.

„Mach mal Platz."

Engel erschrak, aber es war nur Victor, der sie beiseite drängte. Er hatte Maria im Schlepptau.

„Jetzt muss ich bis an mein Lebensende Rinder und Kühe hüten."

„Und Engel darf sicher nicht mehr zum Lernen zu Johanna."

Die Kinder schwiegen bedrückt.

„Dabei hat Mutter gesagt, dass ich nun der Mann im Haus bin. Aber Adam hört gar nicht auf mich."

Engel versuchte etwas Gutes an der Situation zu finden.

„Vielleicht wird es ja gar nicht so schlimm. Immerhin ist Adam selbst Sohn eines Colon. Und arbeiten mussten wir bisher auch immer. Er wird sich schon noch etwas beruhigen."

Überrascht hielt Engel inne.

Wie komme ich eigentlich dazu, Adam zu verteidigen?

Als Engel die hoffnungsvollen Gesichter ihrer Geschwister sah, war die Antwort klar.

Wenigstens sind sie für den Moment getröstet. Und wer weiß, vielleicht ändert sich Adam ja wirklich noch.

In diesem Augenblick rief Philippina zum Mittagessen und die Kinder stürmten davon. Engel folgte ihnen langsam.

Engel erfand immer wieder neue Ausreden, um für eine Weile aus dem Haus gehen zu können. Sie wollte die erste sein, die Adam und Catharina heimkommen sah. Doch sie musste lange warten. Langsam wurde es dunkel und Engel hatte Grete überredet, eine Laterne für die Heimkehrenden anzuzünden. Als sie vor das Tor trat, um sie aufzuhängen, sah sie die Kutsche endlich auf den Hof rollen. Interessiert sah sie zu, wie Adam die müden Pferde ausspannte.

Wieso kommen die erst jetzt? Die armen Tiere sehen ja furchtbar aus. Und Mutter schläft schon fast!

„Steh da nicht so rum, Prinzessin. Hilf deiner Mutter vom Wagen und sieh zu, dass sie eine Tasse heißen Kaffee bekommt!"

Schnauz' mich nicht so an, dachte Engel gereizt, tat aber widerspruchslos, was Adam ihr befohlen hatte.

Catharina atmete tief durch, als sie endlich mit einer dampfenden Tasse auf ihrem Stuhl am Feuer saß.

„War das ein Tag!"

„Warum hat das so lange gedauert? War der Graf denn nicht da?"

Grete schüttelte verwundert den Kopf. Maria lehnte sich neben Victor an die Stuhllehne ihrer Mutter. Catharina lächelte, als sie die neugierigen Gesichter ihrer Familie auf sich gerichtet sah.

„Wir sind nach Osnabrück gefahren. Der Graf meinte, er sei für uns nicht mehr zuständig und wir wollten nicht zum Meyer gehen."

Inzwischen war auch Adam an den Herd getreten und hatte sich ebenfalls einen Kaffee eingeschenkt.

„Es ist unglaublich, wie viele Papiere man unterschreiben muss, wenn man von so einem Gericht etwas will."

„Und? Dürft ihr heiraten", fragte Grete. Es war das erste Mal, dass Engel ihre Schwester so neugierig erlebte. Catharina antwortete: „Das wissen wir noch nicht. Darüber muss das Gericht erst noch entscheiden."

Adam schnaufte abfällig.

„Dieser Kerl, dieser Rechtsanwalt, meinte, es könnte einige Zeit dauern. Er will uns die Antwort durch einen Boten schicken."

„So ein Quatsch. Das ist doch eine einfache Entscheidung." Die Großmagd schüttelte verwundert den Kopf.

Engel hätte gerne gewusst, wie lange sie auf die Antwort warten sollten, aber Catharina sprach schon weiter. „Außerdem hat uns Canzleirat Vezin darüber informiert, dass der Meyer behauptet wir hätten bei der Hofaufnahme letzten Monat betrogen."

„Stimmt doch auch", sagte Engel und grinste. Adam fand das gar nicht witzig.

„Das ist eine niederträchtig Lüge! Wir haben genau so gehandelt wie er, als sein Vater gestorben ist. Jeder Eigenbehörige handelt so wie wir, wenn der Colon stirbt."

Catharina legte ihm beruhigend die Hand auf den Arm, aber Adam redete weiter.

„Wir haben erst einmal eine neue Aufnahme beantragt."

Sofort begann ein heftiges Streitgespräch, das erst abriss, als es Zeit wurde ins Bett zu gehen.

Engel hatte erst ein paar Stunden geschlafen, als sie von einem leisen Geräusch geweckt wurde. Neugierig kletterte sie aus ihrem Durk und schlich sich mit nackten Füßen aufs Flett. Es war niemand zu sehen.

Vielleicht war es ja nur eine der Katzen.

Engel wollte schon wieder in ihr warmes Bett zurückkehren, als sie an der Seitentür zum Garten eine undeutliche Männerstimme hörte. Auf Zehenspitzen schlich sie näher, um nur ja kein Geräusch zu machen. Eine Frauenstimme bettelte: „Bleib bei mir. Heirate sie nicht!"

Durch den weit geöffneten oberen Teil der Tür konnte Engel die Magd Philippina sehen, die aufgeregt hin und her ging. Ihr weißes Unterkleid leuchtete im Licht des Mondes. Engel war empört. Wie konnte sie nur so schamlos sein.

„Du hast doch gewusst, dass es nicht für immer sein würde."

Der Mann saß offenbar auf der Bank hinter der Tür. Dort konnte Engel ihn nicht sehen, aber seine Stimme erkannte sie sofort.

„Bitte, Adam. Ich dachte, du liebst mich."

Adam seufzte genervt. „Das tue ich auch. Aber du kannst dir nicht vorstellen, wie es ist, genau zu wissen, dass du niemals einen eigenen Hof bekommen wirst. Dabei habe ich mir nie etwas anderes gewünscht. Und nun diese Chance. Es ist wahrscheinlich die einzige, die ich jemals bekommen werde. Das ist für mich wichtiger, als alles andere."

Engel zog sich noch leiser zurück, als sie gekommen war.

Wenn er mich bemerkt, bringt er mich wahrscheinlich um.

So schnell sie konnte, krabbelte sie wieder in ihr Bett.

Wem kann ich das nur erzählen? Wenn Klara mich doch nur verstehen könnte. Mit irgend jemandem muss ich einfach reden. Ob ich damit zu Mutter gehen kann? Vielleicht glaubt sie mir ja nicht.

Engel seufzte.

Ich werde es wohl einfach versuchen.

Sie schloss die Augen. Dennoch dauerte es einige Zeit, bis sie endlich wieder einschlief.

Während der nächsten Tage hatte Catharina keine Zeit für Engel. Sie besprach sich mit Gerhard Averbeck und Henrich Huckeriede, die oft vorbeikamen. Engel fand schnell heraus, dass es bei den Gesprächen meistens um das Gerichtsverfahren ging.

„Das zieht sich aber ganz schön lange hin", sagte sie zu Grete, die während Catharinas Besprechungen die Verantwortung für den Haushalt trug. „Man sollte doch meinen, dass ein Gericht so einen Fall schneller entscheiden kann."

„Das ist mir egal. Und du solltest dich lieber um deine Arbeit kümmern."

Übertrieben stöhnend schnappte sich Engel einen kleinen Weidenkorb und begann nach Eiern zu suchen.

„Guten Morgen, Prinzessin. Ausgeschlafen?"

Engel antwortete nicht, sah sich aber nach Adam um. Der Knecht rollte eine Schubkarre in den hintersten Verschlag im Stall. Er hatte die Rinder und das Milchvieh bereits ausgemistet, jetzt war der Donnerbalken dran. Engel grinste schadenfroh. Wenigstens ist das eine Arbeit, die er keinem von uns auf die Nase drücken kann, dachte sie.

„Engel, träum nicht! Die Arbeit macht sich nicht von selbst", rief Grete. Engel machte widerwillig weiter, denn sie musste noch das Futter für die Ferkel kochen. Nach dem sie die Eier bei Grete abgeliefert hatte, schüttete sie die Buttermilch des Vortages in den großen Kupferkessel. Die Großmagd half ihr, den schweren Topf an den Kesselhaken zu hängen. Zu der Buttermilch warf sie Essensreste, ein wenig Hafer und etwas Salz in den Kessel und ließ das Ganze aufkochen. Die Suppe war ein gutes Beifutter für die Ferkel. Es ließ sie fett und rosig werden.

Engel liebte die niedlichen schwarz-weißen Schweinchen. Sie sah ihnen zu gerne zu, wie sie im Frühling im Wald, nach Eicheln, Wurzeln, Insekten, Pilzen und Beeren suchten. Sie konnte kaum glauben, dass sie in nur zwei Jahren zu ordentlich dicken Schweinen wurden. Es tat ihr immer etwas leid, wenn die Tiere geschlachtet werden mussten.

Aber sie liefern nun einmal gutes Fleisch, noch dazu eine ganze Menge.

Als sie den großen Topf mit dem Grützhaken von Feuer ziehen wollte, hätte sie ihn beinahe zum Überschwappen gebracht. Zum Glück verhinderte die Verdickung im Griff, dass er zu sehr verrutschte. Immer noch in Gedanken griff Engel zu und verbrannte sich die Finger an dem heißen Griff. Also gab sie sich mehr Mühe, sich auf die anliegenden Arbeiten zu konzentrieren. Mit der kolen Hand hob sie den Kessel vom Feuer und stellte ihn vor der Milchkammer auf einem Bund Stroh ab. Dort würde das Futter auskühlen, bis Victor und Maria es am nächsten Morgen zu den Ferkeln brachten.

So gingen vier Wochen ins Land. Über der vielen Arbeit verlor Engel das Gefühl für Zeit. Sie stand morgens im Halbschlaf auf, erledigte ihre Pflichten und plumpste Abends todmüde wieder in ihren Durk. Dadurch hatte sie kaum Gelegenheit Adam zu beobachten. Ihre Aufgaben schienen ständig zahlreicher zu werden. Einzig die Tage an denen sie zum Webunterricht zu Huckeriedes ging waren vergleichsweise ruhig. Engel war so erschöpft, dass es sogar ihrem Onkel auffiel, als er am frühen Vormittag auf ein Bier ins Haus kam.

„Engelchen, du siehst grauenhaft aus. Leg dich jetzt sofort in einen der Durks und schlaf dich bis zum Ende der None anständig aus."

Engel protestierte halbherzig, aber Henrich Huckeriede setzte sich durch.

„Mädchen, heute ist der Gedenktag der Augsburger Konfession. Wir wollen uns darauf besinnen, was Luther für uns getan hat. Wer da arbeitet ist entweder katholisch oder selber Schuld. Sieh zu, dass du dich erholst. Nachher machen wir es uns noch ein wenig gemütlich."

Engel lächelte ihren Onkel dankbar an und schleppte sich in die Schlafkammer. Sie hatte grade noch genug Kraft die schwere Tracht auszuziehen und sich ins Bett zu legen.

Einige Stunden später wachte sie erfrischt wieder auf. Sie hörte Stimmen auf dem Flett. Schnell zog sie sich wieder an und ging hinaus. Die Heuerleute ihres Onkels, Knechte und Mägde, einige Nachbarn und die Familie saßen beisammen. Angela Huckeriede winkte ihrer Nichte zu, sich zu ihr zu setzen. Engel gehorchte und Henrich Huckeriede fuhr ungestört mit seiner Erzählung fort.

„Ich sag euch, damals war wirklich was los! Da waren die Meyer zu Schledehausen noch echte Männer."

Er schwieg einen Moment, um die Spannung zu steigern.

„Im Jahre unseres Herrn 1699, also vor fast genau 100 Jahren, ließ Vikar Busch den Lehrer Racer verhaften, weil er evangelischen Kindern evangelischen Unterricht erteilte. Busch verkaufte das Schulhaus und Racer wurde in Iburg ins Gefängnis gesteckt. Doch unsere Großeltern wollten ihre Kinder nicht zwingen, in eine katholische Schule zu gehen und so blieben die Kleinen daheim. Natürlich wollte niemand die Gemeinheit des Vikars auf sich sitzen lassen. Die Leute überlegten hin und her, aber niemandem fiel etwas Rechtes ein. Nur der damalige Meyer hatte einen Plan, von dem er aber niemandem etwas sagte. Vikar Busch hatte nämlich ein neues Schulhaus bauen lassen und genau dort traf ihn die Rache. Das neue Gebäude war auf dem Grund und Boden des Meyers gebaut worden. Er, nun gar nicht faul, befahl seinen Knechten und Heuerleuten es auseinander zu nehmen. Die Männer, alles Protestanten, arbeiteten so schnell, dass der herbeigerufene Vikar nur noch einen Berg von Balken vorfand. So musste der katholische Schulmeister beim Kaplan einziehen und auch dort Unterricht halten. Und auch wenn der Meyer 50 Taler Strafe zahlen musste, hat er den Katholischen gezeigt, dass sie mit uns nicht einfach alles machen können. Übrigens verkaufte er das Haus später für 80 Taler!"

Die Anwesenden lachten beifällig. Nur Engel blieb still.

Warum müssen wir Menschen immer so stur sein, fragte sie sich. Wenn beide Seiten ein wenig duldsamer miteinander umgehen würden, hätten wir wahrscheinlich längst unsere eigene Kirche.

So verging der Abend mit launigen Geschichten. Engel lauschte fasziniert, obwohl sie die meisten Erzählungen schon kannte. Als es draußen dunkel wurde und die Anwesenden aufbrachen, sattelte Huckeriede sein Pferd und brachte Engel nach Hause.

Der nächste Tag begann mit neuen Aufgaben. Engel sollte im Garten Unkraut jäten, Maria war nun für das Kochen des Schweinefutters zuständig und Victor musste den Rindern und Kühen noch vor der Schule frisches Stroh in die Ställe streuen.

„Arbeit, Arbeit, Arbeit... immer nur Arbeit. Was anderes fällt Adam nicht ein."

Victor murrte, Maria schwieg und Engel seufzte. Nur Grete war fröhlich.

„Habt euch nicht so. Seit Adam den Hof führt, ist alles ordentlicher und besser."

Engel, die grade die leinene Haube mit dem langen Nackenschutz umband, war empört.

„Hast du völlig vergessen, wie Vater war? Vielleicht hatten wir nicht so viel Geld, aber insgesamt war es besser. Was nützen Ordnung und Geld, wenn man keine Sekunde freie Zeit mehr hat. Bei Vater durften wir ab und an mal eine halbe Stunde etwas anderes machen. Adam behandelt uns wie Arbeitstiere!"

Wütend wendete sich Engel ab und stürmte aus dem Haus. Sie schnappte sich die Hacke, rannte in den Garten und begann Unkraut zu jäten.

Wie kann Grete nur so zu Adam halten. Sieht sie denn nicht, was er mit uns macht? Victor ist drauf und dran ihn zu hassen und bei mir ist es auch schon fast soweit. Und Maria? Die hat schon immer wenig geredet, aber jetzt traut sie sich gar nicht mehr den Mund aufzumachen. Und wenn er Mutter heiratet, werden wir ihn nie wieder los.

„Blödes Zeug. Wächst schneller, als man dagegen an rupfen kann."

Wütend hackte sie Löwenzahn, Melde, Franzosenkraut, Gräser und andere unerwünschte Pflanzen ab. Langsam wanderte die Sonne und der Vormittag verging. Engels Wut verrauchte. Als sie sich schließlich aufrichtete und reckte, sah sie eine bekannte Gestalt die Hofeinfahrt hinauf reiten.

Friedrich, du kommst wie gerufen!

Fröhlich ging sie zum Haus zurück und wartete auf den Untervogt. Wortlos nahm sie Trudes Zügel und band das Pony an. Friedrich faltete sich auseinander und gab ihr die Hand.

„Wie schön, sie wiederzusehen."

„Waren wir nicht schon beim »du«?"

Engel lächelte schelmisch und Friedrich wurde rot.

„Na ja, ich war mir nicht mehr ganz sicher."

„Komm doch rein. Es ist bestimmt noch Kaffee da. Du kannst aber auch ein Bier bekommen. Das ist bei der Hitze bestimmt angenehmer."

Engel zog Friedrich hinter sich her in das wohltuend kühle Innere des Hauses und sauste los, um ihm etwas zu Trinken zu holen. Friedrich begrüßte Catharina, die wie immer an ihrem Platz am Herd saß und die Mägde beaufsichtigte. Engel kam zurück und drückte ihm einen Krug mit kaltem Bier in die Hand. In diesem Augenblick betrat Adam das Flett durch eine Seitentür. Als er Reesmann sah, verdunkelte sich sein Blick.

„Was wollen sie denn hier?"

Engel zog sich auf die Diele zurück und tat so als müsse sie auf den Donnerbalken. Sie hatte Glück. Adam sah über sie hinweg.

„Ich dachte für die nächste Hofaufnahme käme der Vogt persönlich."

Friedrich streckte seine lange Gestalt und sah auf den Großknecht hinab.

„Das wird er auch tun. Ich bin geschickt worden, um sie zum übernächsten Donnerstag, dem vierten des Monats Juli, vor die Land- und Justizcanzlei zu laden."

Engel unterdrückte ein Kichern. So gekünstelt hatte sie Friedrich noch nie reden hören.

„Verhandelt wird in der Gerichtssache Waldmann kontra Langelage. Verlesen wird die Aussage der werten Sophia Charlotte von Münchhausen verwitwete Gräfin von Münster, deren ehrwürdiges Alter es ihr verbietet, persönlich anwesend zu sein. Die ehrenwerten Richter erwarten, dass die Kläger vollständig erscheinen, soweit sie gewillt sind, den Prozess weiter zu führen."

Adam runzelte die Stirn.

„Müssen sie uns so herum kommandieren? Können sie uns nicht freundlich fragen, ob wir Zeit haben? Es ist ja nicht so, als ob wir nichts zu tun hätten!"

„Ich habe nur ausgerichtet, was mir aufgetragen war."

Adam schnaufte abfällig. Friedrich kippte den Rest seines Bieres hinunter, wandte sich wortlos ab, verabschiedete sich von Catharina und ging. Engel huschte hinter ihm her aus dem Haus und griff nach seinem Arm.

„Sei nicht böse."

„Ich habe es nicht nötig, mich beleidigen zu lassen."

„Das macht er mit uns auch nicht anders. Vermutlich ist er genervt, weil er immer noch keine Heiratserlaubnis hat."

„Das ist kein Grund mich so zu behandeln. Ich hätte ihm die Nachricht nicht einmal selber bringen müssen. Für so etwas haben wir Boten."

Engel war überrascht.

„Und warum bist du dann gekommen?"

Sie sah Friedrich neugierig an. Der junge Mann nahm die Mütze ab und drehte sie verlegen in den Händen.

„Ich wollte... Ich dachte, es wäre nett, dich wiederzusehen."

Vor Überraschung entging Engel, dass Friedrichs Ohren feuerrot brannten. Reesmann stülpte seine Mütze zurück auf den wirren Haarschopf und band Trude los. Endlich fing sich Engel wieder.

„Aber warum ausgerechnet mich?"

„Wir haben uns auf der Suche nach Trude so nett unterhalten. Und... Na ja... das passiert mir nicht so oft. Die meisten Mädchen interessieren sich nicht für das, was ich sage."

Engel schüttelte den Kopf über so viel Unverstand.

„Dumme Gänse! Dabei kann man mit dir so gut reden."

Engel nahm Trudes Zügel und führte sie vom Hof. Friedrich folgte ihnen glücklich lächelnd.

„Ich war im Nachhinein auch ganz zufrieden damit, dass jemand bei meinem letzten Besuch Trude losgebunden hat."

Engel blieb überrascht stehen.

„Das hast du gemerkt?"

„Wenn Trude ihren Zügel zerbeißt, sieht das anders aus."

Friedrich bemerkte, wie besorgt Engel aussah. Er nahm sie beim Arm und sie gingen weiter.

„Nur keine Sorge. Ich habe niemandem davon erzählt."

„Dann weißt du also auch..."

„Natürlich. Ihr seid schließlich nicht die einzigen, die sich so etwas einfallen lassen."

Engel dachte angestrengt nach. Friedrich konnte offensichtlich schweigen.

Ob er der Richtige ist, um über Vaters Tod zu reden? Immerhin weiß er schon, dass mir etwas merkwürdig vorkommt.

Sie sah ihn forschend an. Friedrich grinste.

„Jetzt hätte ich über der unfreundlichen Begrüßung beinahe vergessen, dass ich euch warnen wollte. Am Donnerstag will der Vogt zu euch kommen, um die von deiner Mutter beantragte Hofaufnahme zu machen."

„Du meinst morgen?"

„Stimmt, morgen ist ja schon Donnerstag. Ihr solltet besser vorher alles wegräumen, was beim letzten Mal nicht da war. Es würde sonst auffallen."

Engel lachte fröhlich.

„Friedrich, du bist ein Schatz. Ich sage Mutter gleich bescheid."

Stürmisch umarmte sie den Untervogt, drückte ihm Trudes Zügel in die Hand, drehte sich um und rannte davon. Friedrich sah ihr überrascht nach.

Der Rest des Tages verlief hektisch. Alle packten mit an, so dass die wertvollsten Güter am frühen Abend wieder bei den Nachbarn untergebracht waren. Engel und Victor zogen den letzten vollbepackten Handwagen den Berg hinauf zu Rahenkamp, als ihnen Hinrich Dorsch entgegen kam. Der Heuermann war ausnahmsweise guter Laune und nüchtern.

„Wohin des Weges? Soll ich mit anfassen?"

Victor winkte ab.

„Nicht nötig. Wir sind eh' gleich da."

„Na, dann eben nicht. Ich muss sowieso noch aufräumen."

Engel lächelte. Sie konnte sich Hinrich Dorsch nicht als Hausmütterchen vorstellen.

„Lach nicht. Klara bringt einen Verehrer mit. Da muss doch alles ordentlich sein."

„Klara hat einen Liebsten?"

„Meine Klara doch nicht! Der Junge umschwärmt sie nur."

Victor grinste, verschränkte die Arme und tat so, als wiege er einen Säugling.

„Und schwups, bis du Großvater."

Hinrich Dorsch wurde schlagartig wütend.

„Pass bloß auf, was du sagst. Meine Klara ist nicht so eine!"

Engel war vor Schreck wie gelähmt und Victor wich erschrocken zurück.

„Hey, schließlich kennen sie den Jungen noch nicht mal."

„Aber meine Klara kenne ich. Sie würde nie etwas tun, worauf ich nicht stolz sein könnte. Also pass' nur gut auf, was du sagst!"

Dorsch hielt Victor drohend die Faust unter die Nase. Der Junge hielt vor Angst die Luft an. Nach einer Weile drehte sich der Heuermann um und stampfte zu seinem Haus zurück. Victor atmete erleichtert aus.

„Mannomann, wird der schnell wütend."

Engel entspannte sich wieder und fasste den Griff des Handwagens fester. Wortlos zog sie ihn weiter bergauf und wenig später packte auch Victor wieder zu.

Am nächsten Morgen wurde Engel von Adams Stimme geweckt, die laut und wütend durch das Haus schallte.

„Unverschämtheit! Einen hart arbeitenden Menschen so früh am Morgen zu wecken!"

Eine ruhiger und bestimmter Bass antwortete ihm.

„Nun beruhigen sie sich erst einmal. Es ist schließlich meine Aufgabe früh und unerwartet zu kommen. Wir wollen doch nicht, dass noch vor dem Frühstück kostbare Vermögenswerte verschwinden."

Der Vogt ist da, dachte Engel. Hoffentlich hat er Friedrich mitgebracht. Sie sprang aus dem Durk und zog sich schnellstens an. Wenig später stand sie am Herd und kochte den Anwesenden Kaffee. Nach und nach kamen auch die anderen Hausbewohner aus ihren Zimmern und erledigten ihre morgendlichen Aufgaben. Der Vogt ging mit Adam und den beiden Zeugen über den Hof, um sich einen ersten Eindruck zu verschaffen. Als sie zum Frühstück aufs Flett zurückkamen, hörte Engel den Vogt sagen: „Sie wissen doch, dass mir Meyer die Hölle heiß gemacht hätte, wenn ich später gekommen wäre. Er will sicher gehen, dass diesmal alles rechtens ist."

„Das war es beim letzten mal auch schon!"

„Selbstverständlich. Schließlich habe ich ihnen meine beiden besten Männer geschickt. Aber was soll ich machen. Mir geht es schon seit geraumer Zeit nicht besonders gut. Ich gehe am dreißigsten des nächsten Monats nach Pirmont zum Brunnen ab."

Der Vogt seufzte und streckte sich. Dann setzte er sich an den Frühstückstisch. Engel und Grete begannen Brot und Milchsuppe auszuteilen. Als Engel dem Vogt Kaffee einschenkte, zwinkerte er ihr freundlich zu. Engel lächelte. Natürlich kannte sie ihn vom Sehen, hatte aber noch nie mit ihm gesprochen. Sie fand, dass die stattliche Baßstimme gar nicht zu dem zierlichen Mann passte, dessen Haare sich bereits zu lichten begannen. Trotzdem strahlte er Ruhe und Selbstsicherheit aus. Während des Essens beobachtete Engel ihn heimlich. Auch Adam behielt sie im Auge. Der Knecht unterhielt sich entspannt. Seine Gelassenheit verwirrte Engel.

Wenn er etwas mit Vaters Tod zu tun hätte, müsste er doch wenigstens ein kleines bisschen unruhig sein. Immerhin ist der Vogt auch gleichzeitig Oberhaupt der Polizei.

In diesem Moment ging die Tür auf der Hofseite auf und Friedrich kam herein. Neben ihm ging ein älterer Mann, der in Aussehen und Kleidung einem Graureiher glich. Unter dem linken Arm trug er ein Schreibbrett und in der rechten Hand einen Kasten mit Feder und Tinte. Der Vogt stand erfreut auf.

„Ah, mein Schreiber ist da, dann können wir ja anfangen."

Er gab Friedrich einen Wink, worauf der Untervogt durch das Dielentor verschwand. Engel nahm einen Wassereimer und ging zur Seitentür hinaus. Sie sah sich um. Es war niemand zu sehen.

Das ist die Gelegenheit! Ich muss mit Friedrich reden, bevor er wieder nach Schledehausen reitet.

Sie stellte den Eimer auf die Bank neben der Tür und lief dem Untervogt nach, der seltsamerweise zu Fuß den Berg hinauf ging. Sie erreichte ihn, als er den Hof des Heuerhauses betrat. Friedrich war nicht besonders erfreut darüber.

„Du wärst besser unten geblieben, Engel. Das hier ist nicht besonders angenehm. Sei so gut und geh nach Hause."

Er betrat das kleine Haus und Engel wartete ungeduldig auf seine Rückkehr. Sie konnte Hinrich Dorschs Stimme hören, die langsam immer lauter und weinerlicher wurde. Wenig später kam Friedrich wieder ins Freie. Er zog Dorschs magere Ziege hinter sich her. Der Heuermann hing an ihrem Schwanz und versuchte sie ins Haus zurück zu zerren. Das Tier schrie vor Schmerzen.

„Das können sie doch nicht tun. Das ist doch unsere einzige Ziege!"

Friedrich presste die Lippen fest zusammen. Engel konnte sehen, dass er nur ungern so hart war.

„Was ist denn los?"

Hinrich Dorsch sprang behände hinter der Ziege hervor und griff nach Engels Händen.

„Engel, Kind, lass nicht zu, dass er die Ziege mitnimmt. Wir haben doch sonst nichts. Wovon sollen wir leben?"

Friedrich knirschte mit den Zähnen."

„Du wärst besser nicht dageblieben."

Hinrich zerrte an Engels Händen.

„Tu doch was, Mädchen. Tu es für Klara!"

Engel holte tief Luft und schrie: „Was los ist, will ich wissen!"

Friedrich und Hinrich Dorsch antworteten gleichzeitig.

„Steuerpfändung."

Engel griff zwischen die Falten ihres Rocks und zog wortlos ihren Geldbeutel hervor. Normalerweise lag er gut verwahrt in einer der großen Kisten im Schlafzimmer, aber wegen der Hofaufnahme hatte sie ihn lieber an sich genommen. Darin war alles Geld, das sie gespart hatte. Es stammte zum größten Teil von ihren Eltern und ihrer Patin, die es ihr zu besonderen Gelegenheiten geschenkt hatten.

„Was schuldet er?"

„Zwei Taler an Steuern und drei Schilling extra für die Pfändung."

Friedrich war es sichtlich unangenehm, als Engel ihm das Geld auf die Hand zählte. Hinrich Dorsch hingegen griff triumphierend nach dem Strick der Ziege und zerrte sie zum Haus zurück. Engel schnauzte ihn an.

„Du hättest dich wenigstens bedanken können!"

Sie hakte sich bei Reesmann ein und verließ erhobenen Hauptes den Heuerhof. Dorsch starrte ihr mürrisch nach.

Engel zog Friedrich den Berg hinauf, an Rahenkamps Hof vorbei in den Wald. Sie kannte dort einen umgefallenen Baum, der zum Sitzen wie geschaffen war.

„Wo wollen wir denn hin?"

„Ich muss mit dir reden und auf dem Hof kann ich das nicht."

Engel zog Friedrich zu dem Baumstamm, auf den sich beide setzten.

„So, hier sind wir ungestört. Du hast doch noch ein wenig Zeit, oder?"

„Für dich... Immer!"

Engel wurde rot.

Versucht er etwa mit mir zu tändeln? Oder meint er es nur so, wie Adam sein „Prinzessin"?

Sie sah den Weg entlang und versuchte, ihre Gefühle unter Kontrolle zu bekommen. Friedrichs Nähe brachte sie ganz durcheinander.

Der Untervogt schien Engels Verwirrung nicht zu bemerken. Dafür sprach er genau das an, was Engel die ganze Zeit mit ihm besprechen wollte.

„Ich habe mich gründlich umgehört. Als dein Vater starb, waren ein Kesselflicker und eine Gruppe Zigeuner in der Gegend. Es wird allerdings schwer, sie zu finden. Sie ziehen fort, wie Schwalben im Herbst."

Engel war gleichzeitig traurig und erleichtert, dass Friedrich sie nicht weiter neckte.

Jetzt reiß dich zusammen, befahl sie sich und atmete ein paar Mal tief durch. Anschließend beachtete sie den Tumult ihrer Gefühle nicht länger. Zaghaft versuchte sie ihre Gedanken über den Tod ihres Vaters in Worte zu fassen.

„Ich bin mir nicht einmal sicher, ob es nicht doch ein Unfall war. Alles ist so verschwommen."

„Etwas hat dich aber auf den Gedanken gebracht, dass das mit dem Unfall vielleicht nicht stimmt."

„Es ist nur so ein Gefühl."

„Manchmal sind Gefühle die besten Ratgeber."

Engel versuchte zu erklären, was ihr merkwürdig vorkam.

„Ich kann nicht verstehen, warum der Apotheker sagt, dass Vater sofort tot gewesen sei. Ich habe noch mit ihm gesprochen und seine Hand gehalten. Er blutete zwar, aber er war nicht tot. Da bin ich mir ganz sicher."

„Kann es sein, dass er sich geirrt hat? Apotheker sind nicht allwissend."

„Ich glaube nicht. Ich habe noch nie erlebt, dass er sich geirrt hätte. Aber vielleicht ist Vater ja noch einmal auf die Leiter gestiegen und dann erst tödlich verunglückt."

„Welchen Grund hätte er dafür gehabt? Menschen tun nie etwas ohne Grund."

„Er wollte Adam den Spaten aufs Bett legen."

Friedrich schüttelte den Kopf.

„Ich glaube kaum, dass er nach einem solchen Sturz noch einmal die Leiter hinaufgestiegen wäre. Er hätte Adam den Spaten auch später geben können. Nein, wenn er noch einmal hinaufgestiegen sein sollte, hatte er einen viel wichtigeren Grund."

„Aber welchen?"

„Ich weiß es nicht."

Plötzlich hatte Engel einen Einfall.

„Wenn er noch einmal auf die Leiter gestiegen ist, hätte doch Blut daran sein müssen. Immerhin hatte er eine starke Platzwunde am Kopf."

„Das wäre zumindest recht wahrscheinlich. Sollen wir sie untersuchen gehen?"

Engel schüttelte den Kopf.

„Das habe ich schon getan, wenn mir auch nicht klar war warum. Die Leiter war ganz und gar sauber. Na ja, so sauber eine benutzte Leiter eben sein kann."

Friedrich schwieg nachdenklich und Engel beobachtete ihn. Sie war dankbar, dass sie mit ihrem Verdacht nicht länger allein war. Friedrich rieb sich nachdenklich das Kinn.

„Irgend etwas ist faul an der Sache. Ich kann nur leider nicht sagen was."

Engel nickte zustimmend.

„Das Gefühl habe ich auch. Ich wüsste zu gern, was wirklich passiert ist."

„Wir müssen zuerst feststellen, ob es ein Unfall war, oder nicht."

Friedrich umschloss Engels Hände mit seinen Pranken und sah ihr tief in die Augen.

„Überlege einmal ganz genau! Hast du etwas gesehen oder gehört, das deinen Verdacht bestärken oder widerlegen kann?"

Engel schloss die Augen. Noch einmal durchlebte sie die schrecklichen Sekunden nach dem Sturz. Dabei liefen ihr Tränen über die Wangen. Stockend schilderte sie ihre Erinnerungen. Friedrich unterbrach sie immer wieder, um nach Einzelheiten zu fragen.

„Hast du deinen Vater nach dem Sturz bewegt?"

„Nein. Er lag auf dem Rücken sah mir direkt ins Gesicht. Er erkannte mich auch und sprach mit mir. Er drückte mir sogar die Hand."

Schließlich fiel Engel etwas ein, dass sie schon fast vergessen hatte.

„Er wurde bewusstlos und ich sprang auf, um Hilfe zu holen. Dabei bin ich über den ollen Spaten gestolpert. Aber er lag ein ganzes Ende von Vater weg."

Engel öffnete die Augen und sah Friedrich an. Er nickte bedächtig, hielt ihre Hände aber immer noch fest. Engel war verwirrt. Sie entzog ihm eine Hand und wischte sich mit dem Ärmel ihres Kleides die Tränen ab.

„Noch nicht zufrieden?"

„Du beschäftigst dich zu sehr mit der eigentlichen Tat. Was ist mit der Zeit danach? Wie war zum Beispiel die Beerdigung?"

Engel schloss die Augen wieder und versuchte sich zu erinnern.

„Ich weiß es nicht mehr so genau. Es ist alles so verschwommen."

„Versuch es mit etwas Einfachem. Mit wem bist du zur Kirche gegangen?"

Engel überlegte angestrengt.

„Ich glaube mit Grete. Ich saß jedenfalls im Gottesdienst neben ihr."

„Mit wem warst du im Gasthaus?"

„Da war ich allein. Ich bin auch nicht lange geblieben."

„Und beim Leichenschmaus? Wer saß da neben dir?"

„Rahenkamp. Er war schon leicht angetrunken. Er erzählte mir später, dass er ganz geschockt war, als er Vater mit dem Gesicht im Dreck liegend fand. Er..."

Friedrich unterbrach sie.

„Moment mal! Hast du mir nicht grade erzählt, dass du Ludwig auf dem Rücken liegend zurückließt?"

Engel riss die Augen auf und starrte Friedrich überrascht an.

„Stimmt! Aber Rahenkamp war nur wenige Minuten nach dem Sturz bei Vater."

„Genügend Zeit zum Sterben."

Engel und Friedrich sahen einander an. Noch immer glitzerten Tränen an Engels langen Wimpern. Friedrich strich sie vorsichtig mit dem Zeigefinger der rechten Hand fort.

„Ich glaube es wäre möglich, dass du recht hast. Vielleicht ist dein Vater wirklich nicht an einem Unfall gestorben. Es gibt genügend Hinweise, die dagegen sprechen. Für eine offizielle Ermittlung reicht es allerdings nicht. Ich werde mich aber trotzdem weiter nach den Zigeunern und dem Kesselflicker umhören."

Engel zog ein Taschentuch aus ihrem Beutel und putzte sich die Nase. Sie sah Friedrich herausfordernd an.

„Ich glaube aber nicht, dass es Fremde waren. Das hat jemand getan, den Vater gut kannte."

Friedrich schüttelte lächelnd den Kopf.

„Ziehe bitte keine voreiligen Schlüsse. Wir müssen in Ruhe alles beobachten und Hinweise sammeln. Erst wenn wir eindeutig beweisen können, dass dein Vater getötet wurde, können wir eine offizielle Untersuchung eröffnen. Dann erst darf ich Verdächtige befragen. Bis dahin müssen wir sehr vorsichtig sein."

„Warum ist das alles bloß so umständlich."

„Es soll niemand fälschlich beschuldigt werden. Du musst eben Geduld haben."

„Ich kann aber nicht untätig herumsitzen."

Engels trotzige Mine machte deutlich, dass Geduld nicht zu ihren starken Seiten gehörte.

„Das sollst du auch gar nicht. Wenn es dir recht ist, können wir beide den Fall untersuchen, bis wir ein paar wirkliche Beweise haben."

Engel sah Friedrich dankbar an. Mit einem Mal stand der Untervogt auf und reichte ihr die Hand.

„Jetzt sollten wir uns aber schleunigst auf den Heimweg machen. Deine Mutter wird sich bestimmt schon wundern, wo du so lange bleibst und der Vogt vermisst mich sicherlich auch schon."

Engel ließ sich auf die Beine helfen und schweigend gingen sie den Berg hinab.

Engel und Friedrich hatten Glück. Da der Vogt diesmal besonders gründlich vorging und jeden einzelnen Gegenstand aufschreiben ließ, hatten alle so viel zu tun, dass sie das Fehlen der beiden gar nicht bemerkt hatten. So unauffällig wie möglich gesellte sich Friedrich zum Vogt und Engel kehrte zu ihren Aufgaben zurück.

Gegen Abend hatte der Vogt alles gezählt. Als Engel den Tisch für das Abendessen deckte, beobachtete sie wie die beiden Zeugen das Verzeichnis unterschrieben. Die Liste der Besitztümer war dreimal so lang, wie die der ersten Hofaufnahme. Engel schauderte.

Nur gut, dass ich diesmal nicht schreiben musste. Ich hätte bestimmt wunde Finger.

Victor gesellte sich zu ihr. Er sah wütend aus.

„Den ganzen Tag musste ich für Adam hin und her rennen. Aber es nimmt ja niemand Rücksicht auf mich. Wenn der Vogt außer Sicht ist, schickt uns dieser Sklaventreiber wahrscheinlich gleich noch los, um die Sachen zu holen."

Doch Victor irrte sich. Adam ließ einige Tage ungenutzt ins Land ziehen. Zuerst wunderte sich Engel warum. Doch als ein Bote des Vogts wie zufällig vorbeikam und um einen Kaffee bat, wurde es ihr schnell klar. Erst als er wieder verschwunden war, befahl Adam die ausgelagerten Sachen zurückzuholen.

Genau eine Woche nach der Hofaufnahme durch den Vogt machte sich Catharina früh am Morgen fertig, um mit Henrich Huckeriede nach Osnabrück zu fahren. Adam spannte das Pferd vor den Wagen, mit dem er die Colona zum Hof ihrer Schwester bringen würde. Engel legte ein paar Decken auf die Sitze, denn es war kühl und regnerisch. Sie schmollte.

Ich darf bloß nicht mit, weil Adam das nicht will.

Sie versuchte sich das Gericht vorzustellen. Doch obwohl Ludwig es ihr beschrieben hatte, träumte sie sich das meiste zusammen.

Bestimmt sitzen die Richter an einem großen, schön geschnitzten Holzpult. Mutter wird zwischen Canzleirat Vezin und Onkel Huckeriede sitzen, möglichst weit weg vom Graf und vom Meyer mit ihren Anwälten. Ach, ich wünschte ich wäre dabei.

„Prinzessin! Steh da nicht rum!"

Engel sah Adam wütend an und ging ins Haus zurück.

Immer muss er mich scheuchen.

Catharina kam ihr entgegen. Der Regenumhang verhüllte sie und die graue Nebelhaube schützte die zarte Spitze der Trachtenhaube darunter vor Feuchtigkeit. Auf Engel wirkte die Kappe, wie ein Trauervogel, der sich auf einem schwarzen Berg niedergelassen hatte. Catharina sah sie forschend an.

„Zieh nicht so ein mürrisches Gesicht. Du weißt doch, dass Grete auf deine Hilfe angewiesen ist, besonders wenn die Mägde nach dem Frühstück zum Krauten auf die Felder gehen. Und passe mir gut auf Victor auf. Pack ihm auf alle Fälle genug zu Essen ein, wenn er am Nachmittag auf die Weide geht."

Engel nickte.

„Am liebsten würde ich ihn ja mitnehmen, aber er würde sich zu Tode langweilen. Außerdem würde er vermutlich stören. Es fällt ihm ja schon in der Kirche schwer still zu sitzen. Versprich mir, dass du gut auf ihn achtest."

Catharina umarmte Engel kurz und verließ dann das Haus, um den Wagen zu besteigen. Wenig später kam Victor angerannt. Im Vorbeilaufen trat er heftig gegen einen Melkeimer. Philippina hatte ihn auf der Diele abgestellt, damit Engel ihn in die Milchkammer tragen konnte. Durch den Tritt kippte der Eimer um und die Milch verteilte sich weiß und schäumend auf der Diele. Victor lachte schadenfroh. Engel war empört.

„Victor! Die gute Milch!"

Victor lachte und rannte an ihr vorbei.

„Das sollte mal jemand mit Adam so machen!"

Maria, die ihm gefolgt war, sah Engel entschuldigend an.

„Er ist wütend, weil Mutter Adam die Verantwortung für den Hof übertragen hat."

„Trotzdem sollte er sich beherrschen. Aber nun lauf, sonst fahren sie ohne dich los."

Engel umarmte ihre Schwester kurz, aber heftig. Maria erwiderte die Umarmung und rannte hinter Victor her, denn die Kinder fuhren bis zur Schule mit. Engel lächelte versöhnlich und ging an die Arbeit.

Catharina wurde von Henrich Huckeriede rechtzeitig zum Abendessen zurück gebracht. Erschöpft hängten sie die durchgeweichten Regenmäntel in der Nähe des Herdes zum Trocknen auf. Ihre Kleidung dampfte feucht. Müde ging Catharina zum Tisch und ließ sich auf ihren Platz fallen. Wortlos reichte Engel ihr eine Tasse heißen Kaffee, den sie in kleinen Schlucken trank. Auch Henrich setzte sich und bekam einen Kaffee.

„Das tut gut. So ein Sauwetter!"

Catharina lächelte.

„Damit passt das Wetter sehr gut zu unserem Prozess."

„Ich dachte, wir gewinnen", rief Victor überrascht. Huckeriede schnaufte verächtlich.

„Dazu kann man jetzt noch nichts sagen. Der Meyer hat nämlich neue Zeugen benannt. Dabei haben einige von denen mit der ganzen Sache gar nichts zu tun. Sie sollen nur unseren guten Ruf vernichten."

Catharina sah Adam an.

„Es wurde auch über unseren Antrag auf Heirat beraten."

„Und?"

„Eine Entscheidung soll spätestens bis zum Ende des Monats vorliegen."

Der Knecht schüttelte ungläubig den Kopf und seine Stimme triefte vor Sarkasmus.

„Ich hätte nie gedacht, dass die so schnell arbeiten!"

Huckeriede lachte dröhnend. Dann wurde er wieder ernst.

„Was dem Ganzen jedoch die Krone aufsetzt, ist die Aussage der Gräfin. Dabei war sie nicht einmal persönlich anwesend. Ihre Aussage wurde nur vorgelesen."

„Reg' dich nicht auf, Henneken. Als Mutter will sie ihren Sohn nur beschützen."

„Und dafür lügt sie?"

Grete fragte, was sie denn gesagt hätte und Catharina antwortete bevor sich Henrich Huckeriede zu sehr aufregen konnte.

„Sie behauptet, dass wir damals nicht auf Langelage gewesen wären. Das ist natürlich gelogen. Wir haben sie an jenem Tag in der Küche getroffen."

Engel erinnerte sich noch gut an die Begeisterung mit der ihre Mutter diese Begegnung beschrieben hatte.

„Aber Onkel Henrich kann das doch bezeugen."

Adam blickte grimmig über den Tisch und griff nach dem Salzschälchen.

„Wahrscheinlich glauben die Richter ihr trotzdem mehr, als uns. Schließlich ist sie eine »Von und Zu«."

Catharina lächelte ihn besänftigend an.

„Wir werden eben auch noch ein paar Zeugen vorschlagen."

Huckeriede schlug mit der Faust auf den Tisch.

„Jedenfalls werden wir uns nicht unterkriegen lassen."

Engel seufzte genervt. Jetzt würde sich das Gespräch den ganzen Abend nur um das Gerichtsverfahren drehen. Sie beschloss, möglichst bald zu Bett zu gehen.

Tag für Tag wartete Engel auf Friedrich. Um sich abzulenken, arbeitete sie mehr als sonst. Der Juli verglühte und auch der August begann heiß. Trotzdem war es ein gutes Jahr für die Bauern und die Getreide und Leinfelder wogten in einer leichten Sommerbrise. Die Kinder sammelten Blaubeeren und Himbeeren als willkommene Abwechslung für den Mittagstisch. Der Überschuss wurde getrocknet oder zu Marmelade verarbeitet. Auch der Flachs war reif und tagelang waren alle verfügbaren Hände mit der Ernte beschäftigt. Die Männer schnitten leicht versetzt zueinander die kräftigen Halme, die Frauen gingen hinterher und banden Garben daraus. Schließlich wurde Garbe um Garbe auf Wagen verladen und auf den Hof gefahren. Victor und Maria liebten es, auf der hoch aufgetürmten Fracht mitzufahren. Engel arbeitete ohne große Unterbrechungen. Sogar in der Mittagspause fand sie etwas zu tun. Als das letzte Flachsfeld gemäht und gebunden war, wurde sie von Adam nach Hause geschickt, um Catharina zu entlasten.

Engel fegte den Hof, als Adam den schwer beladenen Wagen vor die große Scheune lenkte. Wortlos schnappte sie sich eine Forke und begann den Flachs abzuladen. Es dauerte eine ganze Weile, bis auch die beiden daheim gebliebenen Mägde vom Flett kamen und mit anpackten. Doch dann war der Wagen im Handumdrehen leer. Adam war zufrieden.

„Nur noch eine Fuhre, dann ist alles drin."

Er sah Engel direkt ins Gesicht.

„Prinzessin, du hast in den letzten Wochen sehr gut mitgearbeitet. Ich bin richtig stolz auf dich. Nimm dir den Nachmittag frei. Den Rest schaffen wir schon alleine."

Engel war fassungslos.

Was ist denn mit dem los? Hat er einen Hitzschlag?

Sie sah den Knecht misstrauisch an. Adam lächelte ihr zu. So schnell sie konnte, rannte sie vom Hof.

Frei! Endlich mal wieder frei. Ich könnte zum Teich laufen und schwimmen, oder mich im Wald gemütlich in den Schatten setzen.

Glücklich streckte Engel die Arme der Sonne entgegen. Plötzlich hatte sie eine Idee.

Viel besser! Ich werde nachsehen, wo Friedrich bleibt.

Sie beschleunigte ihren Schritt und schlug den Weg ins Dorf ein. Als sie an Volberts Hof vorbei war, sah sie sich um. Es war niemand zu sehen. Erleichtert hob sie die Säume ihres Kleides und des Unterrocks an und stopfte sie in den Bund. So waren wenigstens die Füße und Waden frei und der aufgeplusterte Stoff fing jeden Windhauch ein.

So ist das Leben herrlich, dachte Engel und seufzte zufrieden. Fröhlich hüpfte sie die Straße entlang. Sie war noch nicht weit gekommen, als plötzlich ein Reiter um eine Wegbiegung kam. Es war Friedrich.

„Welch entzückender Anblick."

Engel wurde feuerrot. So schnell sie konnte, ließ sie den Rock wieder herab, streckte das Kinn in die Höhe und tat so, als wolle sie an Friedrich vorbeigehen. Der Untervogt sprang von seiner Trude, band den Zügel an einem Strauch fest und folgte ihr.

„Engel! So lauf doch nicht weg. Ich habe es doch nicht böse gemeint."

Engel sah ihn kühl an.

„Wo warst du die ganzen letzten Wochen?"

Friedrich entschuldigte sich.

„Ich musste in Iburg arbeiten. Ich hatte nicht einmal genügend Zeit, dir einen Boten zu schicken."

„Das mir das nicht noch mal vorkommt!"

Engel versuchte eine strenge Mine zu ziehen, musste aber über Friedrichs betretenes Gesicht so heftig lachen, dass der Untervogt davon angesteckt wurde. Es dauerte eine Weile, bis sie sich endlich wieder beruhigt hatten. Friedrich wischte sich die Lachtränen fort.

„Stell dir vor, heute habe ich richtig viel Zeit. Ich muss nur noch deiner Mutter den Brief vom Gericht überbringen, dann bin ich frei."

Engel strahlte.

„Lass uns jetzt gleich faulenzen. Ich habe nämlich auch frei."

„Es ist meine Dienstpflicht."

„Ach komm schon. Mutter läuft dir nicht weg. Wir haben grade den letzten Flachs eingebracht. Sie wird wahrscheinlich grade dabei sein abzuschätzen, wie viel Garn wir dieses Jahr spinnen werden."

Friedrich gab nach. Sie holten Trude und banden sie an einem Baum fest, der ein wenig abseits vom Weg stand. Nachdem sie abgesattelt war, setzten sich die beiden in den Schatten. Engel legte sich auf den Rücken und sah zu den Blättern hinauf. Sie merkte nicht, dass Friedrich seinen Blick kaum von ihr lassen konnte. Nach einer Weile setzte sie sich auf und sah Friedrich an.

„Kommst du jetzt öfter hier vorbei? Ich brauche dringend jemanden, mit dem ich reden kann und der mich nicht gleich für verrückt hält."

„Wann immer ich Zeit habe. Aber ist es nicht etwas ungewöhnlich, wenn wir uns so oft treffen?"

„Wie kommst du darauf? Niemand hat was dagegen, wenn ich mich mit einem guten Freund treffe. Trotzdem hast du recht. Wir sollten uns nicht zu häufig sehen. Sonst kommt noch jemand auf falsche Gedanken."

Engel ließ sich zufrieden ins Gras zurücksinken.

„Warte mal einen Moment", sagte Friedrich und begann, in seiner Satteltasche herumzuwühlen. Engel rollte sich auf die linke Seite, stützte den Kopf in die Hand und beobachtete ihn neugierig.

„Ich habe dir aus Osnabrück eine Kleinigkeit mitgebracht."

Friedrich nahm mehrere dicke Aktenbündel aus der Tasche und schob sie achtlos wieder hinein. Schließlich zog er ein kleines Päckchen hervor und gab es Engel, die sich erwartungsvoll aufgerichtet hatte. Ungeduldig zerriss sie das vergilbte Papier.

„Datteln! Ich liebe Datteln. Vater hat uns mal welche mitgebracht."

Sie bedankte sich herzlich und steckte sich die Süßigkeit in den Mund.

„Sü sünd hörrlich. Apzelut löcker."

Friedrich sah lächelnd zu, wie eine Frucht nach der anderen zwischen Engels Lippen verschwand.

Als alle Datteln aufgegessen waren, leckte sich Engel die Finger sauber. Friedrich reichte ihr sein Taschentuch.

„Übrigens habe ich den Kesselflicker ausfindig gemacht. Er behauptet aber, dass er nur in Schledehausen gearbeitet hat."

Engel legte sich wieder ins Gras und sah dem sanften Wogen der Blätter zu.

„Das könnte sogar stimmen. Wir haben nämlich schon lange zwei Kupferkessel, die dringend geflickt werden müssten. Wenn er an unserem Hof vorbeigekommen wäre, hätte Vater ihn bestimmt nicht fortgejagt."

„Uns bleiben ja noch die Zigeuner."

„Ich kann mir nicht vorstellen, dass sie es waren."

„Denen ist doch alles zuzutrauen. Was bedeutet ihnen schon Rache für ein paar unfreundliche Worte."

„Trotzdem glaube ich nicht, dass sie ihn getötet hätten."

„Zigeuner sind heißblütig."

„Grade deshalb. Wenn er von ihnen getötet worden wäre, dann doch wohl sofort."

Friedrich schwieg und Engel fuhr mit ihren Überlegungen fort.

„Ich glaube sowieso, dass sie ihn eher verflucht oder bestohlen hätten."

Engel merkte, dass es Friedrich schwer fand einzugestehen, dass er sich geirrt haben könnte. Sie lächelte ihn aufmunternd an. Schließlich gab sich der Untervogt einen Ruck.

„Ich muss sagen, du hast schnell gelernt, wie man folgerichtig denkt. Leider sind damit all unsere Verdächtigen entlastet."

Engel schüttelte den Kopf.

„Es gibt genug Leute, die aus Vaters Tod einen Nutzen ziehen. Einer wäre zum Beispiel der Meyer zu Schledehausen."

„Er ist einer der angesehensten Bürger im Dorf!"

„Aber jeder weiß, das er ziemlich hohe Schulden hat und ich brauche dir nicht zu sagen wie viel Geld er allein für den Sterbfall bekommt. Das weißt du schließlich besser als ich. Er wird vielleicht nicht alle Schulden los, aber einen ganz schönen Teil!"

Friedrich war schockiert.

„Ich kann das nicht glauben. Sein Vater war Vogt und hat ihm bestimmt Achtung vor dem Gesetz beigebracht."

„Ich sage ja auch nicht, dass er es war, sondern nur dass er es gewesen sein könnte. Er hatte die Gelegenheit und einen guten Grund. Außerdem habe ich noch mehr Verdächtige."

Friedrich streckte abwehrend die Hände aus.

„Lass mich erst einmal den Meyer verdauen."

Engel stellte sich bildlich vor, wie Friedrich mit dem Meyer im Magen aussehen würde und prustete los.

Er würde einer Schlange gleichen, die einen Ochsen verschluckt hat.

Sie hielt sich den Bauch und krümmte sich vor Lachen. Erst als sie Friedrichs fragenden Blick merkte, versuchte sie sich zu beruhigen. Doch es dauerte eine ganze Weile, bis sie sich die Lachtränen aus den Augenwinkeln wischte.

„Ich hab' nicht über dich gelacht, Ehrenwort."

Ein wenig unsicher, ob er gekränkt sein sollte oder nicht, stand Friedrich auf und streckte Engel die Hand entgegen.

„Wir sollten aufbrechen. Ich muss deiner Mutter den Brief vom Gericht geben. Wir können ja anschließend noch ein wenig spazieren gehen."

Engel streckte die rechte Hand aus und ließ sich von Friedrich auf die Beine helfen.

Als Friedrich längst gegangen war, saß Engel mit ihrer Mutter am Herd. Catharina drehte unschlüssig den großen braunen Brief hin und her, der mit dem Siegel des Gerichts verschlossen war. Engel zappelte unruhig auf der Bank hin und her.

„Mach ihn schon auf. Ich lese ihn dir vor."

„Sollten wir nicht besser warten, bis Adam da ist?"

„Ooooh, Mutter..."

Catharina lächelte über Engels Neugier, gab aber nach. Sie nahm einen Löffel und schob ihn unter das Siegel, bis es sich vom Papier löste. Dann faltete sie das Schreiben auseinander und strich es sorgfältig glatt. Erst dann reichte sie ihrer Tochter den geöffneten Brief. Engel griff danach. Sie konnte sich nur schwer beherrschen.

„Soll ich ihn dir ganz vorlesen, oder willst du lieber eine Zusammenfassung?"

„Eine Zusammenfassung reicht. Ich verstehe die Ausdrücke, die bei Gericht benutzt werden sowieso nicht immer. Adam kann ihn mir dann ganz vorlesen."

Engel überflog den Brief. Ihre Augen weiteten sich ungläubig. Zur Sicherheit las sie ihn noch einmal und noch einmal.

„Nun? Was steht drin?"

„Sie geben dir die Erlaubnis, Adam noch vor Ablauf des Trauerjahres zu heiraten."

Engel sah Catharina flehend an.

„Bist du ganz sicher, dass du das tun willst? Du hast Vater doch geliebt."

Catharina seufzte.

„Es ist nicht immer leicht, das zu tun, was richtig ist, Engel. Dieser Hof braucht einen Mann. Die Heuerleute müssen wissen, wem sie gehorchen sollen."

„Aber warum ausgerechnet Adam?"

„Engel!"

Catharina legte missbilligend den Kopf schief. Engel sah sie trotzig an. In diesem Augenblick kam Victor durch die Diele gerannt.

„Wir sind wieder da. Es ist schon fast alles abgeladen. Ich war ganz furchtbar fleißig, Mutter!"

Adam folgte ihm lachend.

„Na ja, wenigstens war er nicht ganz nutzlos."

Engel stand auf und ging durch eine Seitentür in den Garten. Seufzend wendete sie sich dem ständig nachwachsenden Unkraut zu.

Wenn sie das Aufgebot noch diese Woche bestellen, dauert es nur noch drei Wochen bis zur Hochzeit, dachte Engel grimmig. Drei Sonntage, an denen sie von der Kanzel herab angekündigt wird.

Wütend riss sie an einem Sauerampfer, dessen tiefe Wurzeln nur unwillig nachgaben.

Drei Möglichkeiten bei der jeder, der etwas gegen die Verbindung hat, Einspruch erheben könnte. Aber wenn ich das tue, habe ich keine ruhige Minute mehr auf dem Hof.

Zähneknirschend versuchte Engel sich mit dem Gedanken abzufinden, dass sie nichts mehr gegen die Hochzeit tun konnte.

Am Montag vor der Hochzeit öffnete Engel die Tür im Dielentor für den Hochtidsbitker noch bevor Philippina mit dem Melken begann. Ein schlanker Mann im besten Sonntagsanzug kam die Hofeinfahrt hinauf. Engel erkannte ihn sofort. Er hatte sie und ihre Familie schon zu einigen Hochzeiten eingeladen. Außerdem saß er öfter mit Hinrich Dorsch auf einen Schnaps zusammen. Sie begrüßte ihn freundlich.

„Sie sind heute aber früh auf."

„Nu ja, ich hab ja auch ein nettes Eck zu laufen, wenn ich allen Gästen rechtzeitig bescheid geben soll."

„Ich soll sie noch daran erinnern, dass sie den Meyer zu Schledehausen nicht vergessen."

„Ich denke ihr habt Streit mit ihm."

„Ja, aber Mutter meint, das ihn eine Einladung vielleicht versöhnlich stimmt."

„Na gut, gehe ich eben hin. Einer mehr oder weniger spielt ja auch keine Rolle."

„Wahrscheinlich haben sie heute Abend wunde Füße."

Der Mann lachte.

„Ach wat. So wild ist das gar nicht. Die Füße werden am wenigsten Schwierigkeiten damit haben."

Engel führte ihn aufs Flett, wo ein deftiges Frühstück auf ihn wartete. Außerdem hatten Catharina und Adam ein paar besonders schöne, bunte Bänder besorgt, die er an seinen Brutstock binden konnte.

„Mmmm, das sieht aber man lecker aus."

„Gesegnete Mahlzeit. Greifen sie nur zu."

Der Mann ließ sich nicht zweimal bitten. Er aß, als hätte er schon seit Tagen nichts mehr bekommen. Engel staunte, wie viel in einen so schmächtigen Mann hineinging.

„Ich werde eine gute Grundlage brauchen", verteidigte sich der Bitter.

Engel grinste, denn sie wusste, dass er in jedem Haus wenigstens einen Schnaps aufgezwungen bekam. Beim letzten Gast, den er einlud, würde das Gedicht kaum noch zu verstehen sein, mit dem er die Freuden des Festes beschrieb. Da einige Gäste etwas weiter weg wohnten, konnte es sogar sein, dass er zwei Tage brauchen würde.

Nur gut, dass sowieso alle wissen, was er sagen will, dachte Engel. Sie goss dem Mann noch etwas Kaffee nach und wartete, bis er satt war.

„Na, dann woll'n wir mal." Der Mann stand auf. Sorgfältig band er die neuen Bänder zu den mehr oder weniger ausgeblichenen Bändern früherer Hochzeiten, die schon an seinem Krückstock hingen. Dann reckte er sich und marschierte aus dem Haus. „Wiedersehn, Deern. Danke für das Frühstück."

Engel lächelte und winkte ihm nach, bis die bunten Fähnchen auf Volberts Hof verschwanden.

Ein paar Stunden später saß Engel bei ihrer Tante am Webstuhl. Angela deutete auf einen Fehler im Muster.

„Die Stelle musst du noch einmal auflösen."

Engel stöhnte und ihre Patin lächelte verständnisvoll.

„Rom wurde auch nicht an einem Tag erbaut, Engelchen. Sei froh, dass ich den Fehler jetzt schon gesehen habe. Manchmal merkt man es erst, wenn man die Kettfäden weiter dreht und dann hat man viel mehr Arbeit."

Gehorsam schickte Engel das Schiffchen zwischen den Kettfäden zurück und wickelte den frei werdenden Faden wieder auf. Sie wollte unbedingt, dass ihr erstes feines Tuch etwas Besonderes wurde.

In diesem Moment ging die Tür zum Hof auf und der Hochtidsbitker betrat das Flett. Er winkte den Anwesenden mit seinem Stab und klopfte dann mit dem bebänderten Ende mehrmals auf den Tisch. Angela Huckeriede stand auf und holte eine Schnapsflasche. Im selben Augenblick betrat Henrich das Haus.

„Mir auch einen, Goldstück."

Engel sah zu, wie ihre Tante dem Boten ein Glas gab und ihm einen großzügigen Schluck einschenkte. Bevor er trank streckte er sich und sagte seinen Spruch auf.

„So'n Dag, ick häwwe woll'n klein Kompliment an ju
van Brut un Brügem Catharina Waldmann und Adam Averbeck,
Die sind willens, ankuom Dönnerdag
'ne lüttke Hochtid to siden."

Als er das lange Gedicht endlich aufgesagt hatte, trank er. Er reichte das Glas an den Colon weiter, der ebenfalls einen ordentlichen Schluck bekam. Henrich hielt seiner Frau das geleerte Glas hin.

„Komm Goldstück, trink auch einen."

Angela schüttelte den Kopf.

„Denk an das Kind, Henneken."

156

Henrich akzeptierte Angelas Weigerung stirnrunzelnd und drückte dem Boten das Glas in die Hand.

„Danke nein."

„Ach komm. Auf einem Bein kann man nicht stehen."

Sie tranken ein zweites Glas, aber ein drittes lehnte der Hochtidsbitker energisch ab. „Zwei reichen. Ich muss noch nach Belm rüber."

Er nickte Huckeriedes zu und winkte Engel zum Abschied. Dann ging er und Engel konzentrierte sich wieder aufs Weben.

Die nächsten Tage vergingen wie im Fluge. Engel verbrachte viel Zeit damit, mit den Mädchen der Nachbarn Kränze für die Haustüren und die Pferde des Brautwagens zu binden. Sie versteckten sie sorgfältig, damit die Nachbarn sie nicht stibitzten. Außerdem sollte das Brautpaar sie erst am Hochzeitstag sehen. Obwohl sich Engel Mühe gab, war ihr Herz nicht bei der Sache. Auch Victor und Maria freuten sich nicht. Am Freitag vor der Hochzeit rief Adam Victor zu sich. Engel sah ihm besorgt nach.

„Ich will, dass du den Leiterwagen gründlich putzt. Ich will mich darin spiegeln können."

Victor legte die Hand an den Kopf.

„Ich kann das nicht. Ich habe solches Kopfweh. Ich glaube, ich bin krank."

Engel sah, wie sich Adams Augen verengten.

„Bisher war ich sehr freundlich zu dir, aber ich kann auch anders!"

Er hob drohend die Hand. Victor schnappte sich den Eimer und die Putzlumpen und flitzte auf den Hof. Engel atmete erleichtert auf. Kaum war Adam verschwunden, folgte sie ihrem Bruder. Victor schrubbte die Reifen, als sie bei ihm ankam.

„Die reinste Schinderei. Dieser Schietbüddel."

Engel wünschte für einen Moment, ihr würden Schimpfwörter so leicht über die Lippen gehen, wie ihrem kleinen Bruder. Mit grimmiger Mine schleppte sie Wasser ins Haus, um damit die Fußböden in Stube und Schlafzimmer zu scheuern. Flett und Diele hatte sie bereits gefegt und mit feinem Sand bestreut. Catharina wollte für den neuen Colon alles sauber und ordentlich haben.

Endlich war alles zu Catharinas Zufriedenheit vorbereitet. Da es langsam dunkel wurde, verabschiedete sich Adam. Traditionell durfte er in den

Nächten vor der Hochzeit nicht im Hause der Braut schlafen. Engel war froh über diesen Brauch. Es war eine letzte Atempause.

Der Samstag begann ruhig. Philippina molk die Kühe und Grete goss die Milch durch ein sauberes Tuch, während Engel butterte. Sie schob den Deckel des Butterfasses über den Stiel der Rüsche, steckte die runde, löchrige Holzplatte am Ende des Stiels ins Fass und verschloss es mit dem Deckel. Anschließend bewegte sie die Rüsche auf und ab. Es war eine langwierige und sehr anstrengende Arbeit. Je dicker die Butter wurde, desto anstrengender wurde es. Aber Engel butterte gern. Von allen Hausarbeiten war dies ihre liebste Beschäftigung. Sie vergaß dabei allen Ärger. Sie stellte sich vor, wie ihre Hochzeit wohl aussehen würde.

Ich werde die schönste Brauttruhe haben, die je ein Mädchen bekam, dachte sie. Während ihr Körper hart arbeitete, versank sie in einem wunderschönen Tagtraum. Doch nach etwas mehr als einer halben Stunde hatte ihr Traum ein Ende, denn Maria rief zum Essen. Da die Butter fertig war, nahm Engel sie aus dem Fass, wusch und salzte sie und legte sie unter ein sauberes Tuch. Dort würde sie über Nacht ruhen. Am nächsten Morgen würde Grete sie nachsalzen und in Butterformen geben. Engel entschloß sich, das Butterfass erst später zu säubern.

Wenig später saßen alle gemütlich beim Frühstück zusammen. Als der Mittag nahte, ging die Tür auf. Die Nachbarn Volbert und Rahenkamp kamen herein.

„Wir haben schon angespannt und die Mädchen schmücken den Brautwagen. Wegen uns kann es losgehen."

Rahenkamps Freude wirkt aber ziemlich unecht, dachte Engel. Es tröstete sie, dass ihm die Hochzeit auch nicht zu schmecken schien. Gemächlich räumten die Mägde das Geschirr ab und spülten, während die Nachbarsfrauen Catharina mit sich zogen. Die Bäuerin sah sich noch einmal nach ihren Kindern um.

„Grete, achte bitte darauf, dass Victor seine Tracht nicht schmutzig macht. Und du, Engel, sieh zu, dass du dein gutes Kleid beim Anziehen nicht wieder zerknitterst. Wir haben keine Zeit es noch einmal zu plätten."

Den Mägden konnte sie keine Anweisungen mehr geben, denn Frau Volbert schob sie ins Schlafzimmer und schloss die Tür. Engel sah zu Maria und Victor, die im besten Sonntagszeug aber mit gesenkten Köpfen auf der Bank am Feuer saßen. Sie setzte sich neben die beiden und seufzte. Rahenkamp, der sich einen Kaffee eingegossen hatte, schwenkte den Kessel zurück übers Feuer und sah sie an. Er lächelte schwach.

„Lasst die Köpfe nicht hängen. Man kann eben nicht immer gewinnen. Sogar der große russische Feldherr Suworow hat neulich in der Schweiz eine Schlacht gegen Frankreich verloren. Und dass, obwohl er schon ganz Norditalien befreit hat."

Engel versuchte ebenfalls zu lächeln, aber es misslang. Sie seufzte erneut, stand auf und ging das Butterfaß zu säubern. Kurze Zeit später, folgte sie ihrer Mutter ins Schlafzimmer, um sich ihre schönste Tracht anzuziehen.

Als sie damit fertig war, ging sie auf den Hof, wo sich die anderen bereits versammelt hatten. Der Leiterwagen, mit dem Adams Aussteuer abgeholt werden sollte, stand mit den vorbereiteten Kränzen und vielen bunten Bändern geschmückt bereit. Er war mit vier Pferden bespannt. Engels Stimmung sank auf den Nullpunkt, obwohl der Wagen prächtig aussah. In einer Reihe hinter dem Brautwagen standen die ebenso prächtig geschmückten Gespanne der beiden Nachbarn. Schweren Herzens stieg Engel auf und setzte sich zwischen Victor und Maria. Grete, die vor ihr saß, drehte sich zu ihnen um.

„Macht nicht so lange Gesichter. Das ist eine Hochzeit und kein Begräbnis."

Keines ihrer Geschwister reagierte und so drehte sie sich achselzuckend wieder um. Engel legte den rechten Arm um Maria und den linken um Victor.

„Wir schaffen das schon. Wenigstens sind wir zusammen."

Mittlerweile war Jacob auf das vorderste Pferd geklettert. Engel wunderte sich nicht. Brautwagen wurden nie mit Zügeln gefahren, das würde Unglück über die Ehe bringen.

Dabei ist es längst zu spät.

Engel biss sich auf die Zunge, um diesen Gedanken nicht auszusprechen. Sie war überrascht, dass sie so etwas Gemeines denken konnte.

Der Knecht gab den Pferden das Zeichen loszufahren und sie setzten sich in Bewegung - ohne den Wagen.

Jemand hatte das Zuggeschirr der Pferde abgeschnallt. Unter dem Gelächter der Anwesenden stieg der Knecht wieder ab, führte die Tiere zurück zum Wagen und spannte sie erneut vor. Dann gab es zur Beruhigung für alle Erwachsenen erst einmal einen Schnaps. Schließlich konnte die Fahrt beginnen.

Sie kamen nur langsam voran. Kinder und Erwachsene versperrten die Wege und machten erst Platz, wenn ihnen eine Kleinigkeit zugeworfen wurde. Ein paar Männer hatten Gewehre dabei. Ihre Schüsse zerrissen die Stille. Engel wünschte sich, dass eine der Kugeln Adam durchbohren möchte, schämte sich aber im selben Moment über diesen Gedanken.

Ein Stück weiter hatte ein Bauer seine bullige Kuh angebunden und ihr einen Stier zugeführt. Die Wagen mussten warten, bis der Stier seine Aufgabe erledigt hatte, bevor jemand die beiden Tiere von der Straße führen konnte.

Etliche Streiche weiter, waren alle ziemlich angetrunken und sehr ausgelassen. Engel störte das Schneckentempo der durch die Scherze verlängerten Fahrt.

„Da bin ich ja zu Fuß schneller", flüsterte sie ihren Geschwistern zu.

„Sogar eine Schnecke wäre schneller."

Victor hatte genau so wenig Spaß an der Fahrt wie Engel und Maria. Endlich erreichte die Prozession Averbecks Hof. Das Hoftor war geschlossen und mit einer dicken Kette zugebunden. Volbert kletterte vom Wagen und ging leicht schwankend ins Haus. Wenig später kam er mit Gerhard Averbeck zurück, der die Wagenkolonne zweifelnd betrachtete.

„Soso, einen Bräutigam sucht ihr also. Nu ja, junge Leut' haben wir einige. Ihr könnt ja mal gucken, ob einer passt."

Umständlich löste er die Kette und öffnete das Tor.

„Vielen Dank, hier habt ihr ein kleines Handgeld."

Volbert drückte Gerhard einen Taler in die Hand und die Wagen rumpelten auf den Hof bis vor das Dielentor. Gerhard Averbeck ging hinterher und schwenkte eine Schnapsflasche.

„Dann woll'n wir mal einen zur Begrüßung trinken."

Engel sah missbilligend zu, wie jeder einen Schluck bekam. Sie schüttelte den Kopf, als Gerhard ihr die Flasche entgegen hielt.

„Wenn das so weitergeht, sind die betrunken, bevor wir nach Hause fahren."

Grete funkelte sie wütend an.

„Das ist Tradition! Und nun mecker nicht dauernd. Fang endlich an die Feier zu genießen. Du verdirbst Mutter sonst alles."

Maria zupfte Engel am Ärmel.

„Riech mal!"

Engel gehorchte und auch Victor schnupperte. Es roch nach Braten, Suppe, Kaffee und anderen Köstlichkeiten.

„Mmmm."

Victor und Maria verschwanden so schnell im Haus, als hätten sie den ganzen Tag noch nichts gegessen. Grete folgte ihnen schleunigst und auch die anderen Gäste warteten nicht länger. Engel grinste widerwillig. Rahenkamp trat neben sie und tätschelte freundlich ihre Wange.

„So ist's recht. Lächeln hilft gegen alles."

Engel sah den Nachbarn prüfend an.

Er wirkt nicht besonders glücklich. Ob ich mit ihm über die Hochzeit reden kann?

Sie versuchte es.

„Sie haben nicht einmal das Trauerjahr eingehalten."

Rahenkamp verstand sie sofort.

„Ach Engel, sie konnte nicht länger warten. Die Ernte steht vor der Tür. Da braucht sie einen Mann, der den Ton angibt. Wenigstens heiratet sie ihn nicht aus Liebe."

Er legte den Arm um Engels Schultern und langsam folgten sie den anderen ins Haus.

„Aber warum muss es ausgerechnet Adam sein?"

„Ich nehme an, weil er grade zur Hand war und den Hof gut kennt."

„Nur uns scheint er nicht mehr zu kennen. Früher war er netter."

„Ach komm. Nach der Hochzeit ist immer noch genug Zeit zum Trübsal blasen. Da du nichts gegen die Heirat tun kannst, genieß wenigstens das Fest. So eine Feier bekommen wir nicht alle Tage."

Rahenkamp lachte. Es klang zwar etwas gezwungen, war aber ein Anfang. Engel holte tief Luft und versuchte fröhlicher auszusehen.

„Du hast recht. Wie Grete vorhin schon sagte, es ist eine Hochzeit keine Beerdigung."

Diesmal klang Rahenkamps Lachen echt.

Es dauerte ewig, bis nach dem reichhaltigen Mittagessen die wenigen Habseligkeiten Adams auf die Wagen geladen waren. Allein die Kiste mit dem Leinenzeug, die zuerst aufgeladen wurde, brauchte eine Stunde, um von der Schlafkammer zum Wagen zu gelangen. Auf ihr saß ein Hornbläser und machte Musik. Natürlich durfte er nicht herunterfallen. Die Träger stellten sich absichtlich dumm an, rannten gegen Türen, versuchten die Kiste in verschiedene Richtungen zu ziehen, stießen sich die Köpfe und trieben allerhand Schabernack. Der Schnaps floss in Strömen. Engel hielt sich zurück.

Wer weiß, was noch alles kommt. Es ist besser, heute Abend einen klaren Kopf zu behalten.

Als die Kiste endlich auf dem Wagen stand, dauerte es nicht mehr ganz so lange, bis auch die restlichen Sachen aufgeladen waren. Engel wunderte sich wie wenig es war.

Warum hat Adam nur so eine kleine Mitgift? Averbecks sind doch reich.

Ihr blieb keine Zeit, darüber nachzudenken. Volbert hatte noch einen Mangel entdeckt, der unverzüglich behoben werden musste.

„Wir brauchen noch einen Wecker!"

Sofort rannten alle Anwesenden auf die Diele und versuchten unter großem Gelächter einen Hahn zu fangen. Engel hielt sich den Bauch vor Lachen. Es sah zu komisch aus, wie die zum Teil stark angetrunkenen Gäste hinter dem Federvieh her torkelten. Die Hühner und Hähne zeterten. Schließlich flüchtete sich ein junger Hahn unter Engels Kleid. Engel packte mit beiden Händen zu.

„Ich hab einen!"

Rahenkamp nahm ihr das wild um sich schlagende Tier ab und Volbert goss ihm zur Beruhigung ein paar Schluck Schnaps in den Schnabel. Der Hahn krähte empört.

„Gut so! Nun können wir los."

Der Hahn wurde auf dem ersten Wagen an einen umgedrehten Stuhl gebunden. Gerhard Averbeck nahm einen anderen Stuhl vom Wagen.

„Den solltet ihr hier lassen, damit Adam auch was zu sitzen hat, wenn er uns besuchen kommt."

Er gab den Stuhl einem Knecht, der ihn ins Haus zurücktrug. Dann verschwand er selbst im Haus. Engels Familie und die Gäste versammelten sich am Brautwagen. Sie beratschlagten, was noch fehle. Dabei wussten alle bescheid.

„Ha! Ich hab's", rief schließlich einer aus. „Die Geldmitgift!"

Volbert zog einen großen, leeren Geldbeutel hervor. Er nahm Catharina am Arm und ging ins Haus zu Gerhard. Rahenkamp und Greiwe schlossen sich ihnen an. Die anderen Gäste folgten in respektvollem Abstand.

„Nu' fehlt hier noch was drin."

Volbert deutete auf den leeren Beutel. Gerhard Averbeck begann langsam und deutlich das Geld vorzuzählen.

„... Dreihundertneunundneunzig, Vierhundert Taler."

Engel staunte. Bei so viel Geld war es kein Wunder, dass der Rest der Mitgift nicht so üppig war, wie bei anderen Hochzeiten.

Es ist auch besser so, dachte sie. Wir haben sowieso schon zu viele Sachen doppelt. Nun fehlt nur noch Adam, dann können wir los. Ob er sich verstecken wird?

Offensichtlich hatte Adam beschlossen, diesen Brauch mitzumachen, obwohl er keine Braut war. Die Gäste durchsuchten das Haus bis in den letzten Winkel, fanden den Bräutigam aber nicht. Engel suchte mit wenig Begeisterung und gab bald auf. Sie sah sich nach ihren Geschwistern um. Victor nahm sich grade heimlich ein paar rohe Eier aus einem Korb, der am Herd stand.

Was hat der denn vor?

Sie beobachtete, wie Victor auf die Diele ging und suchend herumging. Er kletterte die Leiter zur Hiele hinauf. In dem Raum über den Rinderställen gab es viele Verstecke. Doch dann überraschte er Engel. Er drehte sich ruckartig um und warf mit einer flinken Bewegung ein Ei. Im selben Augenblick, als das Geschoss auf Adams Rücken zerplatzte, entdeckte Engel den Bräutigam. Adam hockte auf einem der Querbalken über der Diele. Er drohte Victor mit der Faust.

„Warte nur. Wenn ich dich kriege."

Victor lachte und warf ein zweites Ei. Doch nun waren auch die anderen aufmerksam geworden. Catharina eilte herbei und rief ihren Jüngsten zur Ordnung.

„Victor, komm sofort da runter! Du verdirbst Adam ja den ganzen Anzug."

Widerwillig gehorchte Victor, aber Engel sah den heimlich Triumph in seinen Augen, als er die Leiter herunter stieg. Adam balancierte über den Balken auf die Hiele zurück und stand wenig später auf der Diele. Er packte Victor am Kragen und schüttelte ihn. Victor heulte los.

„Was fällt dir eigentlich ein."

Catharina legte ihm eine Hand auf den Arm.

„Jetzt reicht es, Adam. Er hat nur einen Spaß gemacht."

Engel hörte, wie Adam mit den Zähnen knirschte, als er Victor losließ. Der Bub versteckte sich weinend hinter seiner Mutter. Während Catharina ihren Sohn tröstete, ließ sich Adam von seiner Schwägerin säubern. Als er wieder präsentabel war, wurde er von Volbert zum Brautwagen geführt.

Auf dem Hof bestieg er umständlich das Pferd, das zu seiner Mitgift gehörte und wartete ungeduldig, bis endlich alle Gäste aufgestiegen waren. Schließlich setzte sich die Wagenkette in Gang und Gerhard Averbeck schloss sich mit seiner Familie auf einem weiteren Wagen an. Adam ritt dem Zug voran.

Als sie den Waldmann'schen Hof erreichten, war das Hoftor auch verschlossen. Wieder musste Volbert ins Haus gehen und um Einlass bitten. Da Catharinas leibliche Eltern längst verstorben waren, kam ihr Stiefvater, Bals Mehrpohl, um das Tor zu öffnen. Auch hier gab es wieder einen Schnaps, bevor die Wagen vor das Dielentor fuhren. Dann trat Angela Huckeriede aus dem Haus und reichte der Braut einen Porzellanteller mit einem Glas Wein.

Während Catharina trank, ritt Adam ins Haus, über die Diele, um die Herdstelle herum und über die Diele zurück zum Pferdestall.

Alles meins, deutete Engel diese Geste.

Obwohl Adam nur der Tradition folgte, kam es Engel so vor, als sei ihr Zuhause nun nicht mehr ihr Heim.

Das Abladen der Aussteuer begann. Es würde genau so lange dauern, wie das Aufladen und war mit ebensoviel Schabernack verbunden. Sobald niemand auf sie achtete, zog sich Engel zurück. Sie lief durch den Garten und versteckte sich unter den Obstbäumen. Sie atmete die frische, warme Sommerluft, durchsetzt von bekannten Gerüchen. Langsam beruhigte sie sich wieder.

„Na, Engelchen."

Bals Mehrpohl ließ sich schwerfällig neben ihr ins Gras nieder.

„Ist nicht einfach einen Stiefvater zu bekommen, der jung genug für einen großen Bruder wäre, nicht wahr?"

Engel lächelte steif.

Verschwinde, dachte sie, aber ihr Großvater ließ sich nicht stören.

„Er kann sich noch so viel Mühe geben. Er wird niemals so sein wie dein Vater. Ich weiß noch genau, wie er um Catharina warb."

Engel horchte auf. Diese Geschichte kannte sie noch nicht.

„Deine Mutter war schon immer etwas Besonderes. Irgendwann merkten das auch die Männer der Gegend. Sogar der Meyer hat sie umworben. Catharina blieb zurückhaltend. Schließlich traf sie auf der Kirmes deinen Vater, den sie nur als Kind ein paar Mal gesehen hatte. Ludwig war ein schmucker Bursche geworden, schlank und stark wie eine junge Eiche. Deine Großmutter meinte, sie hätte sich sofort in ihn verliebt und du weißt ja, dass deine Großmutter in solchen Sachen meist recht hatte. Von uns hat es jedenfalls niemand gemerkt. Catharina hat Ludwig zappeln lassen. Er muss zwischen ‚himmelhoch jauchzend' und ‚zu Tode betrübt' geschwankt haben. Jedenfalls traute er sich nicht, uns um ihre Hand zu bitten."

„Das kann ich mir nicht vorstellen. Vater hat sich immer alles getraut."

„Tja, die Liebe macht starke Menschen schwach und schwache stark."

„Wie hat er Mutter dann bekommen?"

„Das war so. Eines Tages kam der junge Rahenkamp zu mir und wollte Catharina heiraten. Ich sagte ihm, dass ich es mir überlegen würde. Immerhin hat er einen schönen, großen Hof und ich wusste ja auch noch nichts von Ludwig. Ich beredete die Angelegenheit mit deiner Großmutter."

„Rahenkamp? Aber sie hat doch Vater geheiratet."

„Nun lass mich doch erzählen, Kind. Du bringst mich ja ganz durcheinander."

„Entschuldigung."

„Also, wo war ich. Ach ja. Ich besprach mich mit deiner Großmutter. Zum Glück war Catharina zufällig im Nebenraum und hörte, was wir sagten. Ha! Du hättest sie sehen sollen. Wie ein Wirbelwind kam sie in die Stube gesaust und verkündete, dass sie sich lieber zu Tode hungern würde, als Rahenkamp zu heiraten. Wir waren sprachlos. So kannten wir deine Mutter gar nicht. Sie hatte sonst ein sanftes, ruhiges Wesen. Ich versuchte immer wieder sie zu überreden. Es half nichts. Sie wollte ihn nicht und deine Großmutter war auch dagegen. Zum Glück fasste Ludwig sich ein Herz und kam ein paar Tage später ebenfalls zu uns. Diesmal saß Catharina mit uns in der Stube. Ludwig hatte seine Frage kaum ausgesprochen, als sie sich schon einverstanden erklärte. Tja, damit war ich überstimmt. Wir beschlossen, uns den Hof anzusehen. Glaub mir, das ist mir nicht leicht gefallen. Wann hatte sich schon jemals ein Mädchen so in die Wahl des Bräutigams eingemischt? Aber sie hatte deine Großmutter auf ihrer Seite und deshalb fuhren wir hierher. Ich war sehr angetan. Der Hof stand dem unseren in keinem Stück nach und so willigte ich in die Hochzeit ein. Ich habe es nicht eine Sekunde bereut und ich glaube deine Mutter erst recht nicht."

Engel strahlte.

„Das ist eine wundervolle Geschichte, Großvater. Ich hab schon immer gewusst, dass sie sich liebten. Aber es war mir neu, dass die Liebe schon vor der Hochzeit da war."

Bals Mehrpohl nickte. „Siehst du, Engelchen. Aus dieser Liebe seid ihr Kinder entstanden. Die Lücke, die dein Vater in Catharinas Herz hinterlässt, wird Adam niemals schließen."

Engel lehnte sich an die Schulter ihres Großvaters.

„Es hat sich so viel verändert."

„Es wird sich in deinem Leben noch sehr viel mehr verändern. Das ist so, wenn man erwachsen wird."

Bals Mehrpohl strich ihr zärtlich übers Haar. Engel genoss diese Geste. Als sie ein kleines Mädchen war, hatte er sie oft so gestreichelt.

„Es gibt so vieles, was ich vermisse."

„Zum Beispiel?"

„Ach, ich würde so gerne wieder zum Lernen zu Johanne gehen. Immerhin hat Vater den Unterricht bereits bis zum Jahresende bezahlt."

„Sprich doch mal mit Adam darüber. Ich könnte mir vorstellen, dass er das Geld nicht verfallen lassen wird. Und wer könnte dir schon einen Wunsch abschlagen, Engelchen."

Engel fühlte sich getröstet und beschloss den Rat ihres Großvaters möglichst bald in die Tat umzusetzen. Eine Weile saßen die beiden noch schweigend im Gras, bis Bals vorschlug, ins Haus zu gehen.

„Sie dürften mit dem Abladen der Wagen bald fertig sein und dann gibt es ein wunderbares Abendessen. Anschließend wird getrunken und getanzt, bis die Gäste vor Müdigkeit umfallen und das wollen wir doch nicht versäumen, oder?"

Engel lachte. „Du meinst wohl, bis sie betrunken umfallen. Und zum Schluss werfen wir Adam vor die Tür, damit er im Dunkeln ganz allein nach Hause gehen muss."

Am nächsten Morgen wurde Engel von Grete geweckt.

„Schnell, du Schlafmütze. Wir haben verschlafen. Die Gigengänger kommen gleich."

Engel blinzelte, schwang sich dann aber gehorsam aus dem Bett. Catharina stand zwischen den Betten und die Näherin kniete zu ihren Füßen. Mit flinken Stichen reparierte sie einen feinen Riss im Unterrock.

„Keine Sorge, ich bin gleich fertig."

Engel wusch sich schnell und schlüpfte flink in die guten Sachen. Sie staunte über den prächtigen Schmuck ihrer Mutter. Die Goldhaube und das kostbare, goldene Halsgeschirr boten einen wunderbaren Kontrast zu dem schwarzen Kleid und dem weißen Tuch. Ungewöhnlich waren nur die hellblauen Bänder an der Haube. Die Näherin bemerkte Engels überraschten Blick.

„Das war nicht mein Einfall. Ich habe in meinem ganzen Leben noch nie eine Goldhaube mit Trauerbändern gesehen. Es ist gegen alle Tradition."

Catharina winkte ihr zu schweigen und die Näherin gehorchte.

„Es ist meine Hochzeit."

Engel lächelte ihrer Mutter zu.

„Ich finde es gut so. Hauptsache ist doch, dass die Bänder glatt bleiben."

Catharina lachte leise.

„Ja, ja. Auf Zank und Streit in der Ehe kann ich verzichten."

Engel zog die Bänder ihrer Jungmädchenhaube zurecht, zwinkerte Catharina noch einmal zu und ging aufs Flett. Es herrschte ein wildes Durcheinander. Die meisten Mägde der Nachbarschaft waren bereits gekommen und rupften die am Vorabend geschlachteten Hühner. Die Trauzeugen Rahenkamp, Gerhard Averbeck und ein Schwager Ludwigs, standen zwischen den Federn und tranken Kaffee. Eine Schnapsflasche, die in ein rotes Taschentuch eingewickelt war, stecke in Rahenkamps linker Jackentasche. Damit konnte er das Brautpaar befreien, wenn sie auf dem Heimweg von der Kirche aufgehalten wurden. Für Kinder hielt er in der rechten Jackentasche Kleingeld bereit.

Auf der Diele stimmten ein paar Musiker ihre Instrumente. Engel holte sich einen Kaffee und beschloss, aufs Frühstück zu verzichten.

Nur gut, dass ich gestern so viel gegessen habe, dachte sie.

„Na, Engelchen. Wird deine Mutter noch lange brauchen?"

Engel brauchte Rahenkamp nicht zu antworten, denn in diesem Augenblick betrat Catharina das Flett.

„Viel wichtiger ist die Frage, wo ihr meinen Bräutigam gelassen habt. Er ist doch gestern heil heimgekommen?"

Gerhard nickte.

„Dafür habe ich gesorgt. Allerdings hat er heute morgen einen netten Brummschädel. Der Spaziergang zur Kirche wird ihm gut tun. Er wartet draußen auf uns."

Gerhard war der einzige, der Catharina nicht missbilligend ansah. Schließlich räusperte sich Rahenkamp.

„Irgend etwas stimmt mit deiner Haube nicht."

„Ich heirate, weil ich muss, nicht weil meine Trauer schon vorüber ist."

„Aber..."

„Ich will kein Wort mehr darüber hören!"

Engel sah, wie ihre Mutter energisch das Kinn vorschob, sich bei Rahenkamp einhakte und mit den Trauzeugen das Haus verließ. Engel folgte ihnen.

Adam stand mit ihrem Großvater am Pferdestall. Engel betrachtete den Bräutigam zufrieden. Er hatte Ringe unter den Augen und sah zehn Jahre älter aus als sonst. Außerdem schien er Kopfweh zu haben, denn er massierte sich die Schläfen. Trotzdem redete er energisch auf seinen zukünftigen Schwiegervater ein.

„Ich sag dir, es ist gar nicht nett, dass der Pfaffe nicht einmal einen evangelischen Segen für uns zulassen will."

„Das Leben ist nun mal nicht immer gerecht."

„Das kannst du laut sagen. Aber was soll's. Ludwig hat katholisch geheiratet und mein Bruder auch."

„Fast die ganze Gegend ist katholisch verheiratet worden."

„Eben. Da wird es für mich auch gehen."

In diesem Augenblick bemerkte er Catharina und ihr Gefolge.

„Guten Morgen. Du siehst wunderschön aus. Wollen wir gehen?" Adam verlor kein Wort über die Trauerbänder, aber sein Lächeln wirkte gequält. Engel fragte sich, ob das an seinem Kater lag oder an dem Wissen, dass ihre Mutter ihn niemals lieben würde. Adam reichte Catharina den Arm, den sie wortlos ergriff. Gemeinsam mit den Trauzeugen gingen sie Richtung Schledehausen davon.

„Wenn wir sie das nächste Mal sehen, sind sie schon verheiratet. So schnell geht das", sagte Bals Mehrpohl. Er hakte sich bei Angela Huckeriede ein und ging mit ihr ins Haus zurück. Engel streckte sich und folgte ihnen langsam.

Mal sehen, ob Klara schon da ist, dachte sie. Sie ging zurück auf die Diele, wo Maria und Victor zu den ersten Takten der Musik tanzten.

„Wie schön, dass die beiden das Fest genießen können, wo sie doch heute morgen noch so traurig waren", dachte Engel. Sie sah sich weiter nach Klara um, aber die Freundin war nirgends zu finden.

Merkwürdig! Dabei hätte sie gut mit dem Meyer mitfahren können. Na ja, vielleicht ist sie zuerst einmal zu ihrem Vater gegangen und kommt nachher mit ihm.

Engel wartete, aber Klara tauchte nicht auf. Die Bewohner der Nachbarhöfe kamen und brachten ihre Knechte und Mägde mit. So gab es genügend willige Hände, die bei den Vorbereitungen mit anfassten. Trotzdem hatte jedermann Zeit genug zum Tanzen. Gegen Mittag bekamen die Helfer Stutensoppen. Anschließend gingen die Mägde und Knechte nach Hause. Nun waren nur noch die Nachbarn da und warteten auf das Brautpaar und die Gäste. Die Männer stellten Adams wenige Möbel in Schlafkammer und Stube ordentlich auf und die Frauen schüttelten unter großem Gelächter das Ehebett auf. Sie legten Besen, Dreschflegel und andere Sachen hinein. Zu guter Letzt hängten sie eine Flasche Schnaps an den Bettpfosten.

„So, nun ist alles vorbereitet", verkündete die alte Johanne. Grete stimmte ihr zu.

„Das Essen ist auch fertig, nun können sie kommen."

Engel sah zu, wie das Brautpaar von ihrem Großvater und ihrer Tante am Dielentor empfangen wurde. Sie fand, dass man Adam den Kater immer noch ansehen konnte, obwohl er schon besser aussah als am frühen Morgen.

Angela reichte den beiden wieder einen Teller, auf dem ein Glas Wein stand. Engel fragte sich zum hundertsten Mal, welchen Sinn dieser Brauch nur haben konnte, aber es fiel ihr nichts Vernünftiges ein.

Na ja, manchmal ist ein Brauch ganz ohne Sinn.

Als das Glas geleert war, nahm Bals Mehrpohl Adam beim Arm und führte ihn über die Diele, durchs Flett in die gute Stube. Dort war für das Brautpaar, die Trauzeugen und deren Familienangehörige ein reichhaltiges Frühstück gedeckt.

Engel aß fast nichts. Sie machte sich Sorgen um Klara, die immer noch nicht aufgetaucht war. Außerdem war sie vom Vortag noch satt und auf dem Flett briet und brutzelte es. Zur eigentlichen Feier wurde aufgetischt, was Keller und Speicher hergaben.

Nach dem Frühstück ging Adam in die Schlafstube.

Das ist der richtige Augenblick, mich nach den Stunden bei Johanne zu erkundigen. Großvater hat recht. Besser ich frage ihn jetzt, als dass ich mich ewig darüber ärgere, es nicht versucht zu haben.

Sie folgte Adam möglichst unauffällig. Er stand an der Waschschüssel und spritzte sich wieder und wieder kaltes Wasser ins Gesicht. Es schien zu helfen. Er bemerkte Engel sofort, die nahe der Tür stehen geblieben war.

„Was kann ich für dich tun, Prinzessin?"

Engel schluckte den Kloß hinunter, der ihre Kehle verschloss. Ihr Herz klopfte heftig.

„Bitte, wann darf ich endlich wieder zu Johanne. Sie wollte mir beibringen ein paar besonders schöne Farben für Leinen zu machen. Sie wird ziemlich traurig sein."

„Nein, das wird sie nicht. Ich habe dich schon vor Wochen endgültig abgemeldet."

Engel konnte es nicht glauben.

„Vor Wochen? Ohne mir bescheid zu sagen?"

„Wir brauchen jede Hand auf dem Hof, Engel, und das weißt du auch."

Engel war zum Heulen zumute. Natürlich hatte sie gewusst, dass sie die Stunden bei Johanne nur bekommen hatte, weil sie Ludwigs Lieblingstochter war. Trotzdem hatte sie im Stillen gehofft, wenigstens für den Rest des Jahres noch lernen zu dürfen.

„Aber es ist doch schon alles bezahlt."

„Das bisschen Geld."

Engel biss sich auf die Unterlippe, um Adam nicht merken zu lassen, wie enttäuscht sie war. Mit einem Mal hasste sie ihn maßlos. Wenn Blicke töten könnten, wäre der Bräutigam auf der Stelle tot umgefallen und Engel hätte ihm keine Träne nach geweint.

„Ich hab' ja gleich gewusst, dass du kein Ersatz für Vater sein kannst!"

Sie drehte sich um und stürmte davon.

„Das muss ich mir von dir nicht sagen lassen! Engel! Komm sofort zurück!"

Engel ignorierte ihn. Es befriedigte sie, dass Adam sich so sehr über ihre Bemerkung ärgerte. Trotzdem waren ihre Wut und Enttäuschung zu groß, um sich ins fröhliche Treiben zu stürzen. Sie musste jetzt unbedingt allein sein.

Sie rannte aus dem Haus und den Berg hinauf. Sie lief am Heuerhaus und an Rahenkamps Hof vorbei bis in die Feldmark hinein. Schließlich ließ sie sich erschöpft auf einen Stein nieder. Es war ihr egal, dass dabei ihre Tracht staubig wurde. Es dauerte lange, bis ihre Wut verrauchte. Doch die

Aussicht beruhigte sie nach und nach. Die Sonne strahlte am Himmel und Engel konnte im Tal die Höfe der Nachbarn sehen. Kleine, dunkle Punkte krochen die staubigen Straßen entlang auf Waldmanns Hof zu. Das waren die Gäste: Verwandte, Freunde, alle Voll- und Halberben der Bauernschaft, die Markkötter, sowie Averbecks und Waldmanns Heuerleute.

Sie sehen aus, wie Ameisen. Und sie tragen fast genau soviel Kram durch die Gegend.

Engel dachte an die zehn Zentimeter dicken Weggen, die jeder Bauer in einem Kissenbezug für das Brautpaar auf dem Puckel schleppte. Was nach der Feier übrig war, wurde im Backofen getrocknet und als Zwieback gegessen. Bei der letzten Hochzeit die Engel besucht hatte, reichte die Menge fast noch für ein halbes Jahr.

Auch die Bäuerinnen trugen schwer an den Körben mit Eiern und Butter, die sie als Geschenk mitbrachten. Die reicheren Bauern brachten auch noch andere Lebensmittel mit. Engel schüttelte sich.

Auf Hochzeiten wird eindeutig zu viel gegessen. Ich bleibe besser hier, bis sie zu Volberts rübergehen.

Sie wusste, dass die ganze Gesellschaft nach dem Essen zu Kaffee und Tanz zum Nachbarn ging, damit der Hochzeitsbitter, der jetzt Koch war, im Hochzeitshaus das Festmahl für den Abend vorbereiten konnte.

Ich hoffe nur, dass er genau so gut kochen kann, wie er trinkfest ist.

Engel grinste.

Es wäre schon ein Reinfall, wenn das dürre Kerlchen gar nicht kochen kann. Na ja, auf anderen Hochzeiten hat es auch geschmeckt. Außerdem wird Grete ihm sicherlich auf die Finger sehen.

Es dauerte lange, bis alle Gäste eingetroffen waren und noch länger, bis alle satt waren. Engel wurde langweilig. Sie beschloss nachzusehen, ob Klara vielleicht zu Hause war. Langsam schlenderte sie den Berg hinunter. Doch als sie das Heuerhaus betrat, war es leer. Nicht einmal das Feuer brannte.

Engel hatte nichts anderes erwartet.

Wenn ich so wenig zu Essen bekäme, wie die beiden, würde ich mir jetzt auch den Wanst vollschlagen.

Engel ging heim und wartete am Dielentor auf Klara. Nach und nach kamen die Gäste in kleinen Gruppen heraus und schlenderten zum Nachbarhof hinüber. Engel konnte zwar Hinrich Dorsch entdecken, aber Klara war nirgends zu sehen. Als letztes ging das Brautpaar mit den Trauzeugen zu Volbert. Engel huschte auf die Diele und sah sich um. Nur der Koch und seine Helfer waren noch im Haus.

Merkwürdig. Wo kann Klara nur sein?

Engel rannte der Hochzeitsgesellschaft nach. Sie drängelte sich durch die Gäste, bis sie Hinrich Dorsch gefunden hatte.

„Wo ist denn Klara?"

„Na, auf dem Meyerhof natürlich."

„Sie hat nicht frei bekommen?"

Hinrich schüttelte den Kopf. Engel konnte es nicht glauben.

„Der Meyer hat sie nicht zur Hochzeit ihrer eigenen Colona gehen lassen?"

„Warum sollte er. Für ihn ist sie seine Magd."

Engel war fassungslos. Am liebsten hätte sie Meyer sofort zur Rede gestellt.

Aber dann wäre die Hochzeit wirklich verdorben, dachte sie.

Zähneknirschend stellte sie sich auf Volberts Diele ins Halbdunkel und beobachtete die Gäste bis sie den Meyer entdeckte.

Da sitzt der fette Kerl und sieht aus, als könnte er kein Wässerchen trüben.

Wütend starrte sie ihn an. Dann begann die Musik und Catharina tanzte ihre drei Ehrentänze mit Adam, Rahenkamp und Volbert. Maria drängelte sich zu Engel durch und schob ihre Hand in die ihrer Schwester.

„Mutter sieht großartig aus, nicht wahr?"

„Ja. Man könnte fast glauben, dass sie schwebt. Adam ist dagegen ein richtiger Trampel."

Die Mädchen kicherten. Wenig später durften auch die Gäste tanzen. Junge Männer drängelten sich um Engel und für eine Weile vergaß sie ihren Zorn.

Endlich erschien der Hochzeitsbitter und Koch. Er stellte sich mitten auf die Tanzfläche und hob den Schöpflöffel. Die Musik hörte auf zu spielen. Alle schwiegen gespannt, denn der kleine Mann war für seine netten Verse bekannt.   „Ihr Leute hier von nah und fern
zum Essen hole ich euch gern.
Der Speisen Fülle und Geschmack
bei jedem Hunger helfen mag.

Der Suppe, die vom Huhn ganz frisch,
folgt der Braten auf den Tisch,
mit Pflaumen, Haferkorn und Brot,
Lindert jede Hungersnot.
Für den der immer noch nicht satt,
der Koch den dicken Reis noch hat.
Drum kommt jetzt zügig zu uns rüber,
sonst geb' ich euch 'nen Nasenstüber
mit meiner großen Schöpfekelle.
Drum kommt ihr Leute, kommt nur schnelle."

Catharina und Adam klatschten begeistert und auch die anderen Gäste hielten mit Lob nicht zurück. Wenig später war die ganze Gesellschaft auf dem Rückweg. Das Brautpaar ging mit den engsten Verwandten und dem Koch voran. Maria hakte sich bei Engel unter und reihte sich hinter den Trauzeugen ein.

„Ich finde es erstaunlich, dass er bei jeder Hochzeit ein neues Gedicht hat. Ich kann mich nicht erinnern, jemals eines doppelt gehört zu haben", meinte Rahenkamp. Gerhard Averbeck nickte.

„Es ist sein besonderer Stolz. So eine Art Geschenk für das Brautpaar."

Es dauerte nur wenige Minuten, bis sie am Hochzeitshaus ankamen. Am Dielentor nahm der Koch einen Stuten, den eine Magd bereit hielt, und gab ihn Adam. Der Bräutigam brach ein Stück ab und aß es auf. Den Rest des Brotes reichte er Catharina, die ebenfalls ein Stück abbrach, es aber sorgsam aufhob. Engel wusste, dass sie das Brotstück von ihrer Hochzeit mit Ludwig noch immer besaß. Der Koch nahm den angeschnittenen Brotlaib wieder an sich, er würde ihn am Abend im Armenhaus abgeben.

Nun begleitete er das Brautpaar zu ihren Plätzen. Die Gäste folgten. Sie saßen in der Reihenfolge ihrer Verwandtschaft und es gab einige heftige Wortwechsel, bis die Tischordnung zu aller Zufriedenheit geregelt war. Maria, die neben Engel saß, beugte sich zu ihr.

„Engel, hast du ein Kastenmännchen? Ich habe meine Börse in der Schlafstube gelassen. Nun habe ich nichts für den Koch, wenn er vor dem Braten sein Trinkgeld einsammeln kommt."

Engel klopfte auf den Beutel unter ihrer Schürze und Maria atmete auf. Dann trug der Koch den ersten Gang auf und die Mägde brachten das Bier.

Ein paar Stunden später waren alle übersatt. Die Älteren saßen auf Bänken und Stühlen auf dem Flett, während die Jüngeren die Musiker bedrängten. Endlich ließen sie sich erweichen und spielten wieder zum Tanz auf. Auch diesmal eröffnete Catharina den Tanz nacheinander mit Adam, Volbert und Rahenkamp.

Kaum war der dritte Ehrentanz vorbei, stürmte das Jungvolk die Tanzfläche, während Rahenkamp und Volbert die Geldgeschenke der Gäste einsammelten. Engel konnte einen Blick auf die vielen Papiertütchen erhaschen. Doch an der Größe allein war nicht zu erkennen, wie viel Geld zusammengekommen war. Sie wendete sich wieder den Tanzenden zu. Da bemerkte sie den Blick des Meyers. Er sah Volbert nach, der grade ein Körbchen mit Geldgeschenken in die Stube trug.

Er sieht so aus, als würde er die Päckchen am liebsten selbst haben.

Engel beschloss, ihn im Auge zu behalten. Das war leichter gesagt, als getan. Immer wieder wurde sie zum Tanz geholt, so dass sie den Bauer bald aus den Augen verlor.

„Wo sind eigentlich Victor und Maria?"

Grete sah Engel fragend an. Engel schüttelte den Kopf.

„Keine Ahnung, aber ich gehe sie gerne suchen."

Sie brauchte nicht lange, um sie aufzustöbern. Sie fand die beiden eng aneinander gekuschelt bei den Pferden im Stroh. Sie holte ihnen eine Dekke, breitete sie über sie und schlich sich aus dem Stall. Grete saß am Tisch auf dem Flett und stürzte durstig ein Bier hinunter.

„Die beiden schlafen trotz des Lärms selig und süß", sagte Engel.

„Dann wird Mutter ja beruhigt sein. Willst du es ihr sagen?"

Engel nickte und machte sich auf die Suche nach ihrer Mutter. Sie fand sie am Dielentor, wo sie und Adam sich grade vom Meyer und seiner Frau verabschiedeten. Der Meyer stützte sich schwer auf seine Frau.

„Ich wünsche alles Gute für die Ehe. Für den Hof ist sie sicherlich das Richtige, auch wenn ich persönlich finde, dass das Trauerjahr hätte eingehalten werden müssen. Nun ja, die Umstände. Nicht wahr?"

Colona Meyer reichte den Frischvermählten mit entschuldigendem Lächeln die Hand. Engel konnte durch das weit geöffnete Dielentor sehen, wie der Colon seiner Frau auf den Wagen half und davon fuhr. Adam atmete erleichtert auf. „Gott sei Dank, er ist endlich weg."

Catharina sah ihren Mann missbilligend an.

„Er hat eine sehr nette Frau. Ich bin froh, dass sie der Gerichtsstreit nicht gehindert hat, zur Feier zu kommen."

Engel nutzte die Gelegenheit und erzählte ihrer Mutter, wo sie die beiden Kinder gefunden hatte. Catharina war beruhigt.

„Wie schön. Dort können sie ungestört schlafen. Ach, am liebsten würde ich mich gleich dazu legen."

In diesem Augenblick kamen mehrere der Nachbarsfrauen. Sie nahmen Catharina beim Arm und zogen sie in die Schlafkammer. Engel folgte ihnen neugierig. Sie war bei Hochzeiten noch nie so lange auf gewesen und so kannte sie den Haubentausch nur aus Erzählungen.

Colona Volbert nahm Catharina die Goldhaube ab. Catharina protestierte zaghaft.

„Können wir nicht darauf verzichten. Sie ist doch noch von Ludwig."

„Neue Hochzeit, neue Zeit, neue Haube, neues Kleid."

Colona Rahenkamp nahm Frau Volbert die Haube ab und legte sie umständlich zusammen. Jede Falte wurde genau geprüft. Schließlich wurde das gute Stück sorgsam in die große Truhe gelegt.

„Nun woll'n wir doch mal sehen, wie ordentlich der neue Ehemann ist."

Eine der anderen Nachbarsfrauen öffnete die Truhe mit Adams Aussteuer. Engel konnte sehen, dass je eine neue Gold-, Silber- und Trauermütze obenauf lagen, gleich neben einem goldenen und einem silbernen Halsgeschirr. Doch die Frauen taten so, als sei es schwer die neue Goldhaube zu finden. Sie kramten längere Zeit in der Truhe. Schließlich hielt eine der Frauen die Haube triumphierend hoch.

„Da ist ja das gute Stück."

Sie reichte sie Frau Rahenkamp, die sie umständlich auffaltete, die Bänder glättete und an Frau Volbert weitergab.

„Wo ist das Lot? Wie soll ich sie ohne Lot grade aufsetzen?"

Engel kicherte, als die Nachbarsfrauen ein Band mit einem Stein daran hervor kramten und mit viel Mühe die Haube auf Catharinas Haarknoten zurechtrückten. Schließlich saß sie und eine der jüngeren Frauen lief, ein Milchsieb zu holen.

Colona Rahenkamp nahm das Sieb und hielt es Catharina als Spiegel vor. Natürlich war nichts zu erkennen. Die Frauen sahen so erwartungsvoll zu Catharina auf, das die Colona laut auflachte. Die Frauen lachten erleichtert mit.

„Na endlich. Das wurde aber auch Zeit. Du hast auf der ganzen Feier noch nicht so schön gelacht", sagte Angela Huckeriede.

„Mir war seit Ludwigs Tod nicht zum Lachen zumute."

„Komm lass uns tanzen."

Colona Volbert zog Catharina hinter sich her auf die Diele. Schnurstracks ging sie zu den Musikern, gab ihnen ein Trinkgeld und verlangte einen Tanz. Gemeinsam hüpften die beiden Frauen einmal um die Diele herum, dann wurde die Braut an Colon Volbert weitergegeben.

Engel sah zu, wie Catharina von Tanzpartner zu Tanzpartner weitergereicht wurde und mit jedem eine Runde um die Diele drehte. Es dauerte lange, bis sie mit allen Gästen getanzt hatte. Ganz zuletzt wurde sie Adam zugeführt.

„Jetzt aber aufgepasst", rief Henrich Huckeriede, als sich das Brautpaar dem Ende der Dielenrunde näherte. Engel, Grete und ein paar Gäste feuerten das Brautpaar an.

„Lauft, lauft, lauft, lauft, lauft."

Andere Gäste hielten Seile bereit, mit denen sie das Paar aneinander binden wollten. Aber Catharina kannte ihr Haus genau. Am Ende der Runde zog sie Adam hinter einem Trägerbalken durch und entkam so den Häschern. Lachend verschwanden die beiden in der Stube, kamen aber wenig später zurück. Catharina fächelte sich mit der Hand Luft ins Gesicht.

„Ist mir warm. Ich bin eben keine zwanzig mehr." Sie setzte sich zu ihrem Stiefvater an den großen Tisch. Adam ging auf die Diele zurück und holte sich ein Mädchen zum Tanz. Auch Engel wurde wieder in die fröhliche Runde gezogen.

Ein paar Stunden später ließ sich Engel erschöpft auf eine Bank in der leeren Stube fallen. Sie legte sich auf den Rücken, die Arme unterm Kopf verschränkt. Jetzt könnte ich bis übermorgen schlafen, dachte sie.

In diesem Moment kamen Henrich Huckeriede und Adam herein. Sie waren beide schon ziemlich betrunken und bemerkten Engel nicht. Beide trugen Bierkrüge in der Hand und Henrich hatte noch eine Flasche Schnaps dabei. Adam wedelte mit der rechten Hand in der Luft herum, während er sprach.

„Nur gut, dass er so früh gegangen ist. Sonst wär' heut noch was passiert. Das sag ich dir."

„Wahrscheinlich hat er das gemerkt. Ich glaube er hat Angst vor dir."

Engel sah, wie Catharina im Türrahmen auftauchte. Sie hob die Hand, als wolle sie Adam auf sich aufmerksam machen, hielt aber bei seinen nächsten Worten inne.

„Soll er nur. Bei mir kommt er mit seinen Rufmördern jedenfalls nicht durch, dieser Halsabschneider."

„Der Graf ist doch auch nicht besser", sagte Huckeriede. „Den beiden geht es bloß ums Geld. Verklagen sollten wir die, wenn wir es nicht schon längst gemacht hätten."

„Meinst du, dass die Richter ihnen glauben?"

„Keine Ahnung. Haben die Zeugen eigentlich die Wahrheit gesagt?"

„Weiß ich nicht. Ich kann mich nicht erinnern. Ich war viel zu besoffen."

Catharina räusperte sich. Adam und Henrich fuhren herum. Wie zwei ertappte Schulbuben standen sie vor der Colona.

„Was haben die Zeugen über dich gesagt, Adam? Sollte ich das wissen?"

Engel staunte, denn Adam wurde tatsächlich rot. Er wand sich. Schließlich antwortete Henrich für ihn.

„Der Meyer hat dem Gericht zwei Zeugen vorgestellt, die Adam Unzucht anlasten. Am Morgen nach der letzten Kirmes soll er auf Gretes Bett gesessen haben. Aber er war so betrunken, dass er sich nicht daran erinnern kann. Ich glaube, er hat im Suff nur die Kammern verwechselt."

Wahrscheinlich eher die Betten, dachte Engel. Philippina schläft schließlich im selben Zimmer.

Catharina schüttelte den Kopf.

„So eine alte Geschichte. Trotzdem, Adam, langsam solltest du die Finger vom Alkohol lassen. Misch dich lieber unter die Gäste. Ihr beide habt noch genug Zeit über den Prozess zu reden, wenn die Feier zu Ende und alles wieder aufgeräumt ist."

Wortlos und mit hängenden Schultern schlich sich Adam an Catharina vorbei. Henrich zog die Bäuerin in die Stube und legte einen Arm um ihre Schultern.

„Nun mach mal einen Moment Pause. Du siehst ziemlich erschöpft aus."

Catharina lehnte sich kurz gegen seine breite Brust.

„Ach Henrich. Ich hatte so gehofft, in ihm einen Mann zu bekommen, bei dem ich mich anlehnen kann. Ich bin nicht stark genug, alle Entscheidungen zu fällen. Das hat doch Ludwig immer getan."

„Sei nicht so streng mit ihm. Er ist noch jung. Wenn er erst wieder nüchtern ist, wird er der Mann sein, den du brauchst."

Catharina seufzte.

„Dein Wort in Gottes Ohr."

Gemeinsam gingen sie aus der Stube. Engel richtete sich auf und sah der Mutter verwirrt nach. Adam, der starke, unnachgiebige, gemeine Adam benahm sich seiner Frau gegenüber wie ein schüchternes Lamm.

Weiß Mutter etwas, was ich nicht weiß? Etwas, mit dem sie ihn belasten könnte?

Rahenkamps ältester Sohn platzte in den Raum und unterbrach ihre Gedanken.

„Hier bist du! Los komm tanzen."

Er nahm Engel bei der Hand und zog sie aus der Stube, ohne dass sie sich wehren konnte. Engel schloss die Augen und ließ sich zur Musik über die Diele wirbeln.

Ich kann ja auch später noch über Adam nachdenken.

Engel war von sich selbst überrascht.

„Nun ist es schon fast morgens und ich bin überhaupt nicht müde."

Grete lachte.

„Warte nur bis heute Abend. Dann kannst du kaum noch aus den Augen gucken. Na, zum Glück ist es nun bald vorbei."

Engel sah sich um. Tatsächlich waren schon viele der älteren Gäste heimgegangen.

„Zeit fürs Warmbier", rief Colona Rahenkamp. Die Musiker hörten erleichtert auf zu spielen und begannen ihre Instrumente zu säubern. Die Frauen der Nachbarschaft versammelten sich am Herd. Engel drängelte sich zwischen sie, um beim Kochen zuzusehen.

Im größten Topf des Hauses wurde eine Milchsuppe bereitet. Als sie kochte, zog Colona Volbert jede Menge Eier darunter. Abschließend warfen die anderen Frauen Korinthen, Rosinen und Weggenstücke hinein, dann war das Warmbier fertig. Adam wurde zum Abschmecken gerufen. Colona Rahenkamp reichte ihm einen kleinen Holzlöffel.

„Nun zeig mal, ob du auch kochen kannst."

So erschöpft und betrunken Adam auch war, er probierte gehorsam.

„Ich weisnich sorecht. Fehlta nowass?"

Er reichte den Löffel an Catharina weiter, die gekonnt würzte und abschmeckte.

„Nun ist es gut."

Sanft wurde sie von den Frauen zur Seite gedrängt, die die Suppe in Krüge, Becher und Tassen gossen und unter den Gästen verteilten. Engel hielt sich den Bauch.

„Wenn ich noch mehr essen oder trinken soll, platze ich."

Grete schmunzelte schon wieder.

„Die Suppe nach der Hühnerjagd heute Nachmittag wird schon wieder reingehen."

Engel schüttelte sich schon bei dem Gedanken daran. Schließlich deckten die Nachbarn noch das Feuer ab, als Zeichen, dass das Fest nun zu Ende sei. Dabei stellten sie sich wieder einmal dümmer, als es je ein Bauer war. Zu guter Letzt goss jemand ganz aus Versehen den Rest des Warmbiers über das Feuer. Nun war es Zeit für die letzten Gäste heimzukehren. Catharina und Adam verabschiedeten jeden einzelnen und gaben den Frauen die Körbe zurück, in denen sie Eier und Butter gebracht hatten. Engel und Grete hatten sie schon früher am Abend mit Weggenstücken gefüllt, so dass kein Nachbar mit leeren Händen heim ging. Als der letzte Gast verschwunden war, streckte sich Engel erleichtert.

„Sieh mal, Grete die Sonne geht schon auf."

„Na und? Jetzt ist endlich Zeit ins Bett zu gehen und ein paar Stunden zu schlafen."

„Wie kannst du einen so schönen Morgen verschlafen! Ich werde ihn jedenfalls genießen."

„Na, viel Spaß. Aber jammer' nachher nicht, dass du müde bist."

Grete zwinkerte der kleinen Schwester zu und folgte Catharina und Adam, die schon längst im Haus verschwunden waren. Engel genoss den Sonnenaufgang. Sie bewunderte das himmlische Farbenspiel und übersah dabei beinahe eine zarte Gestalt, die die Einfahrt hinauf kam.

„Klara! Wie schön, hat dich der Meyer doch noch gehen lassen?"

„Einen halben Tag hat er mir freigegeben. Das ist nicht einmal genug Zeit, um unseren Garten zu entkrauten."

„Wenn ich dir helfe schaffst du es."

Klara lächelte Engel an.

„Dann bekommst du Ärger mit Adam. Er ist doch jetzt dein Vater."

„Er wird nie mein Vater sein, nicht in hunderttausend Jahren. Er ist Colon, das ist alles!"

Klara sah Engel besorgt an. Engel grinste aufmunternd.

„Mach dir keine Sorgen. Ich werde schon damit fertig."

„Das freut mich."

Klara verabschiedete sich und schleppte sich den Berg hinauf.

„Ich komm gleich nach", rief Engel ihr hinterher und ging ins Haus.

Philippina hatte mit dem Melken begonnen und Engel musste sehr aufpassen, um von ihr nicht gesehen zu werden. Heimlich packte sie einen großen Korb mit den besten Resten des Festmahls und schlich aus dem Haus. Keuchend schleppte sie ihn zum Heuerhaus hinauf.

Dieser blöde Meyer. Feiert bei uns mit, als wäre er unser bester Freund und Klara kriegt nicht mal einen Tag frei. Seinetwegen hat sie die ganze Hochzeit versäumt.

Leise öffnete sie die Tür und betrat das Heuerhaus.

Klara war grade dabei, die Ziege zu melken. Müde lehnte sie an der Flanke des Tieres und die Milch spritzte in einen Eimer. Engel sah sich um. Hinrich Dorsch schien noch zu schlafen, denn die Tür zur Stube war geschlossen. Klara hatte den Frühstückstisch bereits gedeckt. Engel sah bestürzt, dass die Milchsuppe mit Wasser verdünnt und das Brot alt und vertrocknet war. Sie stellte den Korb auf den Tisch und begann auszupacken. Klara kam aufs Flett. Erfreut sah sie die guten Sachen an, doch ihre Stimme klang müde.

„Danke, Engel. Auch dafür, dass du die Steuern bezahlt hast. Ich zahle es dir von meinem nächsten Lohn zurück. Versprochen!"

Engel winkte ab.

„Leg dir das Geld lieber als Mitgift zurück."

„Danke. Ich kann es gut für die anderen Schulden meines Vaters brauchen."

Klara goss einen Teil der Ziegenmilch in eine Schale, die sie auf den Platz ihres Vaters stellte. Den Rest kippte sie in die Milchsuppe. Dann begann sie zu frühstücken.

Engel beobachtete sie dabei. Entsetzt bemerkte sie die dunklen Ringe unter den Augen ihrer Freundin. Klara wirkte sehr erschöpft. Trotzdem spielte ein zufriedenes Lächeln um ihren Mund.

Was das wohl zu bedeuten hat?

Schließlich hielt sie es nicht mehr aus und fragte.

„Gibt es was Neues bei dir."

Klara wurde rot und sah sich nervös um.

„Versprich, das du es niemandem weitersagst!"

Engel hob die Hand wie zum Schwur. Klara beugte sich zu ihr hinüber und flüsterte ihr ins Ohr.

„Ich habe einen Mann kennengelernt, der mich auch ohne Mitgift heiraten will. Und er ist furchtbar nett!"

„Sieht er auch gut aus? Wie heißt er denn? Kommt er bald her? Wo hast du ihn denn kennengelernt?"

Klara musste über so viel Neugier lachen, bemühte sich dann aber alle Fragen zu beantworten.

„Er war schon mal hier, aber du hast ihn nicht gesehen. Er heißt Hermann und ist der neue Knecht beim Meyer. Ich finde er sieht gut aus und er hat wunderschöne Hände."

„Wann heiratet ihr?"

„Wenn Hermann eine Heuerstelle gefunden hat. Aber das dauert sicher noch eine ganze Weile."

„Er könnte deinem Vater zu Hand gehen, bis der nicht mehr kann. Dann ist Adam sicherlich nicht abgeneigt, ihm die Stelle zu geben."

Klara schüttelte betrübt den Kopf. Da sie genug gegessen hatte, wischte sie sich die Finger an dem vielfach geflickten Tischtuch ab, bevor sie weitersprach.

„Als Hermann andeutete, dass er mich heiraten will, wurde Vater entsetzlich wütend. Er hat mir sogar verboten, jemals wieder mit ihm zu reden."

„So eine Schnapsnase. Du hältst dich doch nicht dran, oder?"

Klara warf einen schnellen Blick auf die Stubentür und senkte die Stimme.

„Ich hab's versucht, aber ich halte es auf dem Meyerhof ohne Hermanns Hilfe nicht aus. Aber sag es Vater bitte nicht."

Engel schnaufte abfällig.

„Dem doch nicht. Komm, lass uns in den Garten gehen und Unkraut jäten. Dann kannst du mir von deinem Süßen erzählen, ohne dass es dein Vater hört."

Adam war wütend, dass Engel den ganzen Vormittag bei Klara geblieben war, aber Engel ließ seine Strafpredigt gleichgültig über sich ergehen.

„Was hab' ich schon groß versäumt. Ich hatte eh' keine Lust zu jagen."

Mit Abscheu betrachtete sie die acht Hühner, die gerupft und ausgenommen zum Kochen bereit lagen. Sie waren von den Nachbarn und einigen Verwandten bei den größten Bauern der Gegend erschossen oder erschlagen worden. Nun saßen alle bei Schnaps und Bier in der guten Stube und warteten darauf, dass sie zubereitet wurden.

„Wie ich sehe wart ihr erfolgreich. Wer hat denn vergessen, seine Hühner einzuschließen?"

„Spielt keine Rolle! Du hast niemandem gesagt, wo du hin bist."

„Das stimmt nicht. Grete wusste, wo ich war."

„Du hättest hier bleiben und ihr beim Aufräumen zur Hand gehen müssen."

„Überall wird nach einer Hochzeit nur das Nötigste getan. Nur bei uns soll das plötzlich anders sein, weil der gnädige Herr das so will. Das ist gemein! Die Arbeit läuft doch nicht weg!"

„Anna Engel Waldmann, so kannst du mit mir nicht reden. Wenn ich sage, dass du arbeiten sollst, dann hast du auf dem Hof zu bleiben. Basta!"

Engel presste die Lippen fest aufeinander und schwieg.

Ich denke gar nicht dran. Ab sofort werde ich öfter mal frei machen. Vielleicht kann ich Klara und Friedrich so wenigstens gelegentlich sehen.

Adam, der den Trotz in Engels Gesicht sah, meinte abschließend: „Ich werde dich im Auge behalten. Glaub nur ja nicht, dass du so etwas noch einmal machen kannst, Prinzessin."

Engel sah dem frisch gebackenen Colon nach, der gereizt aus dem Haus stapfte.

Der wird sich nie ändern.

Die nächsten Tage strengte sich Engel besonders an und es dauerte nicht lange, bis Adams Aufmerksamkeit nachließ. Es gab reichlich zu tun. Die Obstbäume bogen sich unter Birnen, Pflaumen und den ersten Äpfeln. In den Wäldern reiften Brombeeren und Himbeeren. Auf den Feldern warteten Weizen, Roggen und Hafer darauf geerntet zu werden. Heuerleute, Knechte, Mägde und Bauersleute hatten alle Hände voll zu tun, um die Ernte rechtzeitig unter Dach zu bringen. Engel stellte erstaunt fest, dass sie die harte Arbeit mit jedem Tag weniger anstrengte.

Ich krieg' langsam richtig kräftige Arme, dachte sie stolz und schnappte sich einen Korb.

Immer wenn ein Feld abgeerntet war, wurden die Kinder der Heuerleute ausgeschickt, die Ähren aufzusammeln, die aus den Garben gefallen waren. Ludwig hatte eingeführt, dass die Kinder die Hälfte der gefundenen Ähren für sich behalten durften und Adam hatte diesen Brauch übernommen. Allerdings hatte er Maria und Engel befohlen, die Teilung genau zu überwachen.

Schmunzelnd betrachtete Engel die Reihe der Handwagen, die am Feldrand standen. Dann folgte sie Maria und den Heuerkindern, die ein Stück voraus am Arbeiten waren. Langsam schritt sie die abgeernteten Furchen entlang. Als ihr Korb voll war, ging sie zu ihrem Wagen, um ihn dort auszukippen. Grade rumpelte Rahenkamp mit einer vollen Fuhre Weizen den Weg hinauf zu seinem Hof. Bei Engel angekommen hielt er an und begrüßte sie freundlich.

„Schade, dass Ludwig das nicht mehr erleben kann. Er wäre verdammt stolz. Ich glaube nicht, dass er dich jemals so hart hat arbeiten sehen.“

Engel wurde rot, ging aber nicht auf die versteckte Kritik ein.

„Mir wäre es auch lieber, wenn er noch am Leben wäre.“

Zu ihrer Überraschung nutzte der Colon bereitwillig die Gelegenheit, um über jenen verhängnisvollen Tag zu reden.

„Das glaube ich gerne. Wenigstens konnte Adam deine Mutter noch auf das Schlimmste vorbereiten.“

Das ist also der Grund, warum Adam damals so eilig vom Hof rannte, dachte Engel, während Rahenkamp weiterredete.

„Womöglich wäre Catharina vom Schlag getroffen worden und wir hätten sie auch noch verloren.“

Ich hätte mir denken können, dass ihn nur Mutters Wohlergehen interessiert. Dabei wäre es viel wichtiger zu wissen, warum Adam überhaupt auf unseren Hof kam. Engel versuchte diesen Gedanken so vorsichtig wie möglich in Worte zu kleiden.

„Es hat mich jedenfalls überrascht Adam zu sehen. Ich dachte, er wäre daheim. Schließlich war er krank.“

Rahenkamp schüttelte bedächtig den Kopf.

„Ich kann dir auch nicht sagen, was er bei euch wollte. Ich weiß nur, dass er nahezu gleichzeitig mit mir bei Ludwig ankam. Ich habe ihn dann augenblicklich deiner Mutter entgegen geschickt.“

„Dafür ist er ganz schön schnell gerannt.“

Rahenkamp lachte dröhnend.

„Du hast recht, wetzen kann er! So schnell wie der Igel, der immer vor dem Hasen da war."

Engel lächelte über diesen ungeschickten Vergleich. Immerhin zeigte es, dass selbst Colon Rahenkamp gerne den Geschichten der alten Johanne lauschte.

„Übrigens sollten wir uns besser beeilen. Johanne hat ein Gewitter vorausgesagt. Sie meinte, dass sie es in den Knochen spürt."

Rahenkamp schnalzte mit der Zunge und sein Brauner setzte sich wieder in Bewegung. Langsam rumpelte der Wagen davon. Engel winkte ihm nach und wendete sich wieder ihrer Arbeit zu. Ihre Gedanken drehten sich noch um das kurze Gespräch.

Hatte Rahenkamp die Wahrheit gesagt? Oder hatte er gelogen, um sich selbst zu schützen? Oder hatten beide, er und Adam, einen Teil Schuld am Tod ihres Vaters und er wollte es nur nicht zugeben?

Engel quälte sich mit Fragen, ohne zufriedenstellende Antworten zu finden.

Friedrich muss mir helfen, vertraute sie dem Stoppelfeld an. Ich drehe sonst noch durch.

Sie arbeitete immer schneller, in Gedanken noch immer auf der Suche nach einer Erklärung. Bald hatte sie die anderen eingeholt. Die derben Scherze und Reibereien lenkten sie ein wenig ab. Trotzdem wartete sie voller Ungeduld auf Friedrich.

Johannes Knochen behielten recht. Kaum war das letzte Feld nachgelesen, begann es zu Wetterleuchten und wenig später prasselten dicke Tropfen auf die ausgedörrte Erde. Engel und Victor schafften es grade noch , die Rinder vor dem stärksten Regen in die Ställe zu treiben. Die Tiere muhten unwillig. Sie wären lieber auf der Weide geblieben. Engel sah zu Adam hinüber, der zufrieden auf der Bank im Flett saß. Er trank ein frisches Bier und sah sehr zufrieden aus.

„Besser hätten wir es gar nicht treffen können. Die Scheunen sind randvoll und die Erde kann jeden Tropfen Wasser brauchen."

Catharina lächelte ihm freundlich zu, ließ dabei aber die Mägde für keine Minute aus den Augen. Engel wunderte sich, dass sie Philippina noch nicht entlassen hatte.

So wie sie Mutter ansieht, kann man ihr die Eifersucht an der Nasenspitze ablesen. Wer weiß, vielleicht besucht Adam sie nachts sogar heimlich.

Es polterte an der Tür und Friedrich stolperte auf die Diele. Er zog Trude hinter sich her. Adam sprang auf und ging dem Gast entgegen. Engel blieb fast das Herz stehen, aber Adam begrüßte den Untervogt freundlich. Wenig später war Trude abgesattelt und trockengerieben und Friedrich klammerte sich an einen Krug Bier.

„Gibt es was Neues vom Gericht?"

„Nein. Ich war auf dem Weg nach Essen, als mich das Gewitter überraschte."

Engel lauschte dem höflichen Geplänkel und wünschte sich nichts sehnsüchtiger, als mit Friedrich allein sein zu können.

Als das Gewitter vorüber war, sattelte Friedrich sein Pony wieder und verließ das Haus. Im Gehen zuckte er ein paar Mal merkwürdig mit dem Kopf. Er bedankte sich für die Gastfreundschaft und ritt davon. Engel konnte es kaum glauben.

Er hat mir nicht einmal die Hand gegeben, dachte sie empört und ging erhobenen Hauptes als erste zurück ins Haus. Fast in selben Augenblick bereute sie ihr Verhalten.

Mit wem soll ich bloß reden, wenn er mir jetzt böse ist? Dabei hat er ganz richtig gehandelt. Mutter bekommt einen völlig falschen Eindruck, wenn er zu oft mit mir redet.

So schnell sie konnte verließ sie das Haus durch die linke Seitentür und rannte durch den Garten. Neben der kleinen Eiche, an der sie bei Friedrichs erstem Besuch Trude und den Spaten gefunden hatte, saß der Untervogt auf einem Stein und wartete. Als er Engel kommen sah, sprang er freudig auf und griff nach ihren Händen.

„Gott sei dank, du hast mein Zeichen verstanden. Ich habe schon gedacht, du wärst böse auf mich, so wie du verschwunden bist."

Engel wurde rot, gab dann aber zu, dass es für einen Moment auch so gewesen war. Dann fragte sie: „Welches Zeichen meintest du?"

„Na, ich habe doch mit dem Kopf gezeigt, wo wir uns treffen wollen."

Engel musste lachen.

„Da wäre ich nie drauf gekommen. Ich dachte, du hättest vielleicht Wasser ins Ohr gekriegt."

Friedrich lachte mit.

„Lass uns besser noch ein Stück gehen, sonst kann man uns vom Haus aus sehen."

Schweigend gingen sie neben Trude den Berg hinauf, bis sie an Rahenkamps Hof vorbei waren. Dort setzten sie sich auf einen nahezu trockenen Baumstamm, der schon seit dem letzten Winter am Wegrand auf seinen Abtransport wartete. Friedrich räusperte sich.

„Du hast mit den Schwierigkeiten des Meyer recht gehabt. Ich habe es unauffällig überprüft. Er hat in allem fast 12.000 Taler Schulden."

Engel versuchte sich so viel Geld vorzustellen. Da sie im Rechnen schon immer ganz gut war, hatte sie schnell ein interessantes Ergebnis.

„Eine Magd verdient im Jahr etwa acht Taler. Für 12.000 Taler müsste sie... Ach du meine Güte. Dafür müsste sie 1.500 Jahre arbeiten!"

Engel schluckte. So eine lange Zeit und eine solche Menge Geld waren für sie unvorstellbar.

„Ja, das Geld aus dem Trauerfall und der Heirat wären für den Meyer tatsächlich ein starkes Motiv."

„Was ist ein Mo-tiv?"

„Ein Grund, aus dem ein Verbrechen geschieht. Und genau das ist unser Problem. Wir wissen immer noch nicht, ob es wirklich eines war."

Ungeduldig wischte Engel den Einwand beiseite.

„Ich bin mir ganz sicher, dass es kein Unfall war. Es gibt einfach zu viele Leute, denen Vaters Tod zu gut in den Kram passt."

„Wir brauchen trotzdem einen Beweis. Außerdem muss der Tod deines Vaters für einen möglichen Täter im Nachhinein nicht unbedingt vorteilhaft gewesen sein."

Engel überging Friedrichs Einwände. Sie wollte endlich über ihre Verdächtigen reden.

„Adam hätte zum Beispiel ohne Vaters Tod keine Chance gehabt, je einen eigenen Hof zu bekommen. Außerdem liebt er eine unserer Mägde."

Ausführlich schilderte sie, wie sie Adam und Philippina belauscht hatte. Friedrich hörte ihr aufmerksam zu. Wie schon einmal nahm er Engels Hände und fragte sie geschickt nach Einzelheiten aus. Schließlich fasste Engel unwillig auch noch das kurze Gespräch mit Rahenkamp zusammen.

„Colon Rahenkamp behauptet indes, dass Adam etwa zur gleichen Zeit mit ihm im Haus ankam. Und damit wäre Adam wohl entlastet."

„Nicht unbedingt. Er könnte ja schon vorher im Haus gewesen sein. Nach verübter Tat könnte er einmal hinaus- und wieder hineingegangen sein. Zeit genug hätte er dafür gehabt."

Engel war entsetzt.

„Aber das wäre furchtbar kaltblütig."

Sie entzog Friedrich die Hände und formte mit der Linken das Zeichen, das sie vor Bösem schützen sollte. Mit der Rechten verdeckte sie die Geste vor Friedrich.

„Manche Menschen sind hartherziger als du dir vorstellen kannst. Allerdings kenne ich Adam zu wenig, als dass ich beurteilen könnte, ob ihm so etwas zuzutrauen wäre."

Engel schwieg nachdenklich. Nach einer Weile fragte Friedrich: „Hast du Colon Rahenkamp schon in Betracht gezogen?"

Engel sah ihn überrascht an.

„Ach, ich weiß nicht. Er ist doch so ein netter Mensch."

„Manchmal sind grade die Leute am schlimmsten, denen man niemals eine Schandtat zutrauen würde."

„Aber wie kommst du ausgerechnet auf Rahenkamp? Er steht Adam doch bei."

„Eben das verwundert mich. Außerdem frage ich mich, warum er sich ausgerechnet mit dir darüber unterhält."

„Vielleicht glaubt er ja, dass ich Mutter erzähle, wie fürsorglich er war. Er liebt sie nämlich schon lange."

„Auch Liebe ist ein Grund zu töten. Sein Gespräch mit dir könnte ein unbewusster Versuch gewesen sein, dich davon zu überzeugen, dass er für eine solche Tat gar keine Zeit gehabt haben kann."

Engel fühlte sich elend.

„Ich kann das einfach nicht glauben. Na gut, er hat sich gelegentlich mit Vater gestritten. Ich habe sie dabei sogar einmal belauscht. Auch bei der Markenteilung waren die beiden nicht immer einer Meinung. Aber Vater deshalb zu töten?"

Gequält sah sie Friedrich an. Er überdachte die Ereignisse bei Ludwigs Tod für einen Moment und schüttelte dann den Kopf.

„Es hat keinen Sinn darüber zu mutmaßen, wer was getan hat. Wir brauchen Beweise und zwar zuallererst dafür, dass es überhaupt ein Verbrechen war. Sonst halten wir die Männer in Gedanken vielleicht schon für schuldig, obwohl dein Vater nur einen Unfall hatte. Und das wäre eine sehr große Sünde."

Engel seufzte.

„Warum ist das alles nur so furchtbar verwirrend?"

Friedrich legte ihr zögernd den Arm um die Schultern.

„Glaube mir, eines Tages wirst du wissen, was passiert ist. Du musst nur etwas Geduld haben."

Engel versuchte, geduldig zu sein. Immer, wenn ihre Gedanken zu sehr durcheinander wirbelten, rief sie sich Friedrichs Stimme in Erinnerung. Das beruhigte sie. Doch die Wochen vergingen und keiner der beiden fand eine neue Spur.

Langsam ging der Sommer dahin. Das Getreide war geerntet und der Herbst kleidete die Welt in bunte Farben. Es wurde Zeit Obst und Gemüse zu ernten, einzulagern, zu trocknen oder zu Mus zu zerkochen.

Engel vermisste die zwei Stunden Mittagspause, die während des Sommers üblich waren, genauso sehr wie die Gespräche mit Friedrich, der wieder für einige Wochen nach Iburg beordert worden war. Zum Glück hatte sie so viel zu tun, dass sie nur wenig Zeit hatte, darüber nachzudenken.

Jeden Morgen begannen die Männer lange vor Tagesanbruch, Korn zu dreschen. Erst wenn wenigstens ein bis zwei Lagen gedroschen waren gab es Frühstück. Engel konnte am Rhythmus der Schläge hören, wann es soweit war, den Tisch zu decken. Es machte ihr auch Spaß zuzusehen, wie Adam das Saatgut von den Körnern fürs Mehl trennte. Leider fand sie nur selten die Gelegenheit sich unbemerkt ins Dreschhaus zu schleichen, wo Adam den ganzen Tag Korn in weiten Bögen auf den Boden warf. Die leichten Körner und die Spreu flogen nicht sehr weit. Das gute Korn aber landete weiter entfernt. Wenn Engel am Nachmittag die verschiedenen Kornhaufen einsammelte, staunte sie immer wieder, wie gut Adam den Schwung abschätzen konnte. Das gute Korn lag in einem sehr schmalen Band zusammen. Als sie das Werfen selbst einmal heimlich versuchte, verteilten sich die Körner ungleichmäßig über mehrere Meter und sie musste sie mühsam wieder zusammenfegen.

Mehr als einmal bestand Adam darauf, dass auch Abends noch eine Lage gedroschen wurde. Engel wusste, dass Catharina damit nicht einverstanden war. Doch die Colona sagte nichts, denn über die Männer hatte Adam zu bestimmen. Engel war nicht so zurückhaltend.

„Es ist nicht recht, dass du die Männer vom Spinnen abhältst. Es sind Berge von Lein zu spinnen. Das schaffen wir nicht allein."

Adam lächelte schelmisch.

„Und das, obwohl du schon sooo fleißig geworden bist, Prinzessin?"

Engel schnappte empört nach Luft. Adam grinste nur.

„Lass es gut sein, Engel. Die Männer kommen zum Spinnen, wenn genug Saatgut gedroschen ist. Wir wollen doch zur Aussaat nicht mit leeren Händen dastehen."

Mit diesen Worten ließ er sie stehen und ging wieder ins Dreschhaus. Engel ärgerte sich den ganzen Nachmittag und den Abend. Erst als die Männer, müde vom Dreschen, ihre Spinnräder in Gang setzten, bekam sie sich wieder in den Griff. Scherze flogen hin und her und so wurde es doch noch ein fröhlicher Abend.

Durch die Arbeit wurden Engels lieb gewordene Besuche bei Huckeriedes seltener. Deshalb genoss sie jede Minute des Unterrichts um so mehr. Ihre Fingerfertigkeit nahm langsam zu und sie musste immer seltener Misslungenes wieder auflösen. Sie merkte, dass ihre Tante stolz auf sie war.

„Das ist genau so gut gewebt, wie Gretes Leinen."

Angela lobte selten und so war Engel sehr stolz, als sie das fertige Stück Stoff vom Webrahmen nahm. Angela strich mit der Hand darüber.

„Du kannst es getrost beim Erntedankfest nächsten Sonntag mit an den Altar legen."

Henrich Huckeriede, der grade zum Abendessen hereinkam, hörte die letzte Bemerkung seiner Frau. Er klopfte Engel sanft auf die Schulter und lachte dröhnend.

„Ja, fürs Erntedankfest nur das Beste. Wir werden den Katholischen schon zeigen, dass unsere Gaben die besseren sind."

Engel schüttelte besorgt den Kopf.

„Erntedank ist doch kein Wettstreit. Denk nur an das unglückliche Ende von Kain und Abel."

Angela lächelte milde.

„Nimm deinen Onkel nicht zu ernst. Er meint es nicht so schlimm, wie es sich anhört. Ein wenig Prahlerei gehört bei ihm halt dazu."

Huckeriede lachte, dass das Haus in seinen Grundfesten erschüttert wurde. Dann gab er seiner Frau einen zärtlichen Kuss auf die Wange.

„Wie gut du mich doch kennst, mein Herz. Aber nun lass uns endlich essen, sonst verhungere ich noch."

Lachend und scherzend nahmen alle Platz. Henrich sprach das Tischgebet und schon wurde kräftig zugelangt. Engel lauschte den gut gemeinten Scherzen und sah die fröhlichen Gesichter. Zum ersten Mal seit Ludwigs Tod fühlte sie sich wieder so angenommen, wie sie war.

Nach dem Essen wischten die Männer ihre Holzlöffel am Tischtuch ab und hängten sie in die Schlaufen eines schmalen Lederbandes neben dem Brotkasten. Danach setzten sie sich ums Feuer und begannen Werkzeuge zu reparieren oder zu spinnen, sich Geschichten zu erzählen und Lieder zu singen. Die Frauen wuschen ihre Löffel mit Wasser sauber ab und hängten sie ebenfalls in das Lederband. Nun holten sie auch ihre Spinnräder, setzten sich zu den Männern und begannen den Flachs und die Wolle des letzten Herbstes zu spinnen.

Widerwillig verabschiedete sich Engel und machte sich auf den Heimweg. Die Fröhlichkeit des Abends klang in ihr weiter und so stimmte sie ein Liedchen an. Die Nacht war ziemlich dunkel, da der Himmel mit dichten Wolken bedeckt war. Am Ende der Hofeinfahrt blieb Engel stehen und sah nach Schledehausen hinüber. Gleich im ersten Haus des Dorfes waren die Stubenfenster hell erleuchtet. Engel schüttelte verwundert den Kopf.

„Welch eine Verschwendung so viele Kerzen anzustecken. Na, wenigstens ist so klar, dass der Meyer zu Hause ist."

Sie wollte sich ihre gute Laune nicht durch Gedanken an den Meyer verderben und so beschloss sie, die Abkürzung über Astrup zu nehmen. Sie wendete sich vom Dorf ab und machte sich auf den Heimweg. Eine dunkel gekleidete Gestalt huschte hinter ihr her.

„Engel, warte auf mich."

Für einen Moment blieb Engel fast das Herz stehen, dann erkannte sie die Verfolgerin.

„Klara! Was für eine Überraschung." Engel umarmte die Freundin. „Wieso gehst du hier lang? Vom Meyerhof aus ist das doch ein Umweg."

Klara zog sich das fadenscheinige Tuch enger über die Schultern.

„Ich wusste, dass du heute bei Huckeriedes sein würdest und ich wollte nicht alleine heim gehen."

„Sag bloß, Johanne hat dir etwas Schlimmes prophezeit."

Klara lächelte schwach und schüttelte den Kopf. Eine Weile gingen die Freundinnen schweigend nebeneinander her. Schließlich hielt Engel es nicht mehr aus.

„Komm schon, Klara. Was ist los. Du kannst mir ruhig alles sagen. Du bist schließlich meine beste Freundin. Wir hatten uns doch geschworen, immer füreinander da zu sein."

Klara blieb stehen und atmete tief durch. Sie drückte die Hände ins Kreuz und streckte sich.

„Ach Engel, wir sind doch keine Kinder mehr."

„Das ändert nichts. Wenn ich meine Versprechen schon immer halte, wie viel mehr wert ist mir da wohl ein Freundschaftsschwur."

Engel sah, wie Klara ein paar Tränen fort wischte und sich einen Ruck gab.

„Der Meyer wird immer aufdringlicher. Heute hat er mir angeboten, mich nach Hause zu begleiten. Dabei hat er mich in den Hintern gezwickt."

„Dieser Schuft!"

„Am schlimmsten ist, dass ich nichts dagegen tun kann. Ich muss dort arbeiten. Wir brauchen das Geld zu dringend."

„Aber doch nicht um jeden Preis. Es gibt Grenzen, Klara."

Klara wischte sich mit beiden Händen übers Gesicht.

„Es ist so schwierig. Vaters Schulden werden kaum weniger, so sehr ich mich auch abmühe."

Engel dachte daran, wie sie Dorschs Steuerschulden bezahlt hatte. Zum Glück wusste Klara nicht, dass sie dabei fast ihre gesamten Ersparnisse ausgegeben hatte.

„Wenn ich mehr Geld hätte, würde ich es dir geben."

„Ich brauche keine Almosen!"

„Ich würde es dir leihen, damit du nicht mehr beim Meyer arbeiten musst. Ich habe nur leider nicht genug."

„Ach Engel. Zum Glück beschützt Hermann mich."

„Was kann er gegen den Meyer schon tun. Er sollte dich lieber heiraten und schleunigst von hier wegbringen. Hat er denn noch immer keine Heuerstelle gefunden?"

Klara schüttelte betrübt den Kopf. Schweigend gingen die Mädchen durch die Dunkelheit. Um auf andere Gedanken zu kommen sprach Engel schließlich über die Gaben für das Erntedankfest.

„Komm doch nach dem Gottesdienst rüber. Wir werden am Freitag schlachten und Sonntag nach der Messe ist Schlachtefest."

„Schade, dass Hermann nicht euer Knecht ist. Dann könnte Vater nichts dagegen haben, wenn ich ihn bei euch treffen würde."

„Bring ihn doch einfach mit", schlug Engel spontan vor.

„Hätten deine Eltern nichts dagegen?"

„Mutter hat sicherlich nichts dagegen. Ich frage sie. Wenn sie es erlaubt kann Adam schlecht ablehnen."

Klara lächelte.

„Das wäre schön."

„So hättest du wenigstens mal einen Tag Ruhe vor dem Meyer."

Als sie am Waldmann'schen Hof ankamen, lief Engel ins Haus und bat ihre Mutter um die Erlaubnis, Hermann einladen zu dürfen. Catharina sah sie wissend an.

„Es ist wegen Klara, nicht wahr?"

Engel wurde rot.

„Geh nur. Ich erlaube es."

Freudig umarmte Engel ihre Mutter und brachte Klara, die auf dem Hof wartete, die frohe Botschaft. Als sie sich einige Zeit später trennten, war Klara etwas fröhlicher. Engel sah ihrer Freundin nach, wie sie mit müdem Schritt den Berg hinauf ging.

Der Erntedankgottesdienst war einer der schönsten, die Engel je erlebt hatte. Sie hatte das Gefühl, dass die Dankbarkeit über die reichliche Ernte die Feindschaft zwischen den Konfessionen milderte. Keiner der Evangelischen beschwerte sich, dass sie keinen eigenen Gottesdienst halten durften. Der einzige Hinweis auf die Rivalität der Konfessionen, war der von Gaben überquellende Altarraum. Alle Anwesenden hatten versucht, sich gegenseitig zu übertreffen, so dass Engels Tuch zwischen all den Sachen kaum zu sehen war. Aber sie war stolz darauf, dass es überhaupt dort lag.

Nach dem Gottesdienst wartete Engel auf Klara, um mit ihr gemeinsam nach Hause zu gehen. Catharina hatte es erlaubt, da für das Schlachtefest längst alles vorbereitet war. Engel entdeckte ihre Freundin, die grade mit einem schmucken Jüngling sprach. Sie wartete, bis Klara sie bemerkte. Die Augen ihrer Freundin leuchteten.

„Das ist mein Hermann."

Engel reichte dem Knecht die Hand.

„Ich habe schon viel von euch gehört."

Mit einem Seitenblick auf Klara meinte der Knecht: „Ihr dürft nicht alles glauben. Klärchen sieht mich mit verliebten Augen."

„Ihr kommt doch zum Schlachtefest?"

Hermann nickte.

„Ich muss nur noch zum Meyer, um die Pferde zu versorgen."

„Die Pferde?"

„Er ist zur evangelischen Kirche in Achelriede gefahren."

Immer braucht er eine Extrawurst, dachte Engel und verabschiedete sich von Hermann. Klara winkte ihrem Liebsten, bis er nicht mehr zu sehen war, dann hakte sie sich bei Engel unter. Die Freundinnen machten sich auf den Heimweg. Schon bald hatten sie die meisten Kirchenbesucher hinter sich gelassen.

„Was ist mit deinem Vater?"

Klara wurde rot.

„Ich habe ihn heute morgen nicht wach bekommen. Er war noch zu betrunken. Aber bitte verrate es niemandem."

„Ich sag' kein Wort. Allerdings war er schon so oft benebelt, dass Adam langsam wütend wird. Du musst mal mit ihm reden. Früher hat er doch nicht so viel getrunken."

„Es hängt mit Mutters Tod zusammen. Er kommt nicht darüber weg. Und als dann auch noch dein Vater starb... Er hat ihn so sehr bewundert."

Irgend jemand hat ihn aber nicht bewundert, dachte Engel verbittert.

„Wenn du nicht aufpasst, wirst du dich um deines Vaters Willen ruinieren. Du solltest wirklich mit Hermann fortgehen."

„Das kann ich nicht. Wer würde sich dann um Vater kümmern."

Engel schnaubte abfällig.

„Dein Vater ist ein erwachsener Mann. Er sollte ganz gut für sich selber sorgen können."

Klara schüttelte den Kopf.

„Er ist nur noch ein Schatten seiner selbst. Ich dürfte ihn nicht so oft alleine lassen und bin doch ständig auf dem Meyerhof zum Arbeiten. Da ist es doch kein Wunder, dass er zuviel trinkt."

„So darfst du nicht reden. Wenn dein Vater wüsste, wie du dich quälst, wäre er todunglücklich. Johanne sagte mal, dass Eltern eher für ihre Kinder durch die Hölle gehen würden, als sie unglücklich zu sehen. Glaube mir, das ist bei deinem Vater bestimmt nicht anders."

Klara sah Engel zweifelnd an. Da sie den Waldmann'schen Hof schon beinahe erreicht hatten, machte Engel einen Vorschlag.

„Lass uns deinen Vater aus dem Bett werfen. Er hat beim Schlachten geholfen, nun soll er auch zum Fest kommen."

Klara lachte und schon stürmten die beiden Freundinnen den Weg zum Heuerhaus hinauf.

Es wurde eines der schönsten Schlachtefeste, die Engel je erlebt hatte. Klara war fröhlich und ausgelassen, Adam war erstaunlich nett zu ihr und Hinrich Dorsch ertrug ohne Wutausbruch, dass Hermann mit seiner Tochter tanzte. Doch schon am nächsten Morgen ging die Arbeit weiter.

Schneller als es Engel lieb war, ging auch der Oktober dahin und der November kam mit nasskaltem Wetter und den ersten Herbststürmen. Am Markttag vor Martini fuhr Adam nach Osnabrück, um die Überschüsse der reichen Ernte anzubieten. Grete begleitete ihn und sollte beim Verkaufen helfen. Der Wagen war mit Leinen, Getreide, Fleisch, Wurst, Bier, Obst und Gemüse so beladen, dass für Grete und den Colon kaum noch Platz auf dem Kutschbock war. Engel war ganz zufrieden, dass sie daheim bleiben konnte. Es war ihr unangenehm mit Adam allein zu sein, obwohl sie die Stadt gerne kennengelernt hätte. Als der Wagen vom Hof polterte, kam Philippina mit Holz beladen an ihr vorbei.

„Ich freu' mich schon auf meinen Lohn. Wenn alles gut verkauft werden kann, hat Adam mir einen Taler zusätzlich versprochen."

Ich weiß genau wofür das die Belohnung ist, dachte Engel grimmig und ging zurück an ihre Arbeit.

An Martini zahlte Adam die Mägde und Knechte aus. Er hatte gute Geschäfte gemacht und so bekam jeder noch ein zusätzliches Handgeld.

Plötzlich ging die Tür auf der Diele auf und der Meyer kam herein gestapft. Seinen Bauch schob er vor sich her, wie ein Pflug die frisch gewendete Erde. Und wie die Erde dem Pflug, wichen alle Tiere und das Gesinde vor seinem Bauch. Schließlich stand er vor dem Tisch auf dem Flett, an dem Adam saß. Der Colon hatte sich nicht von seinem Platz erhoben. Engel konnte nicht anders, als ihn für seinen Mut zu bewundern. Sie fürchtete sich vor dem Meyer. Ohne einen Gruß streckte der Meyer seine Hand aus.

„Ich will mein Geld, und zwar schnell! Ich bekomme außer den üblichen Abgaben noch die Gelder für den Sterbfall und die Auffahrt. Außerdem steht mir noch eine Reihe Hand- und Spanndienste zu. Dafür könnt ihr mir Anna Engel auf eine Woche zur Arbeit schicken."

Er warf Engel einen Blick zu, der dem Mädchen die Röte in die Wangen trieb. Adam richtete sich langsam auf, die Hände auf die schwere Tischplatte gestützt und beugte sich vor. Engel konnte an seinen Augen sehen, wie schwer es ihm fiel, sich zu beherrschen. Seine Stimme sank zu einem bedrohlich leisen Ton.

„Verlass sofort mein Haus!"

Auch der Meyer beugte sich drohend vor. Engel klopfte das Herz vor Angst. Im ganzen Haus war nur das leise Knistern des Feuers zu hören. Kaum jemand wagte zu atmen.

„Mein Geld! Auf der Stelle!"

Adam verschwendete kein weiteres Wort. Er sprang behände um den Tisch herum, packte den Meyer beim Kragen und schob ihn aus dem Haus. Alle Anwesenden folgten den beiden. Vor dem Dielentor hob er den Widerstrebenden hoch, als wäre er nur ein Sack Korn und setzte ihn auf das Pferd mit dem er gekommen war. Zu guter Letzt gab er dem Tier einen so kräftigen Schlag auf die Flanke, dass es erschreckt vom Hof galoppierte.

„Das wird noch ein Nachspiel haben! Wir sprechen uns noch!"

Meyer musste all seine Reitkünste aufbieten, um nicht vom Pferd zu fallen. Adam lachte bis Catharina ihm ihre Hand auf den Arm legte.

„Ob das klug war? Damit hast du uns den Meyer endgültig zum Feind gemacht."

„Mach dir keine Sorgen. Er wird sich zu sehr schämen, um irgend jemandem etwas zu erzählen. Das einzige, was er tun kann, ist bei Gericht die Gelder einzufordern. Deshalb werde ich gleich morgen früh zu Canzleirat Vezin reiten und mit ihm sprechen."

Catharina nickte, aber ihr Gesichtsausdruck blieb besorgt. Sie wendete sich den Anwesenden zu und klatschte in die Hände.

„Nun lasst uns wieder hineingehen. Wir wollen uns doch nicht den wunderbaren Tag verderben lassen. Ich glaube gar, der Kaffee ist fertig."

Dieser Aufforderung folgten alle und wenig später war die Stimmung wieder so ausgelassen, wie vor der Störung durch den Meyer. Nur Engel sah von Zeit zu Zeit Adam an und fragte sich, wer ihr unheimlicher war: er oder der Meyer.

Mehrere Tage wartete Engel vergeblich darauf, dass etwas passierte. Adam ritt nach Osnabrück, um sich mit dem Rechtsanwalt zu besprechen und kam mit einem zufriedenen Lächeln zurück. Er drückte Engel die Zügel in die Hand, weil sie grade in der Nähe war.

„Reib den Braunen schön trocken, damit er sich nicht erkältet. Ich schikke dir Victor zum Absatteln."

Bevor Engel protestieren konnte, war Adam schon im Haus verschwunden. Er ging sofort zu Catharina, um ihr das Ergebnis mitzuteilen. Engel hätte gerne gelauscht, aber natürlich war das Pferd wichtiger.

Sie war mit dem Abreiben schon fast fertig, als Victor endlich erschien. Er hatte die Hände in den Hosenbund gesteckt und trat missmutig nach einem Stein.

„Adam strahlt wie'n Lebkuchenpferd."

Engel lächelte. Besser hätte sie Adams Gesichtsausdruck auch nicht beschreiben können.

„Wahrscheinlich hat er in Osnabrück gute Nachrichten erhalten."

Victor grunzte.

„Das ist mir so was von egal. Für den arbeite ich jedenfalls nicht!"

Er lehnte sich gegen den Pfosten des Dielentors und verschränkte die mageren Arme vor der Brust. Herausfordernd sah er Engel an, doch die kannte ihren kleinen Bruder sehr gut. Lächelnd warf sie das letzte Büschel Stroh beiseite und streckte sich.

„Ein guter Colon hätte schon längst Wasser und etwas Hafer geholt", sagte sie leichthin. „Immerhin ist der Braune seit heute früh unterwegs."

Victor, der sich nur zu gerne als Herr im Hause sah, flitzte sofort los, um das Gewünschte zu besorgen. Wenig später stand das Pferd gut versorgt im Stall, während Engel und Victor fröhlich plaudernd ins Haus zurückgingen.

Die Tage vergingen und es wurde immer kälter. Zum ersten Mal in ihrem Leben hatte Engel Schwierigkeiten, sich daran zu gewöhnen. Sie fror so sehr, dass sie sich Maria und Victor zum Schlafen in ihren Durk holte. So hatte sie es wenigstens nachts warm. Tagsüber gab sie sich Mühe, sich möglichst viel zu bewegen. Sie war angenehm überrascht, als Catharina ihr Anfang Dezember ein warmes Wolltuch und dicke Wollsocken gab.

„Ich hatte auch ein Jahr, in dem es mir nicht warm genug sein konnte. Das liegt in der Familie. Geh sorgsam damit um. In ein paar Jahren wird Maria die Sachen brauchen."

Engel kuschelte sich ein und fühlte sich schon viel besser. In diesem Moment kam Henrich Huckeriede auf die Diele gepoltert.

„Seid gegrüßt, ihr schönen Täubchen."

Catharina und Engel lächelten und begrüßten den gerngesehenen Gast. Nach einer Tasse heißen Kaffees erklärte Hinrich, warum er gekommen war.

„Könnten wir uns Engel für ein paar Tage ausleihen? Die alte Johanne hat Angela gesagt, dass sie ein Huhn mit einem Strohhalm auf dem Schwanz auf der Diele gesehen hätte. Nun ängstigt sich mein Goldstück um unser ungeborenes Kind. Außerdem ist sie stark erkältet. Deshalb hat sie sich im Bett verkrochen und ärgert sich, dass die Arbeit liegen bleibt."

Catharina zog fragend eine Augenbraue hoch.

„Warum Engel? Grete hat doch viel mehr Erfahrung."

Engel hielt die Luft an. Sie würde nur zu gern für einige Zeit zu Huckeriedes ziehen. So könnte sie Klara öfter treffen, da der Meyerhof von dort nur einen Katzensprung entfernt lag. Huckeriede lächelte.

„Angela hat an ihrer Patentochter nun einmal einen Narren gefressen. Außerdem kann sie dann zeigen, ob sie im Haushalt schon genauso geschickt ist, wie Grete."

Insgeheim drückte sich Engel die Daumen. Henrich Huckeriede zwinkerte ihr heimlich zu und sah dann wieder Catharina an.

„Bevor ich es vergesse. Mein Herzblatt lässt fragen, ob du nicht Patin für unser Kind werden willst, falls es ein Mädchen wird."

Catharina sagte erfreut zu und wendete sich dann an Engel.

„Vergiss nicht, dir ein paar warme Socken einzupacken."

Engel sprang auf und rannte los, ihre Sachen zu packen. Wenig später war sie mit ihrem Onkel unterwegs.

Angela freute sich sehr, dass Engel gekommen war, auch wenn sie es ihr nicht sagen konnte. Sie war zu heiser. Engel umarmte ihre Patin, packte die mitgebrachten Sachen aus und machte sich sofort an die Arbeit. Als erstes setzte sie Wasser für einen Hustentee auf. Zum Glück hatte Johanne sie reichlich mit Kräutern versorgt. Während sie die Zutaten mischte, murmelte sie das Rezept vor sich hin.

„Gegen Husten: Königskerzenblüten, Huflattichblätter und -blüten, gemischt, dazu noch Lungenkraut und Spitzwegerich. Nur kurz zwei kleine Löffel in kochendem Wasser ziehen lassen und am Tag drei mit Honig gesüßte Tassen trinken."

Henrich lachte und legte den Arm um seine mittlerweile wundervoll dick gewordene Frau.

„Na, ist unser Engel nicht ein richtig fleißiges Lieschen? Nun kannst du dich endlich ein wenig hinlegen."

Angela nickte, krächzte etwas Unverständliches und verschwand im Schlafzimmer. Henrich öffnete die Tür, die das Flett mit dem Durk der Bäuerin verband. Er grinste Engel an.

„Es beruhigt sie, wenn sie dir wenigstens auf die Finger sehen kann. Da ist sie auch nicht anders, als die Mächtigen der Welt."

Engel schmunzelte.

„Hast du da jemand besonderen im Sinn?"

„Oh ja, Rahenkamp hat mir von diesem General berichtet, der in Frankreich die Macht an sich gerissen hat. Wie hieß er noch gleich... Oh Mann. Dabei hat Rahenkamp mir noch gesagt, dass ich mir den Namen merken soll. Er meinte, dass wir von dem wohl noch mehr hören werden. Ach, jetzt weiß ich. Bonaparte hieß der Kerl."

Angela, die eben in ihren Durk gekrochen war, sah zu ihnen hinaus und winkte zärtlich drohend mit dem Finger.

„Ich weiß, ich weiß. Sie hat mir nämlich verboten Rahenkamps Geschichten zu erzählen. Drum verschwinde ich lieber."

Henrich gab seiner Frau einen Kuss und ging. Engel machte sich mit Feuereifer an ihre neue Aufgabe.

Die ersten Tage waren anstrengender, als sie sich vorgestellt hatte. Am meisten Schwierigkeiten bereitete ihr der ständige Aufenthalt am Herd, direkt im Rauch. Manchmal konnte sie vor lauter Husten kaum sprechen.

Wenigstens muss ich so nicht frieren.

Zum Glück gewöhnte sie sich mit der Zeit an den Rauch und schon bald machte ihr die Arbeit richtig Spaß. Natürlich wurde sie von ihrer Tante unterstützt, die ihr durch die zum Flett offenen Türen ihres Durks Ratschläge zukrächzte.

Jeden Abend traf sie sich mit Klara. Diese Zusammenkünfte frischten ihre Freundschaft wieder auf. Engel freute sich darüber, dass sie endlich einmal genug Zeit füreinander hatten. Meistens verkrochen sie sich bei

Huckeriedes im Schafstall. Dort roch es zwar ein wenig, dafür war es warm und gemütlich und sie fühlten sich ungestört. An einigen Abenden jedoch konnte Klara nur für wenige Minuten vom Meyerhof fort und so schlich sich Engel heimlich dorthin. An diesen Abenden zog sie sich besonders warm an, denn es wurde von Tag zu Tag kälter. Der Treffpunkt der beiden Mädchen lag in einem versteckten Winkel am Schweinestall des Meyerhofs. Engel hatte jedes Mal, wenn sie den Hof, betrat ein ungutes Gefühl. Trotzdem kam sie, denn Klara machte sich Sorgen.

„Hermann hat den ganzen Sommer über gesucht, aber es gibt in der Umgebung nirgends eine freie Heuerstelle. Dabei würden wir diesen Hof lieber heute als morgen verlassen."

Klara seufzte. Engel versuchte sie zu trösten.

„Ich rede mal mit Adam. Vielleicht kennt er jemanden, der einen Heuermann sucht."

„Kannst du ihn denn jetzt besser leiden?"

„Wir gehen uns aus dem Weg. Ich schätze er hat es nicht leicht, ein würdiger Nachfolger für Vater zu sein, aber Freunde werden wir nie."

„Wie schön, dass ihr euch wenigstens vertragt. Das wird dem Hof sicherlich gut tun."

Klara lächelte und zog ihr fadenscheiniges Tuch enger über die Schultern. Sie versuchte Engel nicht merken zu lassen, wie sehr sie fror.

„Ich gehe jetzt besser wieder rein, bevor die Großmagd was merkt."

Engel umarmte Klara.

„Bis morgen dann."

Plötzlich erklang ein höhnisches Lachen. Die Mädchen fuhren erschrokken herum. Da stand der Meyer, die Daumen unter die Hosenträger gehakt mit vorgestrecktem Bauch.

„Was für ein hübsches Bild."

Er sah Klara mit einem merkwürdigen Blick an.

„Sofort ins Haus mit dir, Klara!"

Klara wurde rot und zögerte einen Moment.

„Verschwinde, oder du kannst Engel gleich begleiten!"

Ohne sich noch einmal umzudrehen verschwand Klara im Haus.

„Ich gehe dann auch besser mal. Ich wollte sowieso längst weg sein."

Engel versuchte, sich am Meyer vorbei zu verdrücken, doch der versperrte ihr mit seinem fetten Bauch den Weg.

„Nicht so eilig, meine Hübsche."

Blitzschnell beugte er sich vor und griff nach ihrem Arm. Erstarrt hielt sie die Luft an, als der Meyer sie im trüben Licht seiner Stall-Laterne gründlich betrachtete. Schließlich lächelte der Bauer und leckte sich die Lippen.

„Seit unserem letzten Treffen bist du noch schöner geworden. Komm sei nett zu mir."

Er spitzte die Lippen zu einem Kuss und zog Engel näher an sich. Engels Angst wuchs. Gleichzeitig spürte sie die Röte in ihren Wangen brennen.

„Wenn Vater noch am Leben wäre würden sie sich sowas nicht trauen."

Sie versuchte sich loszureißen, doch der Meyer war stärker.

„Aber er lebt nicht mehr, nicht wahr?"

Er kicherte hämisch. Grinsend legte er seine Hand an Engels Wange.

„Er ist tot und ihr gehört mir. Ich bekomme immer, was ich will!"

Er zog sie an sich, bis sein Gesicht nur noch wenige Zentimeter von ihrem entfernt war. Engel konnte seinen Atem kaum ertragen. Sie wand sich heftig, aber der Meyer presste sie nur noch fester an sich. Seine Lippen berührten ihre Wange, ihren Hals, ihre Lippen. Engel ekelte sich so sehr, dass sie die Augen schloss und zu beten begann. Plötzlich hörte sie eine weibliche Stimme.

„Herr August Meyer! Was fällt dir eigentlich ein hier im Dunkeln zu poussieren. Noch dazu direkt unter meinen Augen."

Meyer ließ Engel los und drehte sich zu seiner Frau um.

„Ich kann das erklären."

Er atmete heftig. Engel nutzte die Gelegenheit, zog das Tuch über den Kopf, drückte sich an dem fetten Bauern vorbei und rannte davon. Zuerst gehorchten ihr die Beine nicht richtig, aber dann lief sie, so schnell sie konnte. Erst als sie den Hof Huckeriedes erreichte hielt sie inne und schnappte nach Luft.

„Er war es. Er hat Vater getötet. Ganz bestimmt", vertraute sie den Sternen an. „Ich muss es nur beweisen!"

Es dauerte einige Zeit, bis sie den größten Schreck überwunden hatte. Trotzdem hämmerte ihr Herz, als wolle es zerspringen und ihre Knie zitterten. Sie sah zu den Lichtern des Meyerhofes hinüber und schüttelte sich. Da bemerkte sie eine bekannte Gestalt den Weg hinauf kommen und lief ihr ein Stück entgegen.

„Klara! Ist das nicht etwas unvorsichtig?"

„Die beiden streiten sich. Da werden sie nicht merken, dass ich kurz fort bin. Geht es dir gut, Engel? Hat er dir etwas getan?"

Engel ließ sich von Klara umarmen und erzählte ihr, was passiert war.

„Großer Gott, da habe ich der Bäuerin ja grade noch rechtzeitig bescheid gesagt."

„Du warst das?"

„Ich wollte zuerst Hermann schicken, aber dann wären wir wahrscheinlich beide entlassen worden. Ich hatte solche Angst um dich."

Engel fehlten die Worte und so umarmte sie die Freundin heftig. Klara klopfte ihr beruhigend auf den Rücken.

„Wie soll es jetzt weitergehen? Wirst du es deinem Onkel erzählen?"

„Das kann ich nicht. Er würde den Meyer sofort zur Rede stellen und das ganze Dorf kriegt es mit. Du weißt doch, was für eine Tratschtante Meyers Großmagd ist."

Engel ließ Klara los, die nur stumm nickte.

„Die Leute würden glauben, dass ich ein Flittchen wäre und den Meyer dazu angestiftet hätte. Das ertrage ich nicht."

„Dann bleibt es unser Geheimnis. Ich verspreche dir, dass es von mir niemand erfahren wird."

Engel lutschte besorgt an der Unterlippe.

„Was ist mit Colona Meyer?"

„Sie hat dich nicht erkannt. Als ich ging fragte sie den Bauern, wer es denn diesmal war. Er wird deinen Namen nicht verraten. Und wenn doch, wird sie es ihm nicht glauben. Das tut sie nie."

Die beiden Mädchen hielten sich eine Weile an den Händen, bis Engel sich etwas beruhigt hatte. Schließlich wusch sie sich das Gesicht am Brunnen, damit niemand im Haus die Spuren der Tränen bemerkte. Sie winkte Klara, bis diese in der Dunkelheit nicht mehr zu erkennen war.

Engel war so aufgewühlt, dass sie lange nicht einschlafen konnte. Erst als es schon fast wieder Zeit zum Aufstehen war, fiel sie in einen unruhigen Schlummer. Sie wurde von einem unterdrückten Schmerzensschrei geweckt. Instinktiv wusste sie, was der Schrei zu bedeuten hatte. Noch bevor sie richtig wach war, stand sie in eine Decke gehüllt am Herd und setzte einen Kessel mit Wasser auf. Henrich Huckeriede stolperte aufs Flett.

„Engel! Es ist soweit... Angela... ich... was soll ich bloß tun?"

„Zuerst ziehst du dich an, dann reitest du so schnell du kannst ins Dorf und holst Johanne."

Henrich wiederholte ihre Anweisungen, als sei er schwachsinnig.

„Anziehen, Johanne holen."

Dann riss er sich zusammen und rannte zurück in die Schlafstube.

„Ich beeile mich."

Engel organisierte inzwischen die Mägde, die nun auch langsam wach wurden. Die meisten von ihnen schickte sie an die gewohnten Aufgaben: melken, buttern, Frühstück vorbereiten. Nur die Großmagd musste das Wasser beaufsichtigen. Einem der Knechte gab sie den Auftrag, das beste Pferd zu satteln. Anschließend zog sie sich so schnell sie konnte an und eilte zu ihrer Tante. Sie betrat die Schlafstube im selben Augenblick, als Henrich sich an ihr vorbei zwängte und wie ein geölter Blitz zum Dielentor hinaus flitzte.

Angela lag im Durk und der Schweiß lief ihr über das Gesicht. Sie atmete schwer und stoßweise. Engel hatte keine Ahnung, was sie tun sollte, also griff sie nur nach Angelas Hand und versuchte sie aufzumuntern.

„Nicht aufgeben. Du schaffst das."

Angela klammerte sich an Engel, als müsse sie ihr das Blut aus der Hand quetschen. Engel verzog das Gesicht vor Schmerz, ließ sich jedoch nichts anmerken. Nach einer Weile atmete Angela wieder ruhiger und entspannte sich etwas.

„Henrich ist unterwegs zu Johanne."

„Danke. Es ist gut, das du da bist. Bei den Zwillingen war ich so allein."

Wieder wurde Angela von einer Wehe gepackt und krümmte sich vor Schmerzen. Engel war entsetzt.

Ich werde niemals Kinder haben, beschloss sie angesichts der ungeheuren Schmerzen, die ihre Tante schüttelten. Minute um Minute verging. Die Wehen schwollen an und ebbten ab, wie die Wellen am Ufer eines Flusses. Engel kam jede Sekunde wie eine Ewigkeit vor.

„Die Abstände zwischen den Wehen werden kürzer", keuchte Angela. „Das ist gut. Dann haben wir es bald geschafft."

In diesem Augenblick trat die alte Johanne in die Stube. Sie legte ihr Tuch auf eine der Truhen, schob Engel zur Seite und begann mit der Arbeit. Engel atmete erleichtert auf. Johanne brauchte nur zu sagen, was ihr fehlte und Engel sprang, es zu holen.

Die nächste halbe Stunde verging wie im Fluge. Fasziniert sah Engel zu, wie geschickt die Alte dem neuen Erdenbürger ans Licht der Welt half. Als schließlich ein magerer Schrei die Luft der Schlafstube zerriss, hatte sie ihre Meinung geändert.

Egal wie groß die Schmerzen, der Preis ist es wert.

Sie reckte sich, um Johanne über die Schulter zu sehen. Die alte Frau wickelte den Säugling in ein warmes Tuch.

„Es ist ein kerngesundes Mädchen!"

„Warum ist sie so blau im Gesicht?"

Engel war besorgt, aber Johanne lachte nur.

„Sie hat auf der Reise in die Welt ein bisschen wenig Luft gekriegt, Täubchen. Das ist bei vielen Geburten so. Wirst schon sehen, dass sie mit jedem Atemzug rosiger wird."

Engel betrachtete das kleine Mädchen, die nun friedlich in Angelas Armen lag und energisch an ihrer Brust saugte. Johanne hatte recht. Ziemlich schnell wurde aus dem verschrumpelten, bläulichen Etwas ein niedliches Gesicht.

„Mein Gott ist die süß", flüsterte sie. Zärtlich strich sie dem Säugling über das kahle Köpfchen. Dort wo der Schädelknochen noch eine Lücke hatte, fühlte sie das kleine Leben pulsieren. „Was für ein unglaubliches Wunder so ein Kind doch ist."

Johanne schüttelte bekümmert den Kopf.

„Das schon, aber es ist kein guter Tag um geboren zu werden."

„Wieso das?"

„Es ist Nikolaus! Was glaubst du wird aus einem Kind, das an St. Nikolaus geboren wird?"

Engel lachte und legte ihren Zeigefinger in die winzige Hand, die erstaunlich fest zufasste. „Wahrscheinlich eine richtige Landplage, die vom Heiligen jedes Jahr zum Geburtstag eine ordentliche Tracht Prügel bekommt. Ach, Johanne sieh doch nicht immer alles so schwarz."

Auch Angela war zu glücklich, um Johanne ernst zu nehmen. „Vielleicht solltest du erst einmal frühstücken, Hanna. Nach dem Essen sieht meist alles ganz anders aus."

Während Engel das Essen genoss, ging plötzlich die Dielentür auf und Adam kam herein.

„Guten Morgen, alle miteinander."

Engel war sofort klar, dass er ihretwegen gekommen war.

Woher hat er nur gewusst, dass das Kind heute geboren wird?

Sie stellte bald fest, dass er es nicht gewusst hatte. Er war aus einem anderen Grund gekommen. Nach dem Frühstück, zu dem der Colon natürlich sofort eingeladen wurde, richtete er Engel Catharinas Botschaft aus.

„Deine Mutter bittet darum, dass du nach Hause kommst. Victor ist ganz plötzlich krank geworden und will auf keinen Fall aufstehen. Du sollst dich um ihn kümmern."

Engel nickte wortlos und ging, ihre Sachen zu packen. Trotzdem dauerte es eine ganze Weile, bis sie endlich loskamen, weil sie sich kaum von dem Neugeborenen trennen konnte. Auch Adam bewunderte das Mädchen gebührend, drängelte dabei aber ständig zum Aufbruch. Er wusste, dass bald die ersten Leute eintreffen würden, denn die Großmagd hatte ihre Pflicht getan und die freudige Nachricht sofort zu den Nachbarn getragen. Engel und Adam ritten vom Hof, als die ersten Nachbarinnen ankamen.

Daheim angekommen musste Engel ihrer Mutter das Kind bis in alle Einzelheiten beschreiben. Adam schüttelte verständnislos den Kopf.

„Es ist doch auch nur ein Wicht und sieht aus wie alle anderen. Dass ihr Weiber euch immer so viel Gedanken machen müsst."

Catharina reckte sich stolz.

„Immerhin werde ich ihre Patin."

Adam zuckte mit den Schultern und ging wieder an die Arbeit. Engel erzählte noch ein wenig mehr von dem Kind. Schließlich erinnerte sich Catharina an ihren eigenen Sohn.

„Engel, geh doch bitte und sieh mal nach Victor. Ich kann ihn gar nicht mehr hören."

Engel fragte sich manchmal, warum Catharina Victor so sehr bemutterte.

Er ist doch schließlich kein Kleinkind mehr.

Sie erinnerte sich, wie Victor im letzten Sommer von einem Baum fiel, als er ein Vogelnest ausnehmen wollte. Dabei hatte Engel ihn noch gewarnt, aber er wollte nicht hören. Zum Glück verstauchte er sich nur den Knöchel und bekam ein paar blaue Flecken. Trotzdem behandelte Catharina ihn, als wäre er halb tot. Sie backte ihm sogar eigenhändig Niejahrskauken. Außerdem machte sie Maria und Engel Vorwürfe, als hätten die beiden ihn überredet, auf den Baum zu steigen. Seither überwachten die Schwestern jeden seiner Schritte, so gut es ging.

Engel ging in die Schlafstube, wo Victor in seinem Durk lag. Er hatte die Decke bis an die Nasenspitze gezogen.

„Ich steh nicht auf. Keine zehn Pferde kriegen mich hier raus. Geh weg!"

Engel lächelte.

„Merkwürdig. Die Nase, die ich sehen kann, sieht mir gar nicht so krank aus. Kann es sein, dass du Angst vor St. Nikolaus hast?"

Empört setzte sich Victor auf.

„Ich habe vor niemandem Angst! Nicht mal vor Adam. Außerdem habe ich alle meine Schulaufgaben gemacht. Ich hab sogar besonders schön geschrieben. Willst du es sehen?"

Engel setzte sich zu ihrem Bruder ans Bett.

„Das ist nicht nötig. Wenn St. Nikolaus nachher kommt, werde ich es mir nach ihm anschauen."

Sie strich ihrem Bruder über die Stirn.

„Also, was ist los. Du bist doch ganz und gar gesund. Gib's zu."

Victor beugte sich vor und flüsterte: „Du darfst es niemandem verraten, Engel. Bitte!"

„Aber warum willst du krank sein? Ich verstehe das nicht."

„Adam wollte mich zur Holzernte mitnehmen. Was ist, wenn mir dabei ein Baum auf den Kopf fällt?"

Engel sah Victor an, der sich wieder auf sein Kissen zurücksinken ließ. Verständnislos schüttelte sie den Kopf.

Er sollte endlich lernen, dass man auch unangenehme Aufgaben erledigen muss. Andererseits wird Adam ohne Victor wahrscheinlich viel schneller fertig.

Sie hatte eine Idee.

„Komm her, ich erzähle dir eine Geschichte."

Victor war Feuer und Flamme.

„Ist es eine wahre Geschichte?"

„Aber natürlich. Und sie geschah hier bei uns in Schledehausen", begann Engel. „Lange vor dem großen Feuer, als du noch nicht geboren warst, gab es in Schledehausen nur eine katholische Schule. Alle Kinder mussten dorthin, auch die evangelischen. Mit den Gottesdiensten war es ähnlich. Da beschloss der Bischof, Prediger zu schicken, die uns unter freiem

Himmel Gottesdienste halten sollten. Er wählte einige junge Männer aus. Einer von ihnen fürchtete sich sehr. Er warf sich vor dem Bischof auf die Knie und sagte: »Herr, der Vogt wird uns Böses tun, wenn wir unerlaubt dort predigen. Auch die katholische Kirche wird es nicht leiden. Bitte, Herr, erspart uns diesen schlimmen Weg.«

Der Bischof legte dem Jungen seine Hand aufs Haupt und antwortete: »Mein Kind, willst du all jenen, die da dürsten, das Wasser vorenthalten? Denke stets daran, dass Gott mit dir ist, egal wie steinig dein Weg auch sein mag«

Damit waren die Prediger entlassen. Voller Angst machten sie sich auf den Weg zu uns. Auf einem großen Acker begannen sie zu predigen und schnell wurden die Befürchtungen des jungen Predigers wahr. Zuerst ließ sie der Vogt nur fortjagen. Doch als sie wiederkamen, nahm er sie gefangen und steckte sie ins Gefängnis. Dort saßen sie manchen Tag, wie gemeine Verbrecher angekettet. Doch sie vergaßen nie zu beten und der Herr war mit ihnen. Nach einiger Zeit wurden sie wieder freigelassen und die Evangelischen in Schledehausen bekamen das Recht, endlich eine eigene Schule zu bauen."

Victor war beeindruckt.

„Mann, waren die tapfer."

Engel lächelte ermutigend.

„Du bist doch auch ein mutiger Junge."

Victor fühlte sich geschmeichelt.

„Ich werde gleich morgen mit Adam ins Holz gehen. Für heute ist es sowieso schon zu spät. Außerdem würde Mutter misstrauisch, wenn ich zu schnell wieder gesund werde, nicht wahr?"

Engel musste über diese Schlitzohrigkeit so laut lachen, dass Catharina verwundert zu ihnen in die Schlafkammer sah. Engel merkte an ihrem Blick, dass sie mit ihr zufrieden war.

„Ach, mein Victor. Du siehst ja schon viel besser aus. Möchtest du etwas essen?"

Engel machte Platz für ihre Mutter und ging aufs Flett, um Victor eine Suppe zu holen.

Was ich mich wirklich frage ist, warum er mit solchen Ausreden bei Mutter immer durch kommt. Wenn Maria, Grete oder gar ich eine Krankheit vortäuschen würden, bekämen wir höchstens eine Tracht Prügel.

Der heilige Nikolaus war grade gegangen, als es auf der Diele erneut polterte. Engel sah, wie Victor erschrocken zusammenzuckte. Deutlich war die Angst in seinem Gesicht zu sehen. Engel war klar, dass er sich vor der Prügel fürchtete, die ihm der Heilige angedroht hatte. Doch statt der dunklen Gestalt mit dem geschwärzten Gesicht, trat Friedrich aufs Flett. Er rieb sich das Schienbein. Verlegen begrüßte er die Anwesenden

„Verzeihung, ich glaube ich habe den Melkeimer kaputt gemacht."

Catharina lächelte verständnisvoll.

„Wir hätten eine Laterne aufhängen sollen."

Friedrich wurde rot, senkte den Kopf und kramte umständlich in seiner Tasche. Es dauerte eine Weile, bis er einen Brief hervorzog und ihn Adam reichte, der am Tisch saß.

„Von der Land- und Justizcanzlei an den Colon Adam Waldmann."

Das Siegel brach, Papier knisterte. Engel hielt vor Neugier den Atem an. Schließlich grinste der Colon und nickte befriedigt.

„Ist zwar nicht ganz das, was ich mir gewünscht habe, aber immerhin kriegt der Meyer das Geld vorerst nicht."

Catharina sah ihn fragend an. Engel war sich sicher, dass niemand verstanden hatte, was Adam damit sagen wollte.

„Die Gelder werden hinterlegt, bis entschieden ist, wem sie zustehen."

Adam wirkte sehr zufrieden. Er winkte Friedrich an den Tisch.

„Setzen sie sich. Engel, einen Kaffee!"

Engel begleitete Friedrich zu Trude. Sie streichelte ihr die rechte Flanke, während Friedrich die Zügel losband.

„Es war schön, dass du mal wieder da warst. Aber Adam macht sich sicherlich Gedanken, warum das Gericht nicht einen einfachen Boten schickt."

„Was ist so Schlimm daran, dass ich dir nahe sein will? Wäre ich so eine schlechte Partie?"

Engel lachte, wurde aber auch ein wenig rot.

„Wahrscheinlich hält er eine reine Freundschaft nicht für möglich. Er ist da ziemlich altmodisch."

„Ich meine das ernst."

Engel starrte den Pferderücken an. Ihre Ohren brannten.

„Ich glaube kaum, dass Adam dich als meinen zukünftigen Ehemann aussuchen würde. Er will uns Mädchen möglichst mit reichen Vollerben verheiraten."

„Und was meinst du dazu?"

„Darüber denke ich noch nicht nach. Adam braucht zur Zeit jede Hand auf dem Hof, da wird er sich sicherlich noch etwas Zeit lassen, bevor er uns verheiratet."

Engel strich sich verlegen eine Haarsträhne aus dem Gesicht, die sich immer wieder unter ihrer Haube hervor mogelte. Sie versuchte das Thema zu wechseln.

„Außerdem muss ich vorher noch wissen, was bei Vaters Tod passiert ist. Sonst werde ich noch verrückt."

Friedrich sah sie überrascht an.

„Wieso das?"

„Ach, es gibt so viele Möglichkeiten und alle toben in meinem Kopf herum wie eine Herde wild gewordener Rinder."

„Hab' einfach Geduld."

„Ich gebe mir ja Mühe."

Friedrich strich mit der Linken über Engels kleine Hände, die auf Trudes Sattel ruhten.

„Wir werden weiter forschen. Irgendwann wissen wir, ob es einen Täter gibt oder nicht. Und wenn es Jahre dauern sollte."

1800

Die Zeit flog auf schnellen Flügeln. Engel fand kaum Ruhe, über Ludwigs Tod nachzudenken. Nur wenn sie sich mit Friedrich traf, kreisten ihre Gespräche um den Verstorbenen. Klara sah sie nur noch selten, denn die Freundin verbrachte jede freie Minute mit Hermann oder ihrem Vater.

Dreikönigstag, Ludwigs Todestag, Ostern, Pfingsten, Namenstage, Geburtstage, Maria Himmelfahrt. Die Wochen und Monate verschwammen in Engels Erinnerung zu einem einheitlich grauen Einerlei, in dem nur die Treffen mit Klara und Friedrich hell strahlten. Schließlich färbte der Herbst die Wälder rot, die Winterstürme pfiffen heran. Schon wieder war ein Jahr fast vorbei.

Engel wickelte sich fester in ihr Tuch. Der Wind zerrte mit eisigen Fingern an ihr. Sie hatte Johanne ein Stück begleitet, war aber bereits wieder auf dem Weg nach Hause.

Arme Johanne, dachte sie. Sie ist so mager geworden. Nur gut, dass sie nicht gestern nach Hause gegangen ist. Der Orkan hätte sie glatt bis nach Preußen gepustet.

Engel bückte sich und hob Victors Peitsche auf, die in der Hofeinfahrt lag. Dieser Schlumpschüttel. Ich sollte sie verstecken. Das wäre ihm eine Lehre.

In diesem Moment kam Victor auf den Hof gerannt.

„Gib mir meine Peitsche!"

„Benimm dich nicht wie ein kleines Kind. Was soll ich mit dem Ding schon anfangen."

Victor riss Engel sein Lieblingsspielzeug aus der Hand, folgte ihr dann aber friedlich ins Haus.

„Spielst du mit mir? Onkel Henrich ist da und keiner hat Zeit für mich."

„So wie ich Adam kenne, wartet noch ein Berg Arbeit auf dich, oder?"

Victor schlug wütend mit der Peitsche nach einem Huhn, das erschrocken gackernd davon stob. Engel war wütend.

„Lass das! Das ist brutal. Ein guter Colon geht mit Tieren sorgsam um."

„Der Meyer aber nicht."

Bockig sah Victor zu, wie Engel sich eine Tasse Kaffee einschenkte.

„Wie kommst du jetzt bloß darauf?"

„Onkel Henrich meinte, dass er die halbe Schafherde verloren hat. Der Sturm hat den Stall platt gemacht."

„Deshalb war er mit seinen Tieren doch nicht sorglos. So etwas kann man schließlich nicht vorhersehen. Der arme Kerl."

„Ausgerechnet den bedauerst du?"

„Er tut mir leid. Immerhin hat er dieses Jahr schon den Sohn verloren."

„Ja und die doofe schwierige Mutter."

„Schwiegermutter."

„Sag ich doch. Aber das geschieht ihm recht. Das ist die Strafe dafür, dass er uns immer noch nicht freigelassen hat."

„Sieh mal an. Da bist du ja plötzlich mit Adam einer Meinung."

Engel lächelte über Victors wütende Blicke und ging in die Milchkammer zum Buttern.

1801

Der Frühling verblühte und der Sommer schwamm davon. Die Sonne blinzelte nur an wenigen Tagen durch die Wolken. Engel nutzte einen dieser Tage, um nach dem Mittag mal wieder bei Klara vorbeizusehen. Über all der Arbeit, hätte sie beinahe vergessen, dass ihre Freundin einen freien Tag hatte. Der Wind schüttelte die Bäume, die den Weg säumten. Engel liebte die Flecken, die die Sonne zwischen den Schatten auf den Boden malte. Mit jeder Bewegung der Äste veränderte er sich. Engel seufzte.

Wie lange habe ich das nicht mehr bewusst gesehen? Wie kann ich so etwas Wunderbares nur übersehen, egal wie viel Arbeit ich habe.

Als sie den Hof des Heuerhauses betrat, entdeckte sie Hinrich Dorsch beim Holz hacken. Er hielt inne und winkte ihr freundlich zu.

„Klara ist drinnen."

Engel nickte nur und öffnete die Tür des Heuerhauses. Sie entdeckte ihre Freundin, die grade einen Topf vom Feuer zog. Es duftete verführerisch.

„Habt ihr in der Lotterie gewonnen?"

Klara lachte leise.

„Ich habe zu meinem Lohn noch einen Sack Kartoffeln bekommen. Der Meyer meinte, ich hätte sehr gut gearbeitet."

„Erstaunlich. Das ist dann wohl auch der Grund, warum dein Vater heute nüchtern ist."

Klara nickte und begann den Tisch zu decken.

„Wir haben einen Teil seiner Schulden beim Wirt bezahlt. Willst du mitessen?"

„Nein Danke. Das ist..." Sie wollte „nichts für mich" sagen, schluckte die Bemerkung aber noch rechtzeitig hinunter. „...nicht nötig. Ich habe schon gegessen."

Verlegen nahm sie die Heugabel und begann die magere Ziege zu füttern, die in einem kleinen Verschlag im Stallbereich des Heuerhauses stand.

„Es ist furchtbar eng hier. Dass ihr mit so wenig Platz auskommt."

„Es geht schon. Wir sind ja nur zu zweit. Die meisten Heuerleute haben noch weniger Platz. Dabei haben sie meistens noch Großeltern und kleine Kinder."

Missmutig betrachtete Engel einen Eimer, der neben dem Verschlag der Ziege stand.

Aber bei denen regnet es wenigstens nicht rein, dachte sie.

„Wann wird dein Vater das Dach reparieren? Adam hat ihn schon vor Monaten darauf angesprochen."

Klara richtete sich auf und verteidigte ihren Vater.

„Er macht das schon noch. Keine Sorge. Du weißt doch, dass im Sommer immer am meisten zu tun ist."

Engel versuchte Klara abzulenken. Sie lächelte.

„Es wird Zeit, dass Hermann nach Hause kommt. Er könnte deinem Vater zur Hand gehen."

Klaras Blick wurde weich.

„Er hat mir grade einen Brief geschrieben. Er kommt erst im Herbst wieder. Er ist meinetwegen nach Holland, weißt du?"

Engel nickte.

„Hoffentlich hat er dann genug Geld verdient, um dich zu heiraten."

Klara wurde rot. Verlegen wendete sie sich ab. Sie öffnete die Tür und rief nach ihrem Vater. Strahlend hell warf die Sonne ihre Strahlen in das kleine Häuschen und badete das junge Mädchen in ihrem Licht. Klara schloss die Augen und drehte ihr Gesicht in die Wärme. Sie seufzte zufrieden, aber Engel war entsetzt.

Lieber Gott, sieht Klara müde aus. Sie ist so dünn geworden, dass ihr Mieder schlottert und die Ärmel ständig rutschen. Die Ringe unter den Augen hatte sie früher auch noch nicht. Ich muss unbedingt mit Mutter reden. Vielleicht kann sie noch eine Magd einstellen. Ausreichend Geld ist bestimmt da und Arbeit haben wir mit Sicherheit genug.

Engel verabschiedete sich von Klara und verließ das Haus, als Hinrich Dorsch zum Essen hereinkam.

Der Herbst brachte Engel die lang ersehnte Sonne. Er strahlte in farbiger Pracht. Engel wunderte sich, wie schnell ihr die Zeit abhanden kam.

Wie Wasser, das mir durch die Finger läuft.

Adam hielt sie mit einem Gemisch aus Lob und Kritik an der Arbeit. Engel mochte ihn immer noch nicht besonders.

Was Philippina nur an ihm findet? Er ist nicht einmal nett zu ihr. Alles, was für ihn zählt ist der Hof.

Immer häufiger musste Engel Victor trösten, der sich gerne bei ihr ausweinte. Er hasste es so viel zu arbeiten, obwohl Engel sicher war, dass er dadurch zu einem guten Colon heranwuchs. Sie versuchte immer wieder ihm dies zu vermitteln, aber ihr kleiner Bruder hörte nur selten zu. Eine Zornesfalte grub sich in seine junge Stirn, die nicht mehr verschwinden wollte. Engel schmerzten die Blicke, mit denen er Adam bedachte. Sie hätte gerne mit Klara darüber gesprochen, doch die hatte ihre eigenen Sorgen.

Klara saß neben Engel in der Stube des großen Bauernhauses. Die beiden spannen. Catharina hatte ihnen erlaubt ausnahmsweise früher anzufangen. Engel freute sich sehr darüber, denn seit Hermann mit wunden Füßen aus Holland zurückgekehrt war, hatte sie die Freundin nicht mehr gesehen. Klara seufzte.

„Es ist so schade, dass sich die beiden nicht verstehen. Wir könnten es zu dritt so gut haben."

„Das wird schon noch werden. Eltern machen sich nun einmal Sorgen um ihre Kinder. Wahrscheinlich glaubt dein Vater nur nicht, dass Hermann es ernst meint."

„Er glaubt, dass Hermann nur nach Holland gegangen ist, um mich für eine Weile los zu sein und mit anderen Mädchen zu tändeln."

„Würde er so etwas tun?"

„Niemals! Er hat schwer gearbeitet und fast alles Geld, das er verdient hat, für uns gespart. Übrigens, hab ich dir schon erzählt, dass Hermann in Holland eine Pächterstelle angeboten bekommen hat?"

Mindestens hundert Mal, dachte Engel, lächelte aber nur.

„Am liebsten würde er mich sofort heiraten."

Engel kürzte den Docht der Kerze und das Licht flackerte wieder gleichmäßiger.

„Mach das doch. Dein Vater wird sich schon an ihn gewöhnen."

Klara war empört.

„Ich kann doch nicht ohne seinen Segen heiraten! Wenn ich ihn doch nur überreden könnte, mit uns zu kommen. Wir könnten so glücklich sein."

Es belustigte Engel, wie sich das Gespräch ständig wiederholte, wusste sie doch, dass sich Hinrich Dorsch freiwillig keinen Millimeter Richtung Holland bewegen würde.

Klara müsste ihn einfach sitzen lassen. Das würde ihn wachrütteln.

Engel seufzte. Ihr war klar, dass Klara das niemals tun würde.

Endlich ist für sie ein Silberstreif von Glück in Sicht und der alte Säufer vermiest ihr alles.

Sie hütete sich allerdings, ihre Gedanken auszusprechen. Sollte Klara wenigstens für ein paar Tage vom Glück träumen.

1802

Ludwigs Tod jährte sich zum dritten Mal. Engel knirschte mit den Zähnen, wenn sie daran dachte, dass sie der Wahrheit noch keinen Schritt näher gekommen war.

Wo ist nur die ganze Zeit geblieben, fragte sie sich und öffnete das Tor zum Friedhof. Adam hatte ihr erlaubt dort für Ludwig ein Gebet zu sprechen und ihm einen Kranz aufs Grab zu legen.

Engel wäre zum Beten zwar lieber in die Kapelle der Schelenburg gegangen, aber das war leider nicht möglich. Graf Georg von Schele ließ das Wasserschloss seit einigen Monaten umbauen und das winterliche Wetter bremste den Fortschritt der Bauarbeiten. Es würde sicherlich noch eine Weile dauern, bis die Protestanten wieder eine Andacht ihrer eigenen Konfession feiern konnten. Bis dahin nahmen sie am Hochamt teil. Sie verstanden sich mit den wenigen Katholiken gut. Trotzdem spürte Engel bei jedem Gottesdienst, dass die meisten lieber einen Pastor vor dem Altar gesehen hätten.

Hoffentlich hat das bald ein Ende. Es wäre doch wirklich zu schön, wenn die Kirchen sich endlich einigen könnten.

Engel kniete vor dem Altar nieder, verdrängte alle Gedanken an den Streit der Gemeinden und betete für das Seelenheil ihres Vaters.

„Das war ein wirklich schöner Gottesdienst wir sollten öfter nach Achelriede fahren", sagte Grete. Adam lachte.

„Das wäre dann doch etwas weit, findest du nicht?"

Adam sah über die Heide, auf der Frühlingsblumen ihre bunten Blüten ins Licht reckten.

„Es ist kaum zu glauben, dass nächsten Sonntag schon Ostern ist."

Grete streckte sich in den warmen Strahlen der Sonne.

„Ostern ist mir immer zu katholisch. Ich fand es schön, mal wieder einen evangelischen Gottesdienst zu besuchen."

„Konfirmationen sind immer schön", meinte Engel. Catharina mischte sich ins Gespräch ein.

„Besonders, wenn unser Mariechen zu den Hauptpersonen gehört."

Sie lächelte ihre jüngste Tochter an, die in ihrer neuen Jungmädchenhaube scheu zurück lächelte. Der Wagen schaukelte heftig, als er durch ein paar tiefe Schlaglöcher rumpelte. Maria klammerte sich an Engel fest.

„Keine Sorge, gleich sind wir wieder zu Hause."

„Weiß ich doch", flüsterte Maria. „Es wird aber auch Zeit. Ich habe riesigen Hunger."

„Du hast Hunger? Das ist ja mal was Neues."

„Lach nicht! Heute morgen habe ich vor Aufregung keinen Bissen runter gebracht."

„Das ging mir bei meiner Konfirmation nicht anders."

Engel legte Maria den Arm um die Schultern und Maria lehnte den Kopf gegen die große Schwester. Schweigend, aber glücklich genossen sie die Fahrt.

Zu Hause angekommen half Engel Maria vom Wagen, die schon wieder am gestärkten und gekräuselten Rand der Haube zupfte.

„Lass das, du siehst gut aus."

„Es fühlt sich merkwürdig an."

„Daran gewöhnst du dich."

Maria hakte sich bei Engel unter und gemeinsam betraten sie das Haus.

„Es ist schon seltsam, dass ich nun erwachsen sein soll. Ich dachte immer, dass ich mich dann anders fühlen würde, aber ich bin noch die gleiche wie gestern."

Engel lachte.

„Das hätte ich dir auch sagen können. Es hat trotzdem ein paar Vorteile erwachsen zu sein."

Sie holte zwei Becher vom reich gedeckten Tisch im Flett und reichte ihrer Schwester einen.

„Engel, das ist Branntwein!"

Maria sah sich nach Catharina um. Engel kicherte.

„Weiß ich. Aber jetzt darfst du. Allerdings solltest du nicht zu viel davon trinken. Sonst hast du morgen Kopfschmerzen."

Adam prostete den beiden über die Köpfe der Gäste zu und die beiden Mädchen nahmen einen Schluck aus ihren Bechern. Maria schnappte nach Luft. Lachend klopfte Engel ihr auf den Rücken, bis sie wieder atmen konnte. Maria wischte sich mit dem Ärmel die Tränen aus dem Gesicht.

„Na warte, das büßt du mir."

Engel wurde von Henrich Huckeriede beiseite geschoben, der Maria hochhob, als sei sie federleicht.

„Herzlichen Glückwunsch, Mariechen."

Engel überließ die Schwester den Gratulanten und ging zum Tisch, um sich etwas Essen zu holen. Wenig später kam Henrich mit dem Becher in der Hand zu ihr.

„Auf dein Wohl, Engelchen."

Engel blieb nichts anderes übrig, als mit ihm anzustoßen. Und er blieb nicht der einzige, der ihr zuprostete. Nach dem fünften Becher schwirrte Engel der Kopf. Am Herd stand Maria, die ihr grinsend zuwinkte und den nächsten Gast mit gefülltem Becher auf sie losließ.

Engel nahm Reißaus. Sie zog sich in die Stube zurück, wo Adam, Catharina und Henrich den Fortschritt des Gerichtsverfahrens besprachen. Sie setzte sich zu ihnen und lauschte eine Weile schweigend, aber die Worte machten in ihrem benebelten Hirn nur wenig Sinn.

„Manchmal wünschte ich, Ludwig hätte das Verfahren gar nicht erst angefangen", sagte Catharina seufzend.

Engel fing an zu kichern. Sie konnte gar nicht mehr aufhören. Bald liefen ihr die Tränen übers Gesicht. „Vater hätte vom Gericht längst Recht bekommen, wenn er nicht schon vorher umgebracht worden wäre."

„Engel!"

Catharina war entsetzt, aber Henrich Huckeriede sah Engel neugierig an.

„Wie kommst du auf den Gedanken, er sei umgebracht worden?"

„Er lebte noch, als ich ihn verließ. Aber mir glaubt ja keiner."

Engels hysterisches Kichern wich haltlosem Schluchzen. Sie legte den Kopf auf die verschränkten Arme, die sie auf der Tischplatte abstützte. Ihre Schultern zuckten, während sie weinte. Huckeriede strich ihr liebevoll übers Haar.

„Quäl dich nicht, Engelchen. Das ist doch schon so lange her."

Adam sah seine Stieftochter verächtlich an.

„Ich glaube, wir sollten sie ins Bett bringen. Es war vielleicht doch etwas zu viel Branntwein."

Henrich Huckeriede schob seinen Arm unter Engels Schultern und zog sie von ihrem Stuhl hoch. Wenig später lag Engel in ihrem Durk. Ihr Kopf hatte kaum das Kissen berührt, als sie schon einschlief. Aber noch im Traum liefen ihr Tränen über die Wangen.

Zwei Monate vergingen. Das war mehr als genug Zeit, einen Rausch auszuschlafen und den darauf folgenden Kater zu kurieren, doch Engels

Herz heilte nicht. Trotzdem gab es Tage, an denen sie mit dem Leben zufrieden war.

Am sechsten Juli wurden Catharina und Adam nach Osnabrück zum Gericht geladen. Es sollte ein vorläufiges Urteil verkündet werden. Es war zwar noch kein rechtskräftiges Urteil, aber doch einen Hinweis darauf, was die Richter von dem Fall hielten.

„Ich komme auch mit", verkündete Henrich Huckeriede, als er die Neuigkeit erfuhr. Catharina freute sich.

„Wenn wir noch eins der Mädchen mitnehmen, kann sie gleich die Einkäufe erledigen."

Engel drückte sich die Daumen, bis sie schmerzten. Mittlerweile war sie zwar schon einige Male in der Stadt gewesen, aber sie genoss jeden Besuch dort. Sie hatte Glück. Catharina befahl ihr, sich reisefertig zu machen. In kürzester Zeit stand sie am Wagen, auf dem Henrich saß und auf die anderen wartete.

Adam half erst seiner Frau und seiner Stieftochter hinauf. Dann stieg er selbst auf und gab den Pferden das Zeichen zur Abfahrt. Langsam rollten sie die Hofeinfahrt hinunter. Engel drehte sich um und winkte ihren Geschwistern, die am Hoftor standen und ihnen neidisch nachsahen. Danach machte sie es sich bequem.

Die Fahrt dauerte mehr als zwei Stunden. Da sich die Landschaft kaum von der um Schledehausen unterschied, langweilte sich Engel. Sie kuschelte sich in ihr Schultertuch und verschlief einen guten Teil der Zeit. Sie wurde erst wach, als das Fuhrwerk auf das äußere Herrenteichstor zufuhr, das durch den Stadtwall führte. Zwei junge Soldaten standen in schmucken Uniformen neben den Toren in der Morgensonne, ohne ihren Wagen zu beachten. Engel wusste, dass sie sich nur um Händler mit zollpflichtigen Waren kümmerten. Gleich hinter dem Wall lag das innere Tor, das von zwei großen Linden flankiert wurde. Darunter saßen zwei ältere Männer in Uniform und genossen den Schatten. Beide trugen große Dreimaster und Säbel. Dem einen fehlte der linke Unterschenkel. An seiner Stelle trug er ein Holzbein. Das Gesicht des Anderen zierte eine Narbe, die von der Nasenwurzel bis zum Kinn reichte. Auf Engel wirkte es lächerlich, wie sie dort saßen, schnitzten und strickten.

Ihr blieb kaum Zeit die beiden Wächter zu betrachten, denn der Wagen rollte ungehindert in die Stadt. Er rumpelte im Schritttempo über das holprige Pflaster. Engel sah sich begeistert um. Ein merkwürdiges Gefühl überkam sie bei jedem Besuch in der Stadt. Einerseits fühlte sie sich von den hohen Häusern und den schmalen Gassen eingeengt, andererseits beeindruckte sie die immer dichter werdende Menschenmenge.

Adam lenkte den Wagen sicher zwischen den Fußgängern hindurch. Engel starrte bewundernd auf die Giebel der Häuser. Einige waren mit Zinnen bewehrt und schmucklos. Bei anderen Häusern war jedes Stockwerk ein Stück weiter zur Straßenmitte gebaut, so dass es aussah, als würden sie vornüber kippen. Sicherheitshalber zog Engel den Kopf ein.

In diesem Augenblick fuhren sie durch die breite Einfahrt eines schmalen Fachwerkhauses. Adam hielt in dem langen, dämmrigen Durchgang, den Engel schon von früheren Besuchen kannte. Sie waren offensichtlich trotz der frühen Stunde bemerkt worden, denn ein dicker Mann mit Lederschürze kam auf sie zu.

„Holla! Auch wieder im Land? Schön euch zu sehen. Kann ich euch helfen?"

Adam schüttelte dem Kaufmann die Hand.

„Grüß dich, Otto. Ich habe mal wieder ein paar Sachen, die ich verkaufen will. Wie sieht's aus, willst du sie haben?"

„Wenn sie gut sind. Lass mal sehen."

Henrich sprang vom Wagen und half den Frauen beim Absteigen. Engel nahm den Korb, in den später die Einkäufe gelegt werden sollten, und beobachtete, wie Adam und Otto um die Preise feilschten. Schließlich gaben sich die Männer die Hand. Engel konnte sehen, dass Adam zufrieden war. Otto winkte ein paar Burschen herbei, die sofort begannen, den Wagen abzuladen.

„S'is immer wieder schön, mit dir Geschäfte zu machen."

Otto wandte sich an Catharina.

„Kann ich euch zum Frühstück einladen?"

Engel freute sich, dass Catharina einwilligte, denn bei dem Kaufmann gab es beim Essen meistens etwas Besonderes. Außerdem war es im Haus angenehm kühl. Wenig später saß sie zwischen ihrer Mutter und Ottos Tochter Louise am Frühstückstisch. Sie aß mit Vergnügen und lauschte mit einem Ohr dem Gespräch der Erwachsenen. Adam fragte Otto nach seinen Geschäften.

„Es sind nicht mehr so viel Soldaten in der Stadt. Besonders die Offiziere fehlen mir. Die achten meist nicht so aufs Geld."

„Das kann das eine Bataillon Hannoveraner natürlich nicht ausgleichen."

Huckeriede lachte. Otto sah ihn entrüstet an.

„Für die Leute ist es besser, dass die Soldaten weg sind. Dieses ewige Fluchen, Saufen und Spielen. Aber am schlimmsten ist, dass kein Rock vor ihnen sicher sein kann. Ich lebe in ständiger Angst um meine Louise."

Er sah stolz zu seiner Tochter, die verlegen an den Fransen ihres Schultertuchs zupfte. Engel hatte noch nie so ein feines Tuch gesehen. Sie streckte verstohlen die Hand aus und strich über den weichen Stoff. Louise bemerkte es und lächelte sie an. Verlegen wandte sich Engel wieder dem Gespräch zu. Grade fragte ihre Mutter: „Warum liegen auf der Herrenteichstraße so viele Steine. Adam musste heute einen ziemlichen Umweg fahren."

„Man hat endlich angefangen, die Straßen neu zu pflastern. Sie bekommen allesamt Rinnsteine und Gehwege. Eine eindeutige Verbesserung!"

Huckeriede runzelte die Stirn.

„Hatten die Ratsherren das nicht schon vor sieben Jahren beschlossen?"

„Wir sind ja schon froh, dass wenigstens die meisten Holzlager und die Dunghaufen verschwunden sind. Du glaubst ja gar nicht, wie lange es gedauert hat, bis sie das durchgesetzt hatten!"

Catharina und Engel lachten. Adam meinte: „Das kennen wir gut. Unser Prozess zieht sich ja nun auch schon dreieinhalb Jahre hin."

„Ach, bleibt mir bloß mit der Verwaltung vom Hals. Jetzt hat sich der Erzbischof und Kurfürst von Köln in den Kopf gesetzt die Kirche zu reformieren. Das bedeutet Verwaltung noch und nöcher. Ich halte sowieso nichts von diesen neumodischen Gedanken. Guck doch, wozu sie geführt haben."

Huckeriede sah den Kaufmann fragend an.

„Redest du von Napoleon?"

„Wenn es nur die Franzosen wären. Die sind mir völlig egal, solange sie uns hier in Ruhe lassen. Aber ihr braucht euch nur mal in Osnabrück umzusehen. Neuerdings dürfen die Pfarrer sogar in bürgerlicher Garderobe auf die Straße!"

Catharina verteidigte die Geistlichen.

„Ich finde es richtig. Den Ornat und die Wollperücke kann man ihnen grade im Sommer nicht zumuten."

Sie lächelte Otto an, der sofort das Thema wechselte. Engel schmunzelte, denn sie wusste, dass der Kaufmann Frauen nicht gerne widersprach.

„Ich habe grade eine besondere Lieferung von Rhein bekommen. Es hat sein Gutes, dass der Krieg nun endlich zu Ende ist."

Er gab seiner Tochter einen Wink. Louise stand auf und ging. Wenig später war sie mit einem Teller zurück, auf dem für jeden eine rotgelbe Frucht lag.

„Das sind Pfirsiche vom Hof meines Vetters", sagte Otto stolz. Engel lief das Wasser im Mund zusammen, denn Grete hatte ihr nach ihrem ersten Besuch bei Otto von dem saftigen Obst vorgeschwärmt. Als sich Engel einen Pfirsich nahm, schlug die Domuhr halb zehn. Catharina erschrak.

„Wir sollten uns langsam fertig machen. Wir müssen zur vollen Stunde bei Gericht sein."

Engel hatte genug Zeit ihren Pfirsich mit kleinen Bissen zu genießen, da Otto Adam erst noch in sein Büro bat, um ihm das Geld für die Waren auszuhändigen.

Engel stand staunend vor der Land- und Justizcanzlei. Bei früheren Besuchen hatte sie keine Gelegenheit gehabt sich das Gebäude in Ruhe anzusehen. Es war aus gelbem Sandstein gebaut und völlig symmetrisch. Nach einem fensterlosen Kellergeschoss türmten sich zwei schlichte, nahezu identische Stockwerke mit jeweils acht Fenstern übereinander. Sie verschmolzen mit einem Dach, dessen Ziergiebel mit zwei bronzenen Urnen geschmückt war. Eine eindrucksvolle Freitreppe führte von zwei Seiten zu einer großen Holztür. In die Stirnseite der Treppe war noch eine winzige Tür eingelassen, die aber nicht weniger massiv aussah.

„Die ist für Angestellte und Diener", meinte Adam, der Engels Blick gefolgt war. Henrich stemmte die Fäuste in die Hüften und sah zum Haupteingang hinauf.

„Beeindruckend, nicht wahr?"

Catharina legte eine Hand auf Adams Arm und ließ sich die Treppe hinauf helfen. Engel fragte: „Wann und wo treffen wir uns wieder?"

Adam antwortete, ohne sich umzudrehen.

„Ich kann nicht sagen, wie lange wir hier brauchen werden. Am besten gehst du nach dem Einkaufen zum Wagen zurück und wartest auf uns."

Engel nickte und wartete, bis alle durch die Tür verschwunden waren. Erst dann wendete sie sich ab und ging in Richtung Marktplatz davon. Sie wollte zu den Geschäften des Hegertor Viertels, das hinter dem Neuen Rathaus lag. Plötzlich hörte sie hinter sich eine bekannte Stimme rufen.

„Engel, warte doch."

Sie drehte sich um und sah Friedrich winken. Er schloss schnell die kleine Tür in der Stirnseite der Treppe ab und kam mit langen Schritten auf sie zu. Er schien froh, sie zu sehen. Engel strahlte übers ganze Gesicht.

„So eine wunderbare Überraschung. Was machst du denn hier."

„Ich habe ein paar Termine vor Gericht. Ich muss in einigen Fällen als Zeuge aussagen. Darf ich dich ein Stück begleiten? Ich habe grade ein wenig Zeit."

Engel nickte erfreut und Friedrich reichte ihr seinen Arm. Gemeinsam gingen sie über den Marktplatz, der seit dem 30-jährigen Krieg nur noch als Abstellplatz für die Wagen und Gespanne diente. Engel zog es in die St. Marienkirche, wo sie sich in eine der schlichten Holzbänke setzte. Sie faltete die Hände und betete. Friedrich ließ sich neben ihr nieder. Nach einer Weile sah Engel zum Gewölbe auf. Die Größe des Kirchenschiffs raubte ihr jedes Mal den Atem. Es schien kein Ende zu nehmen.

Plötzlich kribbelte es Engel im Nacken. Ein leiser Ton, zart wie eine Sommerbrise, schwebte durch die Kirche. Ihm folgte ein zweiter Ton, ein Akkord, eine Melodie. Engel wagte kaum zu atmen. In der Pause nach dem ersten Lied sagte sie: „Die Orgel klingt wunderschön."

Friedrich stimmte ihr zu.

„Es hat sich wirklich gelohnt, die alte zu ersetzen."

„Gab es denn früher eine andere Orgel?"

„Die Laischaften haben zusammengelegt und 1795 die über 200 Jahre alte Orgel ersetzen lassen."

Sie blieben noch eine Weile sitzen und lauschten einigen Chorälen. Als die Kirchturmuhr schlug stand Engel auf.

„Jetzt wird es aber Zeit. Es ist schon halb elf und ich habe immer noch nicht eingekauft."

Friedrich bot Engel seinen Arm an und gemeinsam verließen sie die Kirche. Sie gingen über den Markt, am Brunnen vorbei, auf das Neue Rathaus zu. Mit seinen zwei Stockwerken, der Freitreppe und den vielen Fenstern, ähnelte es ein wenig der Land- und Justizcanzlei. Allerdings schmückten die Fassade sieben fast lebensgroße Männerstatuen. Friedrich zeigte auf eine von ihnen.

„Siehst du die Figur über dem Eingang? Das ist Karl der Große. Die anderen Statuen stellen auch Könige dar. Ich habe nur vergessen, welche."

Gleich hinter dem Rathaus begann das Hegertor Viertel. In den Gassen vor den Läden drängelten sich unzählige Leute. Engel holte tief Luft und drückte ihren Korb fester an sich. Trotz der Sommerhitze schob sie sich dichter an Friedrich heran, der ihr den Weg freimachte.

Mit großen Augen sah sie sich um. Damen in vornehmen Kleidern schlenderten vorbei, begleitet von eindeutig wohlhabenden Männern. Zerlumpte Kinder und Krüppel bettelten, wo immer sie Platz fanden. Müde, schlecht gekleidete Frauen, Colona in Tracht und energische Köchinnen gingen in den Läden ein und aus. Mägde, Knechte und die Diener der reicheren Stadtbewohner drängelten mit Päckchen und Paketen beladen durch die Menge.

„So viele Menschen waren bei meinem letzten Besuch nicht unterwegs. Ist irgend etwas Besonderes los?"

Friedrich schüttelte den Kopf.

„Wahrscheinlich glauben sie, dass es nichts mehr zu kaufen gibt, wenn Osnabrück an Hannover abgetreten wird."

„Warum sollte uns der Fürst abtreten? Will er uns nicht behalten?"

„Das kann er nicht. Da Frankreich auch den zweiten Krieg gewonnen hat, müssen wir uns an die Vereinbarungen im Friedensvertrag halten. Das bedeutet, dass die Franzosen die Gebiete links vom Rhein bekommen."

„Aber der Rhein ist doch sehr weit weg."

Friedrich lachte leise.

„Sicher. Aber die Fürsten, die dort Gebiete aufgeben mussten, lassen sich natürlich entschädigen. Die Einzelheiten arbeitet zur Zeit die Reichsdeputation aus."

„Reichsde-pu-ta-tion?"

„Das ist eine Versammlung der Abgeordneten aller deutschen Länder."

„Ach so."

„Was sie nun genau vorhaben, weiß noch keiner. Aber es ist wahrscheinlich, dass das Fürstbistum Osnabrück an Hannover geht. Immerhin ist unser Fürst ein Sohn Georgs III."

„Ändert sich dann was für mich und meine Familie?"

„Wohl kaum. Es werden nur andere Soldaten die Stadttore bewachen."

Engel atmete erleichtert auf. Sie wischte sich mit dem Ärmel den Schweiß von der Stirn.

„Dann brauche ich auch nicht mehr einzukaufen, als das, was Mutter mir aufgetragen hat."

Sie drängelte sich zu einem Laden durch und Friedrich folgte ihr. Gemeinsam gingen sie von Geschäft zu Geschäft. Schließlich wurde Friedrich unruhig.

„Ich will ja nicht drängeln, aber dauert es noch lange?"

„Ja. Mutter hat mir eine ganz schöne Liste mitgegeben. Aber du brauchst mich nicht die ganze Zeit zu begleiten. Ich bin doch kein Kind mehr."

„Als ob ich das übersehen könnte."

Engel wurde rot. Friedrich bemerkte es zum Glück nicht. Er sah grade auf seine Taschenuhr.

„Ich würde dich gerne den ganzen Tag begleiten. Nur leider muss ich noch einmal zum Gericht."

Engel bemerkte das Bedauern in seiner Stimme. Sie legte ihm die Hand auf den Arm.

„Geh nur. Ich komme hier schon zurecht."

„Wenn du noch Zeit hast, solltest du in den Dom gehen. Er ist wirklich sehenswert."

„Das werde ich wohl tun. Ich war mir bisher nur nicht sicher, ob ich als Protestantin willkommen bin."

Friedrich schüttelte verwundert den Kopf.

„Wie kommst du nur auf so eine Idee?"

„Na ja, ich kenne die Kirchen in Osnabrück nicht besonders gut. Ich dachte mir, dass sich Protestanten und Katholiken sicherlich nicht in allen Gemeinden so gut verstehen, wie bei uns im Dorf."

„Glaub mir. Im Dom ist jeder Gläubige gern gesehen." Er nahm Engels Rechte in beide Hände. „Nun muss ich aber wirklich los. Schade, dass wir uns nur so kurz sehen konnten."

„Immerhin haben wir uns getroffen, das ist schon viel wert."

Friedrich lächelte.

„Das stimmt. Lebewohl, mein Engel. Ich komme dich bald mal wieder besuchen."

Engel winkte Friedrich nach, bis er um eine Häuserecke verschwand. Dann widmete sie sich wieder ihrem Einkauf. Wie immer konnte sie kaum fassen, was alles angeboten wurde. Es gab nichts, was es nicht gab. Neben Geschäften mit schlaffen Gemüsen und getrocknetem Obst gab es Läden mit Tuch, von feinster Seide bis zum gröbsten Leinen, Spitzen aus dem Osten, Trachtenhauben jeder Farbe und Größe, gebrauchte Kleidung, Gewürze aus dem Fernen Osten und Salz aus Preußen, Singvögel in zierlichen Käfigen, heiße Maronen, Kaffee und noch vieles mehr. Wie betäubt trug Engel ihren Korb durch die Menge, bis sie endlich alles eingekauft hatte. Stimmengewirr, Lachen, Geschrei und gelegentlich die Musik eines Leierkastens begleiteten das bunte Treiben. Sie sah sich ein letztes Mal um und schüttelte den Kopf.

So ein Durcheinander. Nur gut, dass ich alles habe. Moment mal! Beinahe hätte ich vergessen, dass ich Maria und Victor etwas mitbringen wollte.

Engel machte sich auf den Weg zu einem Laden mit Süßigkeiten, gar nicht weit vom Neuen Rathaus. Er war ihr schon öfter aufgefallen, aber sie war noch nie drin gewesen. Sie tänzelte beim Gehen, obwohl der Korb mit den Einkäufen nicht grade leicht war. Es machte ihr immer mehr Freude, das Gewimmel der kleinen Gassen zu erforschen.

Nur gut, dass ich noch ein paar Taler gespart habe. Vielleicht reicht es auch noch, um Klara etwas Leckereres zu kaufen. Sie würde sich bestimmt freuen.

Engel betrachtete die Auslage in einem Fenster des Ladens. Bei dem Anblick von getrocknetem Obst, gebrannten Mandeln, Zuckerstangen und Früchtebrot, leckte sie sich die Lippen.

Ich könnte etwas Honigbrot kaufen. Oder lieber gebrannte Mandeln?

Sie überlegte gründlich, schließlich wollte sie ihr Geld gut anlegen. Plötzlich erhielt sie einen heftigen Stoß in die Seite. Ein junger Mann in hannoverscher Uniform war gegen sie geprallt.

„Verzeihung, gnädiges Fräulein. Es ist mir unerklärlich, dass ich eine Schönheit wie Sie übersehen konnte."

Engel wurde so rot, wie der Rock des Soldaten.

„Das ist doch nicht schlimm", flüsterte sie.

Er hielt ihr eine Papiertüte hin.

„Kann ich Ihnen als Entschädigung ein Stück Schokolade anbieten?"

Misstrauisch betrachtete Engel die klebrig braunen Klumpen in der Tüte, als plötzlich Louise, Ottos Tochter, aus dem Laden kam und sich bei dem Soldaten einhakte.

„Hallo Engel. Iß nur. Schokolade schmeckt wirklich Klasse, auch wenn sie bei der Wärme nicht besonders appetitlich aussieht."

Zögernd nahm sich Engel ein Stück.

„Danke."

Das Mädchen verabschiedete sich von Engel und zog den Soldaten mit sich davon. Vorsichtig steckte Engel die Schokolade in den Mund und kaute, bis die Süße in ihrem Mund explodierte. Überrascht hielt sie inne und kaute dann so langsam wie möglich, um den Genuss zu verlängern. Erst als die Schokolade aufgegessen war, dachte sie wieder an den Süßigkeitenladen. Sie ging hinein und kaufte zwei kleine Zuckerstangen für Victor und Maria, ein Tütchen getrockneter Aprikosen für Klara und eine Hand voll Datteln für sich selbst.

Zufrieden futterte sie die Früchte, während sie durch die schmalen Gassen an den Geschäften vorbei zurück in Richtung Markt schlenderte. Der Korb war schwer geworden und so wechselte sie ihn einige Male von der einen in die andere Hand. Sie erschrak sehr, als plötzlich ein junger Mann mit verdutztem Gesicht vor ihren Füßen landete. Sie beugte sich vor, um ihm aufzuhelfen, da brüllte hinter ihr eine tiefe Stimme.

„Ihr Feiglinge", schrie ein kräftiger Mann. Er schubste Engel unsanft zur Seite und stürzte sich auf zwei Männer. Engel stolperte gegen eine beleibte Dame. Sie griff mit der freien Hand nach dem Arm der Frau, um das Gleichgewicht wiederzugewinnen. Die Dame kreischte erschrocken auf und begann mit beiden Händen um sich zu schlagen.

„Zu Hilfe, ein Dieb!

Engel zuckte zurück. Die Menschen um sie herum schlugen wild aufeinander ein. Engel konnte den Mann, der die Prügelei begonnen hatte, nicht sehen, aber der Jüngling trommelte mit beiden Fäusten auf dem Rücken eines anderen Mannes herum. Die Frau klammerte sich an Engels Arm.

„Helft mir! Ein Dieb!"

Einige Männer drehten sich zu ihnen um. Sie sahen so aus, als würden sie das Geschrei der Frau ernst nehmen. Engel bekam plötzlich Angst. Sie riss sich los und versuchte zu flüchten, doch so einfach war das nicht. Gehetzt sah sie sich um. Die vorher so fröhliche Menschenmenge verstopfte die schmale Gasse. Ein großer Teil der Leute beteiligte sich an der Prügelei, die anderen versuchten einen möglichst guten Blick auf das Geschehen zu erhaschen. Schließlich bemerkte Engel eine Lücke und quetschte sich zwischen den Leibern hindurch in eine schmale Seitengasse. So schnell sie konnte, rannte sie davon.

Einige Straßen weiter blieb sie stehen und schnappte nach Luft. Ihr Herz klopfte wie wild. Sie schloss die Augen und atmete ein paar Mal tief durch, um sich zu beruhigen.

Die Einkäufe, schoss es ihr durch den Kopf. Hoffentlich habe ich nichts verloren!

Besorgt sah sie in den Korb, den sie trotz der Aufregung nicht losgelassen hatte.

Nadeln, Spitze, Seidenbänder, das neue Waffeleisen. Welch ein Glück, es ist noch alles da.

Sie war erleichtert. Trotzdem zitterten ihre Knie noch leicht, als sie sich auf die Suche nach einem anderen Weg zum Marktplatz machte. Sie bog in eine schmale, fast menschenleere Seitengasse. Nur ein Pärchen stand in eine Nische gedrückt. Das Gesicht des Mannes war tief im Ausschnitt seiner Begleiterin vergraben und seine rechte Hand zerrte ihren Rock in die Höhe.

Leute gibt's, dachte Engel. Sie wollte sich leise zurückziehen, als sie plötzlich entdeckte, dass der Mann die Linke auf den Mund des Mädchens presste. Die junge Frau wand sich in seinem Griff, wurde aber so fest gegen die Wand gepresst, dass sie sich kaum bewegen konnte. Engels Knie gaben erneut nach. Zitternd stützte sie sich an der nächsten Hauswand ab.

Bloß weg!

Die Schultern des Mannes waren breit und kräftig. Engel würgte. Sie fühlte sich elend. Ihr Blick huschte über die Szene. Am liebsten wäre sie weggelaufen, aber ihre Beine gehorchten nicht. Plötzlich blieb ihr Auge an dem Schultertuch des Mädchens hängen, das achtlos vom Stiefel des Mannes in den Dreck getreten wurde.

Das Tuch kenne ich doch.

Grunzend schob der Mann den Rock das letzte Stück in die Höhe und zwängte seine Hüften zwischen die schlanken, nackten Beine der jungen Frau.

Engel ertrug es nicht länger. Mit einer Kraft, die sie sich selbst nicht zugetraut hatte, schwang sie ihren Einkaufskorb durch die Luft und ließ ihn auf den Hinterkopf des Mannes hinunter sausen.

Im Schneckentempo fielen die Einkäufe aus dem Korb und segelten im hohen Bogen durch die Luft. Zarte Spitzen, Nadeln, Garn und der ganze Rest ergossen sich in den Matsch der Straße. Nur das neue Waffeleisen blieb liegen und verlieh dem Schlag eine größere Wucht.

Mit einem wütenden Grunzen gab der Mann das Mädchen frei und fuhr herum. Er hob den Arm, um Engel zu schlagen. Seine Hose war vorne geöffnet. Aber Engels Aufmerksamkeit galt nicht dem Anblick, der sich ihr bot. Wie betäubt starrte sie an ihm vorbei auf das Mädchen, das schluchzend zusammensackte. In diesem Augenblick ertönte eine Stimme.

„Hey, was ist denn hier los?"

Ein Soldat in der hannoverschen Uniform stand am Eingang der Gasse und blinzelte in die Sonne. Der Angreifer reagierte sofort. Er schubste Engel zur Seite und rannte mit wilden Sprüngen davon. Der Soldat sah ihm verwundert nach. Louise streckte die Hände nach Engel aus. Sie weinte noch immer. Engel hockte sich neben sie. Sie nahm ihr Tuch ab und legte es Louise um die Schultern, um das zerrissene Mieder zu verstecken. Dann nahm sie das weinende Mädchen in den Arm. Der Soldat kam auf sie zu. Engel griff nach ihrem Korb. Ihre Hände zitterten. Doch dann erkannte sie den Soldat, der ihr die Schokolade geschenkt hatte. Erleichtert ließ sie den Korb fallen und wendete sich wieder Louise zu. Der Soldat beugte sich zu ihnen hinunter.

„Louise. Liebling!"

Er legte ihr die Hand auf die Schulter, aber Louise stieß sie heftig zur Seite und begann zu schreien. Engel strich ihr beruhigend übers Haar und befahl dem Soldaten: „Geh' weg!"

„Aber..."

„Verschwinde!"

Zögernd entfernte sich der Soldat. Engel achtete nicht weiter auf ihn. Sie redete sanft auf Louise ein. Als sie sich beide etwas beruhigt hatten, stand Engel auf und sammelte ihre Einkäufe ein, die verstreut auf der Straße lagen. Louise sah teilnahmslos zu, wie Engel das Schultertuch aufhob. Es war zerrissen und völlig verdreckt.

„Schade um das schöne Tuch."

Sofort schossen Louise neue Tränen in die Augen. Sie presste die Hände vors Gesicht und atmete tief ein. Ihre Stimme zitterte.

„Er hat mich losgelassen, bevor..."

„Das ist vorbei. Rede nicht drüber."

„Oh Gott, Engel! Ohne dich hätte er... Er hätte..."

Louise brach ab. Sie zitterte heftig. Engel legte ihr erneut den Arm um die Schultern.

„Danke Gott, dass nichts passiert ist."

„Das mache ich. Das mache ich sofort!"

Louise sprang auf, strich sich den Rock und Engels Tuch glatt und ging mit schnellen Schritten davon. Engel schnappte sich ihren Korb und folgte Louise durch die Gassen, am Rathaus vorbei, über den Marktplatz, zum Dom.

Der Dom empfing Engel mit sanftem Dämmerlicht und erfrischender Kühle. Sie sah sich suchend um und entdeckte Louise, die in einer der Bänke kniete und betete.

Wie friedvoll es hier ist.

Sie setzte sich in Louises Nähe nieder und sah zum Altar, wo das ewige Licht vor dem Tabernakel Gottes Gegenwart anzeigte. Engel fühlte sich plötzlich getröstet. Sie faltete die Hände.

„Dein Wille geschehe, Herr. Aber manchmal wünschte ich, du würdest uns das eine oder andere erklären."

Ihr Blick folgte den aufstrebenden Verzierungen der Säulen, höher und höher bis zum Gewölbe. Ein paar Sonnenstrahlen spielten mit den Ornamenten und der hellen Decke. Engel fühlte eine tiefe Ruhe in ihr Herz strömen.

Es ist schön hier.

Sie ließ ihren Gedanken freien Lauf und genoss das Gefühl der Geborgenheit. Sie schloss die Augen und atmete tief durch. Ihr Herz pochte leise im Einklang mit der friedvollen Ruhe des Doms. Verflogen war die Angst, die sie bei dem Überfall verspürt hatte. Alles, worum sie sich Sorgen machte, schien mit einem Mal klein und unwichtig. Sie fühlte tief in ihrem Herzen, dass sie zur rechten Zeit Antworten auf ihre Fragen bekommen würde.

Engel öffnete die Augen wieder und sah zu dem schön geschmückten Altar in seinem kunstvoll geschmiedeten Gitter hinüber. Sie war so glücklich, wie seit dem Tod ihres Vaters nicht mehr.

Ich wünschte ich könnte dieses Gefühl mit der ganzen Welt teilen.

Sie stand auf und ging zum Marienaltar links neben dem Eingang, warf etwas Geld in den Opferstock und nahm sich eine Kerze. Sie steckte sie auf den vielarmigen Leuchter vor dem Altar der Jungfrau, zündete sie an und betete leise ein Ave Maria für ihren Vater. Als sie geendet hatte, blieb sie noch einen Moment stehen und betrachtete die mit Rosen umkränzte Maria.

Erstaunlich. Sie wirkt so müde und strahlt doch dasselbe Glück aus, das ich fühle.

Schließlich kehrte sie in den Hauptraum des Doms zurück und sah sich nach Louise um. Die junge Frau saß noch immer in ihrer Bank. Engel ging zu ihr und setzte sich neben sie. Louise umarmte sie, als wolle sie nie wieder loslassen.

„Vielen Dank", flüsterte sie. Einige Zeit später standen die beiden Mädchen auf und verließen den Dom. Gemeinsam gingen sie das kurze Stück zu Ottos Haus und Engel stellte erleichtert fest, dass es Louise offensichtlich wieder besser ging. Sie war froh, als sie endlich ankamen. Ihre Füße schmerzten und sie war müde. Daher folgte sie Louises Einladung gern, im Haus auf die anderen zu warten.

Engel sah durch das Fenster ihre Mutter die Straße entlang gehen. Schnell warf sie sich ihr Tuch über die Schulter, verabschiedete sich von Louise und rannte aus dem Haus. Sie erreichte den Wagen in dem Moment, als ihre Mutter, ihr Onkel und Adam den Hof betraten. Sie sah sofort, dass der Tag nicht so gelaufen war, wie sie es sich vorgestellt hatten. Henrich Huckeriede stapfte mit wütendem Gesicht zum Wagen und half seiner Schwägerin beim Aufsteigen.

„Keine Sorge, Cathrinchen. Noch ist nicht aller Tage Abend. Wir werden weitermachen. Jetzt erst recht."

Adam schirrte die Pferde an. Er deutete Engels fragenden Gesichtsausdruck richtig. „Die Richter haben unsere Klage abgelehnt. Aber wir geben nicht auf. Die werden uns noch kennenlernen."

Catharina schüttelte den Kopf. „Ich bezweifle, dass wir auf diesem Weg jemals unsere Freiheit bekommen."

Engel war bestürzt, wie müde ihre Mutter wirkte. Sie legte ihr den Arm um Schulter. „Es war doch erst ein vorläufiges Urteil. Vielleicht ändern die ihre Meinung ja noch."

Catharina erwiderte die Umarmung, während Adam den Pferden das Zeichen zum Abfahren gab.

Als sie endlich auf dem heimatlichen Hof hielten, drückte Adam Engel die Zügel in die Hand.

„Ich schick dir gleich Victor. Er soll abspannen und die Tiere versorgen."

Er reichte Catharina seinen Arm und führte sie behutsam ins Haus. Huckeriede folgte ihnen. Seiner Mine nach zu urteilen, hatte sich seine Laune auf der Fahrt nicht gebessert. Ungeduldig wartete Engel auf Victor, der die Pferde übernehmen sollte. Als der Kleine endlich auftauchte, ritt eine bekannte Gestalt die Hofeinfahrt hinauf. Engel ging ins Haus, um den Gast anzukündigen. Adam stand am Herd und massierte Catharina die kalt gewordenen Füße. Er ist sehr fürsorglich, auch wenn er sie nicht liebt, dachte Engel. Sie betrachtete die beiden, bis Adam zu ihr aufsah.

„Dein Bruder kommt grade an."

Catharina schlüpfte schnell wieder in ihre Schuhe.

„Wie lieb von ihm."

Wenig später saßen alle am Tisch auf dem Flett und Engel reichte ihnen einen Kaffee. Adam unterrichtete seinen Bruder über das Ergebnis ihrer Fahrt. Gerhard Averbeck schnaufte abfällig.

„Die haben doch wirklich keine Ahnung."

Huckeriede stimmte ihm zu.

„Es wird Zeit, dass wir ein paar stärkere Geschütze auffahren. Erinnert ihr euch noch an Marias Konfirmation? Als Engel so betrunken war? Sie glaubte doch, dass Ludwig ermordet wurde."

Engel und Catharina schnappten entsetzt nach Luft. Gleichzeitig fuhr Adams Kopf in die Höhe.

„Aber genau! Wir könnten den Meyer belasten und andeuten, dass der Graf davon wusste."

Gerhard schüttelte den Kopf.

„Das würde seinen Ruf ruinieren."

„Hat er mit mir auch versucht!"

Endlich löste sich Catharina aus ihrer Erstarrung: „Seid ihr denn von allen guten Geistern verlassen? Lautet nicht Gottes Gebot: »Du sollst nicht falsch Zeugnis reden wider deinen Nächsten«? Ich bin schwer enttäuscht von dir, Adam."

Engel war von der Heftigkeit ihrer Mutter überrascht. Noch interessanter fand sie es, dass Adam heftig errötete. Er versuchte nicht einmal, sich zu rechtfertigen. Alle wussten, dass Catharina recht hatte. Engel bewunderte ihre Mutter, die stolz wie eine Königin auf ihrem Platz saß und die Männer mit blitzenden Augen anfunkelte.

„Wenn ihr Männer nicht einmal mit Hilfe des Gerichts zu einer Einigung kommt, wird es langsam Zeit, dass wir Frauen die Sache in die Hand nehmen. Adam, du wirst mich morgen früh zum Hof des Meyers fahren."

Catharina und Colona Meyer waren sich sofort darüber einig, dass etwas passieren musste. Ein Vierteljahr redeten die beiden ihren Männern zu, damit sie endlich über den Freikauf verhandelten. Engel staunte mit welcher Geduld die beiden Frauen ans Werk gingen. Im Herbst konnten sie endlich den ersten Erfolg verkünden.

„Der Meyer ist endlich bereit, sich mit uns an einen Tisch zu setzen. Er hat seine Forderungen aufgeschrieben und ich soll sie heute Nachmittag abholen."

Catharina strahlte Adam an, der sofort abblockte.

„Ich komm nicht mit. Ich hab' zu viel zu tun."

Engel mischte sich ein.

„Ich würde gerne mitkommen. Ich gehe nachher sowieso noch zu Tante Angela. Sie wollte mir ein neues Webmuster zeigen."

Catharina nickte.

„Das ist eine gute Idee. Du kannst mir die Forderungen des Meyers dann auch gleich vorlesen."

Engel freute sich über diese Bitte. Sie hoffte sehr, dass die Gespräche erfolgreich sein würden, auch wenn sie es sich kaum vorstellen konnte. Sie holte sich ihr wärmstes Schultertuch und folgte Catharina. Sie gingen zügig, denn trotz der Sonne war es ein kalter Tag. Lange Zeit gingen sie schweigend, doch als das Dorf in Sicht kam, hielt Engel es nicht mehr aus.

„Ob wir zu Weihnachten schon frei sein werden?"

„Das glaube ich kaum. Der Meyer ist ein ganz schöner Dickkopf und Adam steht ihm in nichts nach."

„Wird der Meyer denn da sein?"

„Selbstverständlich."

Engel schluckte. Sie erinnerte sich nur zu gut an das unerfreuliche Treffen, auch wenn es schon fast drei Jahre zurücklag. Seither war sie ihm so gut es ging aus dem Weg gegangen. Er wird mir schon nichts tun, sagte sie zu sich selbst. Immerhin sind seine Frau und Mutter dabei.

Sie erreichten den Meyerhof. Engels Herz klopfte heftig, als sie zum Haus gingen und der Meyer plötzlich zwischen den Ställen hervorkam.

„Welch Glanz in unserer Hütte." Er begrüßte Catharina mit einer Verbeugung und zwinkerte Engel zu. „Nur immer rein in die gute Stube."

Er öffnete eine Seitentür und Catharina betrat das Flett. Bevor Engel ihr folgen konnte, blockierte der Meyer den Durchgang. Er sah kurz über die Schulter und lächelte zufrieden, als er seine Frau im Gespräch mit Catharina sah. Engel hätte am liebsten geschrien, aber ihre Kehle war wie zugeschnürt. Der Meyer beugte sich vor und senkte seine Stimme zu einem Flüstern.

„Ich wollte mich für mein Verhalten entschuldigen. Es ist zwar schon eine Weile her, aber ich denke du weißt, was ich meine. Ich war so verdammt wütend auf Adam und da habe ich mich wie ein alter Trottel benommen. Entschuldigung angenommen?"

Engel fühlte sich, als solle sie mit einer Kreuzotter Freundschaft schließen. Aber wenigstens war die Entschuldigung ein Anfang. Sie schluckte das Herzklopfen hinunter.

„Vorläufig!"

Der Meyer lachte leise und gab die Tür frei. Engel überraschten die Lachfältchen an seinen Augen. Sie ging an ihm vorbei ins Haus. Plötzlich wurde ihr klar, dass sie keine Angst mehr vor ihm hatte. Sie lächelte.

Er mag vielleicht nicht der netteste Mensch sein, aber ein unbesiegbares Ungeheuer ist er auch nicht.

Neugierig sah sie sich um, konnte Klara aber nirgends entdecken. Nach der Begrüßung folgte sie Colona Meyer in die Stube. Sie staunte über die reiche Ausstattung. Die Schränke waren wunderschön verziert und mit Porzellan und Silber gefüllt. Weich gepolsterte Stühle luden zum Sitzen ein und eine große Standuhr verkündete mit melodischem Schlag die volle Stunde.

„Na, dann wollen wir mal."

Der Meyer ließ sich neben seiner Frau auf einen Stuhl plumpsen. Das Holz ächzte leise und Engel verkniff sich ein Grinsen.

„Ich habe nämlich vor seinem Tod noch mit Ludwig geredet. Wir waren uns schon so gut wie einig."

Colona Meyer sah ihren Mann überrascht an.

„Du hast mit Ludwig geredet? Das hast du mir gar nicht erzählt."

„Ich wusste ja nicht, dass dir so was wichtig ist."

Colona Meyer schüttelte lächelnd den Kopf und reichte Catharina ein Schriftstück.

„Wann genau habt ihr euch denn geeinigt?"

„Das war am Abend vor seinem Tod. Auf dem Heimweg lief mir der neue Untervogt über den Weg. Da hatte ich sogar schon den Vogt bestellt."

Catharina schüttelte den Kopf und reichte das Schreiben an Engel weiter. „Das kann ich mir kaum vorstellen. Wo hast du Ludwig denn getroffen?"

„Das war ganz zufällig. Ich war in Essen und traf ihn auf dem Heimweg. Ich glaube er hatte irgendeinen Verwandten besucht."

Engel wollte es nicht glauben.

Das kann nicht sein, dachte sie. Ich muss unbedingt mit Friedrich reden. Sie strich das Papier glatt und wartete auf ein Zeichen ihrer Mutter. Schließlich nickte Catharina ihr zu und Engel begann vorzulesen.

„Geschrieben zu Schledehausen, am 12. Oktober anno domini 1802."

Das Dokument machte den Gedanken, ihr Vater sei damit einverstanden gewesen, noch unglaubwürdiger. Der Meyer beanspruchte den Kotten an der Landwehr mit allen Ländereien und einen neuen Brunnen, der innerhalb eines Jahres gegraben werden sollte. Auch den Wald am Landwehrsiek wollte er haben. Er forderte, dass ein Klafter Holz, dass er seinem Grundherrn noch schuldete, sowie zehn starke Eichen von Waldmanns geliefert werden. Zu guter Letzt verlangte er die hinterlegten Gelder und die Erstattung der von ihm ausgelegten Prozesskosten ohne genaue Aufstellung.

Catharina wiegte bedenklich den Kopf.

„Ich glaube nicht, dass Adam dem so zustimmen wird."

„Mit Ausnahme des letzten Absatzes ist es genau das, was Ludwig und ich ausgemacht hatten. Und es entspricht im Wert dem, was er mit dem Grafen zu Münster-Langelage ausgehandelt hatte." Der Meyer sprang auf und stapfte hin und her. Catharina lächelte ihn an.

„Das bezweifele ich gar nicht. Aber Adam ist noch weniger bereit auf Land zu verzichten als Ludwig."

Colona Meyer ergriff das Wort.

„Nun setz dich mal wieder hin. Du hast doch nicht geglaubt, dass dein erster Entwurf gleich voller Begeisterung angenommen wird."

Der Meyer setzte sich schnaufend. Engel kam er für einen Moment wie ein verwöhntes Kind vor, das sich schmollend dem Willen der Mutter fügen musste. Sie biss sich auf die Lippe, um nicht zu lachen. Die Colona tätschelte ihrem Mann den Arm.

„Wenigstens haben wir jetzt eine Grundlage, über die wir reden können. Du wirst sehen. Wir werden uns schon noch einig."

Catharina nickte.

„Alles dauert eben seine Zeit."

Sie faltete das Papier zusammen und steckte es in ihren Beutel am Gürtel. Engel beugte sich zu ihr und fragte leise, ob sie noch gebraucht würde.

„Geh ruhig. Aber komm' heute Abend nicht zu spät nach Hause."

Engel versprach es. Sie verabschiedete sich und ging.

Die Verhandlungen gingen weiter. Einmal im Monat fuhren Adam und Catharina zu Meyers. Unmerklich lenkten beide Seiten ein. Ihre Forderungen näherten sich im Schneckentempo einander an. Engel staunte. Ungeduldig wartete sie auf Friedrich, denn er hatte versprochen sie bald wieder zu besuchen. Am Abend vor St. Nikolaus kam er auf den Hof geritten, grade als Adam an Engel vorbei ins Haus gehen wollte.

„Na Prinzessin, endlich einen Freier gefunden?"

Engel wurde rot.

„Friedrich ist nur ein Freund. Jeder Mensch braucht einen guten Freund." Mit hoch erhobenem Kopf ließ Engel Adam stehen. Sie zog sich mit Friedrich in die Stube zurück.

„Stell dir vor, Meyer behauptet steif und fest, er sei mit Ludwig längst einig gewesen. Er sagte, dass er sogar schon den Vogt bestellt hätte."

„Dann wäre der Vogt auch gekommen. Er ist sehr pflichtbewusst."

„Das habe ich mir gedacht. Es ist ja auch kaum zu glauben, dass Meyer zuerst ganz zufällig meinen Vater trifft und dann noch einen Untervogt."

„Augenblick mal." Friedrich rieb sich an die Stirn, als könne er die Erinnerung dadurch beschleunigen. „Das war am Abend vor dem Tod deines Vaters, richtig?"

Engel nickte.

„Es stimmt! Ich habe den Meyer getroffen. Und er trug mir tatsächlich auf, den Vogt für Sonntag Abend zu ihm zu bestellen. Er sagte mir allerdings nicht, worum es ging. Am nächsten Tag nach dem Gottesdienst kam die Meldung vom Tod deines Vaters. Da hab ich's glatt vergessen."

„Aber wenn sich die beiden wirklich einig waren, ist der Meyer nicht mehr verdächtig, oder?"

Friedrich nickte.

„Du hast recht. Er hätte zu viel verloren."

„Vielleicht hatte Vaters Tod gar nichts mit dem Freikauf zu tun?"

Engel seufzte. Friedrich legte ihr die Hand unters Kinn, hob ihr Gesicht an und sah ihr in die Augen.

„Und wenn es doch nur ein Unfall war?"

„Ich möchte doch nur die Wahrheit wissen. Meine Gedanken drehen sich so oft um Vaters Tod. Ich kriege meinen Kopf gar nicht mehr frei."

Engel lehnte die Stirn gegen Friedrichs Brust. Zaghaft strich er ihr über den Rücken. Plötzlich hob Engel den Kopf und lächelte ihn an.

„Mal was ganz anderes. Mutter und Colona Meyer schaffen etwas, was eure ganze Gerichtsbarkeit nicht hingekriegt hat."

„Häh?"

„Sie bearbeiten die Männer wegen des Freikaufs. Wenn das klappt, ist es völlig egal wie das endgültige Gerichtsurteil aussieht, oder?"

Friedrich nickte.

„Wenn sie einen rechtsgültigen Vertrag schießen."

„Es wird wohl noch einige Zeit dauern, aber ich glaube dass wir irgendwann nächstes Jahr freie Leute sind."

„Das sind doch gute Neuigkeiten."

„Ich freue mich auch drauf."

„Es gibt noch einen Grund zur Freude für dich."

„Wieso nur für mich?"

„Und für deine Familie und für die meisten Leute im Dorf. Willst du wissen, was passiert ist?"

Friedrich wartete nicht auf Engels Antwort.

„Es kommt langsam Bewegung in den Konfessionsstreit."

„Wieso?"

„Hast du noch nicht vom Reichsdeputationshauptschluss gehört?"

„Herrje, was für ein Wort."

Friedrich lachte leise.

„Richtiges Kanzleideutsch, nicht wahr? Die Reichsdeputation hat festgelegt, wie der Frieden von Lunéville umgesetzt werden soll. Vielleicht erinnerst du dich daran. Ich habe es dir bei unserem Treffen in Osnabrück erklärt."

Engel nickte.

„Bedeutet das, das Osnabrück jetzt wirklich zum Königreich Hannover gehört?"

„Jawohl und Hannover wird vom englischen König regiert. Der ist, wie wir alle wissen, Protestant. Jetzt soll der Vertrag von 1786 endlich umgesetzt werden."

„Meinst du, dass wir nun bald einen Pastor bekommen und eigene Gottesdienste halten können?"

„Und zwar in der Schledehausener Kirche. Die Fürstenauer haben sich nämlich endlich geeinigt. Es wird zwar nicht, wie im Vertrag gefordert, eine Kirche gebaut, aber die Katholiken dürfen ihre Gottesdienste im Schloss halten. Das bedeutet, dass der Vertrag irgendwann nächstes Jahr endlich umgesetzt wird."

Engel strahlte. Das neue Jahr versprach interessant zu werden.

Der Mai war gekommen und Engel genoss die Wärme, die er brachte.

„Wie gut, dass Dorsch heute den restlichen Garten pflügt. Dann können wir morgen schon mit der Aussaat anfangen."

Sie freute sich auf die Arbeit im Freien und beeilte sich daher mit dem Abräumen des Frühstückstischs. Grete seufzte sehnsüchtig.

„Ich lechze geradezu nach einem frischen, grünen Salat."

Sie lachte verlegen, aber Johanne machte ein ernstes Gesicht.

„Ich halte es für einen schlechten Einfall ausgerechnet am Freitag dem dreizehnten mit der Gartenarbeit zu beginnen. Das kann nichts Gutes werden."

Engel legte ihr die Hand auf die Schulter.

„Wir arbeiten doch schon seit Februar im Garten. Jetzt sind doch nur noch die frostempfindlichen Pflanzen dran."

„Als ob ich das nicht wüsste. Trotzdem ist heute kein guter Tag, Engelchen."

In diesem Augenblick öffnete sich die Tür zum Garten und knallte heftig gegen die Wand. Victor stürmte herein.

„Das müsst ihr sehen! Der Dorsch... der... der pflügt."

Er konnte vor Lachen kaum sprechen. Engel wischte noch schnell den Tisch ab. Sie folgte den anderen in den Garten, wo sich alle vor Lachen bogen. Als Engel Hinrich Dorsch sah, lachte sie aus tiefstem Herzen mit.

Die beiden Kühe, die den Pflug zogen, stapften mit gleichmäßigen Schritten die Furchen entlang. Sie kümmerten sich nicht um Hinrich Dorsch, der die Zügel in der Hand hielt und hinter ihnen her stolperte. Einige Male fiel der Heuermann der Länge nach in den Dreck und die Kühe zogen ihn mit bis er sich wieder aufgerappelt hatte. Als er wieder einmal hinfiel, ließ er die Zügel los und blieb sitzen. In diesem Augenblick kam Adam um die Hausecke.

„Was macht der denn da?"

Victor, Grete und die Mägde verdrückten sich. Nur Engel blieb. Verstohlen wischte sie sich die Lachtränen ab und sah zu, wie Adam dem Heuermann auf die Füße half. Angewidert verzog er das Gesicht.

„Du Saufkopf! Jetzt reicht's mir. Pack deine Sachen und verschwinde von meinem Hof."

Hinrich klammerte sich an seinen Ärmel und wimmerte.

„Du nich', Adam. Du nich'."

Engel ging zu den beiden hinüber. Ihr Herz klopfte heftig, aber sie zwang sich Adam ins Gesicht zu sehen.

„Das kannst du nicht tun, Adam. Heute ist das erste Mal seit langem, dass er wieder betrunken ist."

„Misch dich nicht ein. Er ist eine Gefahr für alle, die mit ihm arbeiten."

„Es ist der Todestag seiner Frau. Wie kannst du nur so herzlos sein."

„Ich kann niemanden brauchen, der regelmäßig besoffen zur Arbeit kommt."

Er deutete mit der ausgestreckten Hand auf den Weg vom Hof.

„Geh jetzt. Bis Montag bist du verschwunden."

Hinrich Dorsch wankte davon. Engel sah ihm nach. Sie war wütend. Adam packte sie am Arm und schob sie zur Tür.

„Und du kümmerst dich gefälligst um deine Arbeit."

„Fass mich nicht an!"

Engel riss sich los und verschwand mit erhobenem Haupt im Haus.

Als Engel zu Bett ging, war sie wütend. Als sie aufwachte, brodelte es noch immer in ihr. Beim Anziehen beschloss sie, mit ihrer Mutter zu reden. Sie ging aufs Flett, wo sie Catharina ausnahmsweise mal allein vorfand.

„Adam hat Dorschs rausgeworfen. Bis übermorgen sollen sie ihre Sachen packen! Ich möchte gerne, dass sie bleiben. Bitte!"

„Du weißt doch, dass Hinrich Dorsch zu oft betrunken ist."

„Aber das ist nicht Klaras Schuld."

„Kind, wir wollen nur Hinrich nicht behalten. Es ist zu gefährlich. Es könnte jemand zu Schaden kommen, der mit ihm arbeitet."

„Das ist nicht gerecht. Kann nicht wenigstens Klara bleiben?"

„Ich habe sie gestern Abend gefragt, aber sie wollte ihren Vater nicht allein gehen lassen."

Engel presste die Lippen zusammen. Das sah ihrer Freundin ähnlich. Ihre Wut schlug in Trauer um.

Jetzt verliere ich meine einzig wirklich gute Freundin.

„Darf ich ihr wenigstens beim Packen helfen?"

„Ja sicher. Warum denn nicht?"

Engel dachte bei sich, jetzt oder nie. Hier war endlich der richtige Zeitpunkt, sich den ganzen Ärger von der Seele zu reden. Sie holte tief Luft und redete drauf los.

„Adam nörgelt ständig an uns herum. Wir wären faul und so. Victor und mich mag er am wenigsten. Er verbietet uns fast alles. Er lässt mich nie zu Klara gehen. Dabei war ich schon seit Ewigkeiten nicht mehr bei ihr oben. Wir sehen uns so gut wie gar nicht mehr und wenn, dann zwischen Tür und Angel. Dabei ist sie meine beste Freundin! Und zu Victor ist er manchmal richtig gemein. Der Junge kippt abends todmüde ins Bett, weil Adam ihn von einer Arbeit zur nächsten jagt."

Catharina strich sich müde über die Augen und seufzte.

„Dabei dachte ich, dass er euch Kinder besser verstehen würde, als ich. Er ist selbst noch so jung. Ich glaubte, er würde ein ebenso guter Vater wie Colon. Aber ich weiß schon lange, dass ich eine schlechte Mutter bin."

Engel war entsetzt über die Wendung, die das Gespräch nahm.

„Aber das stimmt nicht. Du bist eine sehr gute Mutter!"

„Das bin ich nicht. Euer Bruder..."

„Victor?"

„Nein, Ludwig. Euer großer Bruder Ludwig."

Engel war sprachlos. Sie starrte ihre Mutter mit offenem Mund an.

„Er war fast viereinhalb Jahre älter als Gretchen." Catharina wischte sich mit dem Zipfel ihrer Schürze Tränen aus den Augenwinkeln. „Er war so ein lieber, aufgeweckter Junge. Du warst erst zwei, als er starb."

Engel fand endlich ihre Sprache wieder. Sie wunderte sich nicht so sehr darüber, dass sie einen großen Bruder hatte. Es kam schließlich häufig vor, dass Kinder starben. Was sie verwirrte war, dass nie über ihn geredet worden war. In allen Familien, die sie kannte, wurden die verstorbenen Kinder in liebevoller Erinnerung gehalten. War denn etwas so Schlimmes passiert, dass es geheim gehalten werden musste?

Catharina antwortete auf Engels fragenden Blick.

„Es war meine Schuld. Er fiel bei der Heuernte vom Wagen. Dabei war er erst zehn!"

„Wieso war es deine Schuld? Du bist doch sicher nebenher gegangen."

„Das schon. Aber ich habe ihm erlaubt mitzufahren. Dabei war er von den Blattern noch viel zu geschwächt." Catharina schlug die Hände vors Gesicht und weinte. Engel legte ihre Arme um sie und versuchte sie zu trösten.

„Es war nicht deine Schuld. Ludwig wäre so oder so mitgefahren. Alle Zehnjährigen tun das, ob es die Eltern erlauben oder nicht."

„Ich hätte ihn eben zwingen müssen."

„Es war ein Unfall. Du konntest nichts dagegen tun."

„Ich bin seine Mutter! Es ist meine Aufgabe, meine Kinder zu schützen."

Engel verstand, dass ihre Mutter sich immer schuldig fühlen würde. Selbst wenn sie verstandesmäßig einsah, das Engel recht hatte, würde ihr Gefühl sie schuldig sprechen. Wenigstens verstand Engel nun endlich, warum Victor von ihr so sehr umsorgt wurde.

„Ich hab dich lieb, Mutter."

Zärtlich lehnte sie sich an Catharina und hielt sie schweigend im Arm, bis die Tränen versiegten.

Beim Abendessen fragte Victor: „Wann kriegen wir Geld für die Kirmes? Sie haben schon alles aufgebaut. Es sind sogar ein paar Zigeuner vom Osnabrücker Jahrmarkt da. Die haben einen Feuerschlucker."

„Und es sind Musikanten da, die zum Tanz aufspielen werden."

Marias Augen leuchteten. Catharina lachte leise, aber Adam war aufgebracht.

„Geld, Geld, immer nur Geld. Kirmes ist doch die reinste Verschwendung. Reicht es nicht, dass ich dem Gesinde zum Lohn noch was für die Kirmes geben muss?"

Catharina sah ihren Mann überrascht an.

„Das bisschen Geld ist doch keine Belastung. Uns geht es doch gut."

„Ach ja? Und wie wollen wir den Freikauf bezahlen, wenn wir uns endlich mit dem Meyer geeinigt haben? Du weißt ganz genau, wie viel er für unsere Freiheit verlangt."

Catharina schüttelte ungläubig den Kopf.

„So teuer kommt uns die Kirmes auch nicht. Außerdem haben sich alle schon so lange darauf gefreut. Du kannst es den Kindern nicht übel nehmen, wenn sie sich ein wenig vergnügen wollen. Sie haben es sich redlich verdient."

„Und wer macht die ganze Arbeit, wenn alle Mägde und Knechte herumalbern und sich betrinken?"

Er machte eine kurze Pause, zu kurz als dass irgend jemand etwas hätte sagen können.

„Natürlich wir, wie jedes Jahr. Mir reicht es. Die Kinder müssen endlich richtig mit anpacken."

Catharina legte ihre Hand auf Adams Arm.

„Das haben sie bisher jedes Jahr getan. Sie haben alle sehr gut mitgearbeitet."

Adam knurrte und Catharina runzelte verärgert die Stirn. Sie beugte sich vor und flüsterte ihm etwas zu. Adam wurde blass, dann rot und wieder blass. Er wischte sich mit dem Ärmel übers Gesicht, stand wortlos auf und ging in die Stube, um den Geldbeutel aus seinem Versteck zu holen. Engel hätte zu gerne gewusst, was Catharina geflüstert hatte.

Es muss eine wirklich schlimme Drohung gewesen sein.

Wenig später kam Adam zurück und gab jedem Kind mit mürrischem Gesicht einen Taler.

Als die Familie am nächsten Tag vom Gottesdienst nach Hause zurückkehrte, begann ein hektisches Treiben. Knechte, Mägde und Familie packten kräftig zu, damit bis zum Abendessen alle Arbeiten erledigt waren. Engel arbeitete ohne Unterbrechung, bis ein dringendes Bedürfnis sie zwang die hinterste Box im Rinderstall aufzusuchen. Grade als sie fertig war und ihre Unterröcke ordnete, hörte sie Philippina leise rufen.

„Adam! Adam, so rede doch endlich mit mir."

Schritte waren zu hören, die nicht weit von der Box aufhörten. Engel hielt den Atem an.

„Liebster, du hast seit gestern nicht mehr mit mir geredet. Was ist denn los? Du siehst ja aus, als hättest du den Leibhaftigen gesehen. Was hat die Bäuerin nur zu dir gesagt?"

Engel hörte, wie Adam unwillig schnaufte.

„Nenn mich nicht Liebster. Das ist ein für alle Mal zu Ende."

„Adam!"

Engel hörte, wie sich Adam ein paar Schritte entfernte, ohne sich darum zu kümmern, dass Philippina zu weinen begann.

„Die Colona hat mich daran erinnert, dass sie mich bei Untreue vom Hof jagen kann. So steht es in unserem Heiratsvertrag. Das riskiere ich nicht!"

Philippina schluchzte.

„Aber ich liebe dich doch."

„Das hat eben jetzt ein Ende. Reiß dich zusammen."

242

Engel hörte, wie Adam mit raschen, wütenden Schritten davonging. Gerne hätte sie die Magd getröstet, aber dadurch hätte sie sich nur verraten. Also schlich sie sich leise zurück auf die Diele.

„Endlich sind wir da!"

Victor hüpfte vom Wagen.

„Liebling warte. Du gehst mit mir!"

Ungeduldig hüpfte Victor herum, wartete aber gehorsam auf seine Mutter. Engel ließ sich von Adam vom Wagen helfen. Er hob auch Maria herab und drückte sie Engel in den Arm.

„Kümmere dich ein bisschen um deine kleine Schwester."

Engel nickte nur. Gemeinsam stürzten sie sich ins Getümmel auf der Festwiese. Plötzlich sah sie Trude, die an einen Pfahl angebunden geduldig wartete.

„Sieh nur, Friedrich ist auch da!"

Maria sah zu ihr auf.

„Du magst ihn wohl sehr, was?"

„Ach Quatsch. Er ist mein Freund, das ist alles."

Trotzdem spürte sie, wie sie rot wurde. Die beiden Mädchen schoben sich durch die Menschenmenge. Überall wurden sie von Freunden, Verwandten und Nachbarn freundlich gegrüßt. Hier und da unterhielten sie sich eine Weile, nur um dann weiterzugehen. Maria bestaunte den tanzenden Bären, dem ein Ring durch die Nase gezogen war an dem eine kurze Eisenkette hing. Engel war sich sicher, dass es dem Tier sehr weh tat.

„Der Bär hat so traurige Augen."

„Ja, aber er kann wunderbar tanzen", meinte Maria, als Engel sie fortzog. Sie wanderten von einem Stand zum nächsten. Besonders der Feuerschlucker beeindruckte die Mädchen.

„Dabei ist er eigentlich eher ein Feuerspucker."

Engel stimmte Maria zu und zeigte auf ein Zelt aus dunkelblauem Stoff.

„Sieh mal, eine Wahrsagerin. Wollen wir reingehen?"

Maria schauderte.

„Ich will lieber nichts über meine Zukunft wissen. Das wäre mir unheimlich."

„Ach komm. So schlimm wird es schon nicht sein."

Maria ließ sich überreden, mit Engel in das Zelt zu treten, wollte die Wahrsagerin aber unter keinen Umständen über die eigene Zukunft befragen. Die Mädchen guckten sich um, aber es gab nicht viel zu sehen. Abgesehen von ein paar Stühlen und einem niedrigen Tisch mit einer Glaskugel, vor dem eine alte Frau saß, war das Zelt leer. Engel betrachtete die Zigeunerin. Langes, weißes Haar umrahmte ein faltiges, aber freundliches Gesicht mit großen, schwarzen Augen. Golden glänzende Ohrringe hingen auf gekrümmte Schultern.

„Setzt euch, auch wenn nur die von euch mich sprechen will, die mir nicht glauben wird."

Maria starrte die Alte überrascht an und ließ sich dann auf einen wackeligen Stuhl nieder.

Sie hat uns bestimmt gehört. Schließlich sind die Zeltwände sehr dünn, dachte Engel und setzte sich ebenfalls. Sie zog ihren Geldbeutel und legte zwei Münzen auf den Tisch.

„Das reicht", sagte die Wahrsagerin. Bevor Engel eine dritte Münze dazulegen konnte, ließ sie das Geld verschwinden.

„Gib mir deine Hand."

Engel reichte der Zigeunerin ihre Linke und die Frau betrachtete sie lange und aufmerksam. Von Zeit zu Zeit zog sie eine der Linien sanft mit dem Zeigefinger nach. Da das kitzelte, musste sich Engel jedes Mal beherrschen, um nicht laut zu lachen. Schließlich gab die Frau Engel frei und schloss die Augen.

„Du untersuchst den Tod. Vergiss dabei das Leben nicht."

Engel holte überrascht Luft, wagte aber nichts zu sagen. Die Wahrsagerin öffnete die Augen und sah Engel ernst an.

„Es wird ans Licht kommen, was besser verborgen bliebe und du wirst eine schwere Wahl treffen müssen. Vergiss niemals, dass dir eine Lüge dein Leben lang nachlaufen wird. Denke aber auch daran, dass die Wahrheit ein zweischneidiges Schwert ist."

Engel holte Luft um Fragen zu stellen, aber die Zigeunerin winkte ab.

„Geht. Ich bin müde."

Maria stand gehorsam auf und zog die widerstrebende Engel mit sich.

„Puh, war das unheimlich. Was sie wohl gemeint hat?"

„Das würde ich auch gerne wissen."

Schweigend gingen die beiden Mädchen weiter. Engels Gedanken rasten.

Ob Friedrichs Verdacht doch richtig war? Waren es die Zigeuner? Weiß die Alte etwas, was sie mir auf diesem Wege sagen wollte? Oder kann sie wirklich in die Zukunft sehen?

Engel blieb geistesabwesend, bis sie zur Tanzfläche kamen. Die Musiker spielten bereits auf und die fröhliche Musik riss Engel aus ihren Gedanken. Etliche Leute tanzten. Am Rand standen einige Tische mit Bänken, an denen ein paar Männer saßen und Schnaps tranken. Engel schüttelte verständnislos den Kopf, als sie Hinrich Dorsch entdeckte. Der Mann schwankte schon gefährlich.

Warum muss er sich nur immer so volllaufen lassen? Arme Klara. Ich werde am besten versuchen ihn nach Hause zu schicken, sonst muss sie sich heute Nacht schon wieder um ihn kümmern.

Engel ging auf Dorsch zu. In diesem Moment trat der Meyer an den Tisch. Engel wandte sich weit genug ab, um von ihm nicht gesehen zu werden, beobachtete ihn aber. Der fette Bauer ließ sich neben Hinrich Dorsch auf die Bank fallen und schnaufte verächtlich.

„Alter Säufer."

Hinrich Dorsch zuckte wie unter einem Peitschenhieb zusammen.

„Ich habe das Geld noch nicht", winselte er.

Meyer sah Dorsch kalt an.

„Fünfzehn Taler, Dorsch und ich warte nicht mehr lange."

„Ich kriege es. Ganz bestimmt kriege ich es bald, Colon."

„Das will ich dir auch geraten haben, sonst nehme ich mir deine Tochter als Bezahlung."

Engel sah, wie sich Hinrich Dorsch vor Wut schlagartig nüchtern wurde. Seine Schultern strafften sich. Er setzte sich grade hin und sah dem Meyer direkt ins Gesicht.

„Nur über meine Leiche!"

Für einen Moment sah er bedrohlich aus, aber der Meyer grinste nur.

„Das hat der Waldmann ein paar Tage vor seinem Tod auch zu mir gesagt!"

Diese Antwort ließ Dorsch in sich zusammenfallen. Er winselte wie ein getretener Hund. Meyer stand auf und wendete sich zum Gehen. Engels Gedanken wirbelten durcheinander.

War das ein Schuldbekenntnis oder nur ein schlechter Witz? Konnte es nach all der Zeit ein Hinweis auf das sein, was wirklich geschehen war?

Engel sah dem Meyer mit brennenden Augen nach, bis er in der Menge verschwunden war. Als sie sich anschließend zu Dorsch setzen wollte, war dieser verschwunden.

Hoffentlich ist er so vernünftig, nach Hause zu gehen. Womit hat Klara nur so einen Vater verdient?

Seufzend wendete sie sich wieder dem fröhlichen Trubel zu, aber es dauerte eine Weile, bis die schweren Gedanken verscheucht waren. Sie sah sich um und entdeckte Catharina, die mit Adam und Victor am gegenüberliegenden Rand der Tanzfläche stand.

„Früher wären Vater und sie unter den ersten Tänzern gewesen", sagte sie zu Maria.

„Vater konnte ja auch richtig gut tanzen. Adam sieht dabei immer aus, als hätte er einen Stock verschluckt."

Engel lachte. Plötzlich blieb ihr die Fröhlichkeit im Halse stecken. Sie hatte Friedrich entdeckt, der Philippina zur Musik herum schwenkte. Die beiden unterhielten sich offensichtlich bestens. Engels Herz zog sich zusammen.

Was ist bloß los mit mir? Er kann doch tanzen, mit wem er will.

Sie versuchte an etwas anderes zu denken, konnte aber den Blick nicht von den beiden lassen.

Als der Tanz zu Ende war, verneigte sich Friedrich und ließ die Magd stehen, die sofort von Knechten anderer Höfe umringt wurde. Der Untervogt kam direkt auf Engel zu. Sie wunderte sich, wie er sie in dem Gewimmel wohl erkannt hatte. Sie versuchte zu lächeln.

„Willkommen Engel. Stimmt etwas nicht? Du siehst so betrübt aus."

„Wir haben eine sehr merkwürdige Weissagung bekommen", erklärte Maria. Engel warf ihr einen dankbaren Blick zu und sah, wie ihre kleine Schwester verschwörerisch zwinkerte. So bald wie möglich verabschiedete sich Maria und drängelte sich durch die Menge zu Catharina und Victor durch. Friedrich lächelte Engel an.

„Möchtest du tanzen?"

Engel nickte und ließ sich von Friedrich auf die Tanzfläche führen. Eine Weile tanzten sie schweigend. Schließlich seufzte Friedrich.

„Ich muss dir etwas sagen, Engel."

Engel sah zu ihm auf und sofort begann ihr Herz zu flattern wie ein gefangener Vogel.

„Ich bin nach Iburg berufen worden. Man will mich für lange Zeit dort einstellen. Ich bekomme mehr Gehalt als jetzt und einen Hof. Es bedeutet allerdings auch, dass ich nur noch sehr selten hierher kommen kann."

Engel blieb abrupt stehen und starrte ihn an. Tränen schossen ihr in die Augen. Wortlos drehte sie sich um und rannte davon.

„Warte!"

Friedrich folgte ihr mit langen Schritten, aber das merkte sie zunächst nicht. Ihre Gedanken wirbelten durcheinander.

Wie soll ich es ohne ihn nur aushalten? Was wird aus unseren Untersuchungen? Warum tut mir das Herz nur so weh?

Schließlich stolperte sie. Verwirrt sah sie sich um und stellte fest, dass sie die Festwiese weit hinter sich gelassen hatte. Sie konnte Friedrich sehen, der sie trotz seiner langen Beine noch nicht eingeholt hatte. Es fiel ihr schwer sich einzugestehen, was er ihr bedeutete.

Er sieht wunderschön aus, wenn er läuft. Mein Gott, warum musste ich mich nur verlieben? Adam wird mir einen reichen Colon zum Manne aussuchen und ich werde mich mein Leben lang nach Friedrich sehnen.

Sie setzte sich auf einen Stein und weinte. Keuchend kam Friedrich an.

„Meine Güte, kannst du schnell sein. Ich dachte schon, ich würde dich gar nicht mehr einholen."

Engel sah ihn an und wischte sich mit dem Ärmel die Tränen ab.

Angriff ist die beste Verteidigung, dachte sie.

„Verschwinde. Am besten gehst du gleich nach Iburg."

Friedrich schluckte, dann wühlte er in dem Lederbeutel, der an seinem Gürtel hing. Er versuchte erfolglos seine Nervosität zu verbergen. Schließlich zog er ein verknotetes Taschentuch hervor. Mit zittrigen Fingern knotete er es auf, faltete die Zipfel sorgsam über seiner Handfläche auf und hielt es Engel entgegen.

„Ich werde die Stelle nur annehmen, wenn du mitkommst."

Er sah Engel hoffnungsvoll an. In der Mitte des Taschentuches glänzte ein goldener Ring.

Engel erschrak, ihr Herz klopfte heftig.

„Ich kann hier nicht weg, Friedrich!"

„Aber ich liebe dich!"

„Adam hätte was dagegen."

„Im Gegenteil. Er hätte am liebsten sofort den Hof besichtigt. Aber ich wollte nicht, dass er einfach so über dich entscheidet. Dafür bist du mir zu wichtig."

Engels Gefühle wirbelten durcheinander, wie Blütenblätter in einer Windhose. Konnte sie es wagen, Friedrichs Antrag anzunehmen?

Wie lieb von ihm, auf meine Gefühle Rücksicht zu nehmen. Einen besseren Mann kann ich mir wirklich nicht wünschen. Aber was wird dann aus unseren Untersuchungen? Wie soll ich Adam, den Meyer oder Rahenkamp im Auge behalten? Ich kann ihm doch gar nicht folgen. Iburg ist furchtbar weit weg. Mit wem soll Klara über ihre Probleme reden? Wer würde Victor vor sich selbst schützen? Das Leben ist ungerecht!

Sie machte ein paar Schritte rückwärts und faltete die Hände vor der Brust. Friedrich missverstand die Geste.

„Ich dachte du magst mich. Ich habe mich wohl getäuscht, was?"

Traurig knotete er den Ring wieder in sein Taschentuch und verstaute beides in dem Lederbeutel an der Hose.

„Aber ich mag dich. Ich liebe dich."

Tränen liefen Engel über die Wangen. Sie versuchte zu reden, aber ihre Stimme versagte. Friedrich steckte die Hand nach ihr aus. Engel hätte am liebsten geschrien. Sein Schmerz zerschnitt ihr Herz. Er hob mit Daumen und Zeigefinger ihr Gesicht zu sich empor und sah ihr tief in die Augen. Seine Miene war sehr ernst.

„Spiel nicht mit mir. Das halte ich nicht aus."

„Aber ich liebe dich wirklich."

Friedrich sah plötzlich verwirrt aus.

„Warum heiratest du mich dann nicht?"

„Gib mir nur etwas Zeit."

„Hast du denn nie gemerkt, was ich für dich empfinde?"

„Bis heute morgen warst du für mich nichts weiter, als ein Freund."

„Das ist doch eine sehr gute Basis für eine Ehe."

„Bitte, Friedrich, gib mir nur ein, zwei Tage, damit ich nachdenken kann."

Engel lehnte ihre Stirn gegen Friedrichs Brustkorb. Zögernd strich er ihr übers Haar.

„Kann ich dir irgendwie helfen, Engel?"

„Ich weiß nicht. Es gibt so vieles zu bedenken."

„Was zum Beispiel?"

„Du bist katholisch."

Überraschung mischte sich mit Trauer und Verwirrung. Friedrich machte einen halben Schritt rückwärts und sah Engel an. Der Gefühlstumult war deutlich in seinem Gesicht zu lesen.

„Es gibt doch viele gemischte Ehen und die meisten sind glücklich."

Engel versuchte zu erklären.

„Versteh doch! Mein Vater hätte nie zugelassen, dass ich einen Katholischen heirate."

„Aber dein Vater ist seit über drei Jahren tot!"

Engels Unterlippe zitterte und wieder rollten ihr die Tränen übers Gesicht. Friedrich sah sie zärtlich an und strich ihr mit dem Zeigefinger liebevoll über die feuchte Wange.

„Ich glaube es wird Zeit, dass du dich von deinem Vater löst. Du bist jetzt erwachsen. So sehr du ihn auch geliebt hast. Du musst nicht nach seinen Regeln leben."

„Das verstehst du nicht."

„Dann erkläre es mir!"

Engel versuchte, Gedanken in Worte zu fassen, die sie bisher noch niemandem mitgeteilt hatte.

„Ich muss alles tun, dass Vater stolz auf mich sein kann. Das bin ich ihm schuldig. Dabei habe ich es noch nicht einmal geschafft, seinen Tod aufzuklären. Wäre ich an jenem Tag nur nicht weggegangen."

„Aber Engelchen. Das hätte doch auch nichts geändert. Wenn es wirklich kein Unfall war, hätte der Täter einfach zu einem anderen Zeitpunkt zugeschlagen."

„Aber wir haben noch nicht einen einzigen Beweis, dass es kein Unfall war. Seit drei Jahren suchen wir und finden nichts!"

Engel schrie fast.

„Vielleicht sollten wir tatsächlich langsam davon ausgehen, dass es ein Unfall war. Nach all der Zeit hätten wir eigentlich etwas entdecken müssen."

„Möglicherweise. Aber solange ich nicht genau weiß, ob ich ihn im Stich gelassen habe oder nicht..."

Sie wurde von einem heftigen Weinkrampf geschüttelt. Friedrich nahm sie in die Arme und zog sie an seine Brust.

„Ist ja gut, mein Engelchen. Wenn ich nur weiß, dass du mich gern hast, werde ich warten."

Friedrich hielt sie so lange im Arm, bis sich Engel wieder beruhigte.

Am nächsten Morgen arbeitete Engel so unkonzentriert, dass es Catharina sofort auffiel.

„Mit dir stimmt doch etwas nicht, Engel. Wirst du etwa krank?"

„Nein, Mutter."

„Dich beschäftigt doch etwas. Willst du mit mir darüber reden?"

Engel sah Catharina überrascht an. Der Gedanke, sich ihr anzuvertrauen war verlockend. In diesem Augenblick kam Adam aufs Flett und ließ sich auf seinen Platz am Tisch fallen.

„Essen fertig? Ich sterbe fast vor Hunger."

Engel verließ der Mut.

„Nein, Mutter."

Catharina sah zu Adam hinüber und lächelte plötzlich wissend.

„Wie wäre es, wenn du nach dem Frühstück ein wenig zu Klara hinüber gehst. Sie ist krank und würde sich sicherlich über deinen Besuch freuen. Und heute kommt Johanne, so dass ich dich nicht unbedingt brauche."

Engel strahlte. Klara war genau die richtige Person. Mit ihr würde sie über Friedrich reden können. Catharina erhob sich von ihrem Platz am Feuer und ging zum Tisch hinüber.

„Nimm etwas zu Essen mit und lass dir Zeit."

„Danke, Mutter."

Kaum hatte Engel ihr Frühstück beendet, sprang sie auf, packte so viele Lebensmittel in ihren Korb wie hineingingen und rannte vom Hof. Am Tor drängelte sie sich an Victor und den Rindern vorbei, die auf dem Weg zur Weide im Meckelnkamp waren. Ihr Bruder machte eine Leichenbittermiene, die gar nicht zu dem strahlenden Morgen passen wollte.

„Na du? Lach doch mal!"

Engel winkte ihm zu, aber als Antwort brummte er nur mürrisch.

Merkwürdig. Mir ist gar nicht aufgefallen, wie groß Victor geworden ist und er sieht Vater unglaublich ähnlich. Aber ich habe Vater nie mit so einem Gesicht erlebt.

Engel ließ sich ihre gute Laune nicht verderben. Fröhlich rannte sie den Berg hinauf zu dem Haus in dem Klara und ihr Vater lebten.

Vielleicht ist Hinrich Dorsch nicht da.

Engel hatte Glück. Als sie die kleine Schlafstube im Heuerhaus betrat, war außer Klara niemand zu sehen.

„Engel!"

Klara kletterte aus ihrem Durk und umarmte ihre Freundin stürmisch. Sie hielt sie fest, als wolle sie nie wieder loslassen. Schließlich wurde sie von einem heftigen Hustenanfall geschüttelt. Engel half ihr ins Bett zurück.

„Klara, du glühst ja! Was ist denn los?"

„Ich kann nicht wieder zum Meyer, nie wieder!"

Klara zitterte und so ging Engel aufs Flett zum Feuer und warf ein paar Scheite hinein. Wieder im Zimmer setzte sie sich auf einen Schemel. Klaras Blick folgte ihr verängstigt. Engel sah sie an.

„Was ist? Hat dich der Meyer rausgeworfen?"

„Hermann hat ihn rausgeworfen. Nun bekommt er niemals eine Heuerstelle."

„Dein Hermann? Dieser sanfte Kerl? Was hat der Meyer denn angestellt? Hat er versucht dich umzubringen?"

Klara wurde rot.

„Vater hatte mich so sehr gebeten nett zu sein. Wir sind doch auf das Geld angewiesen."

„Klara", schimpfte Engel ungeduldig. „Nun erzähl es doch mal so, dass ich es verstehen kann."

Klara sah zur Tür als wolle sie sicher gehen, dass ihr Vater nicht grade heim kam. Sie beugte sich zu Engel hinüber.

„Ich habe dir doch erzählt, dass mir der Meyer schon öfter nachgestiegen ist. In letzter Zeit wurde er immer aufdringlicher und ich habe mich nicht getraut ihn zu sehr abzuwehren."

„Oh mein Gott, hat er dich..."

„Nein, aber am Samstag Abend, als ich allein in der Stube aufgeräumte, hat er es versucht. Hermann hörte mich schreien und kam grade noch rechtzeitig, um mich zu retten. Er nahm den Meyer beim Kragen und warf ihn auf den Misthaufen. Dann sagte er ihm, er solle dort bleiben, denn das sei der richtige Platz für ihn."

Engel stellte sich vor, wie sich der feiste Bauer, von seinem Gewicht behindert, kaum aus dem stinkenden Hügel retten konnte. Sie kicherte. Das Kichern steigerte sich zu einem herzhaften Lachen.

„Im Mist... Das ist gut... Meyer, der Mistbauer...“

Engel schüttelte sich vor Lachen. Sie konnte gar nicht mehr aufhören. Schließlich wurde Klara davon angesteckt.

„Er hat geglotzt wie ein Fisch auf dem Trockenen. Sein Mund ging immer auf und zu.“

Sie machte es vor. Engel wischte sich die Lachtränen aus den Augen. Ein weiterer Hustenanfall Klaras beendete die ausgelassene Stimmung.

„Er hat von Hermann den Mietpfennig zurückgefordert.“

Engel fand es zwar ungerecht, wunderte sich aber nicht, dass der Meyer den Knecht hinausgeworfen hatte. Sie machte sich Sorgen, denn ihr war klar, dass kein Bauer einen Knecht haben wollte, von dem der Mietpfennig zurückgefordert worden war. Trotzdem versuchte sie Klara zu beruhigen.

„Hermann ist tüchtig. Er wird schon eine Stelle finden.“

Klara hustete wieder und langsam begann sich Engel um ihre Freundin zu sorgen.

„Das hört sich aber gar nicht gut an. Hast du es schon mit Kamillentee versucht?“

„Johanne hat mir einen Tee gebracht, eine Mischung aus Weidenrinde und Kamille. Das hat schon gut geholfen.“

Sie hustete wieder.

„Immerhin muss ich so nicht zur Arbeit. Ich traue mich gar nicht wieder hin. Wer soll mich jetzt vor dem Meyer beschützen.“

„Jedenfalls hast du jetzt erst einmal genug zu Essen im Haus.“

Engel packte ihren Korb aus, um die Freundin abzulenken. Klara freute sich sehr, weil ihre Vorräte stark zusammengeschrumpft waren. Sie schnitt sich sofort eine dicke Scheibe von dem Brot ab, doch ihre Gedanken kreisten immer noch um dasselbe Thema.

„Wer nimmt Hermann denn nun noch als Knecht. Jeder wird dem Meyer glauben und mein Liebling ist niemand, der sich gut mit Worten verteidigen kann.“

Klara seufzte traurig.

„Warum kann ich nicht auch einmal ein wenig Glück haben. Nur ein ganz klein bisschen Glück.“

„Was wird Hermann nun machen?“

„Vielleicht geht er nach Holland. Ich weiß es nicht. Was soll ich nur ohne ihn machen. Holland ist so furchtbar weit weg.“

Engel zuckte zusammen. Wenn Hermann für immer nach Holland ging, würde er Klara bestimmt bald nachholen. Sie konnte sich ein Leben ohne Klara nicht vorstellen. Fieberhaft überlegte sie, wie sie den beiden Liebenden helfen könnte. Zögernd schlug sie vor: „Adam braucht einen neuen Knecht. Jacob wird langsam zu alt. Ich kann ja mal mit ihm reden."

„Ich dachte, Adam mag dich nicht."

Engel nickte und seufzte.

„Ich kann doch nicht kampflos zusehen, wie Hermann fortgeht. Aber es wäre einfacher, wenn Vater noch am Leben wäre. Er hätte ihn sofort genommen. Schließlich ist dein Schatz ein guter Knecht."

„Ja, das ist er."

Die Mädchen schwiegen bedrückt. Auf einmal wurde das Dämmerlicht des Hauses noch dunkler. Engel sah aus einem der winzigen Fenster und stellte fest, dass der Himmel von schwarzen Wolken verdeckt war. In der Ferne grummelte es leise.

„Da zieht ein Gewitter auf. Ich hol dir lieber noch etwas Holz herein, sonst kannst du gleich gar nichts mehr sehen."

Engel sprang auf und war in wenigen Sprüngen über den kleinen Hof zum Holzschuppen gelaufen. Sie stapelte sich mehrere Scheite auf den linken Arm und wollte grade wieder zum Haus zurückgehen, als ihr Auge auf einen Spaten fiel, der neben der Tür stand. Das Zeichen am Stiel verriet eindeutig, dass es Adams Spaten war. Ihr Herz setzte einen Schlag aus.

Sie versuchte das Werkzeug aufzuheben, war aber zu sehr mit Holz beladen. Zügig ging sie zum Haus zurück.

Hoffentlich ist er nicht gleich wieder verschwunden, wenn ich zurückkomme. Sonst werde ich tatsächlich noch verrückt.

Engels Herz klopfte wie wild.

Nach so langer Zeit vielleicht wieder eine Spur! Ich werde Klara nichts davon sagen. Sie hat selbst schon genug Sorgen. Nur gut, dass Friedrich heute Abend vorbeikommen will.

Engel rannte fast, so eilig hatte sie es ins Haus zu kommen. Sie stapelte das Holz neben dem Herd ordentlich auf und legte einige Scheite aufs Feuer. Sie ging in die Stube zurück, um sich von Klara zu verabschieden.

„Ich werde jetzt heimgehen, sonst erwischt mich das Gewitter noch. Aber mach dir keine Sorgen. Ich werde heute noch mit Adam sprechen."

Als Engel das Haus verließ, sah Klara etwas fröhlicher aus.

Engel ging sofort zum Holzschuppen zurück und holte sich den Spaten. Im Freien konnte sie das Werkzeug trotz des schlechten Lichts genauer untersuchen, als im Schuppen. Die Flecken, an die sie sich noch so gut erinnern konnte, als hätte sie sie erst gestern gesehen, waren lange schon verschwunden.

Wie kommt der Spaten nur in Dorschs Schuppen?

Engel überlegte nicht lange. Die Antwort lag auf der Hand. Hinrich Dorsch war bestimmt im Suff darüber gestolpert und hatte ihn mit nach Hause genommen. Vermutlich erinnerte er sich nicht einmal mehr daran.

Engel nahm das Werkzeug kurz hinter dem Blatt in die Hand und machte sich auf den Heimweg. Vielleicht konnte Friedrich nach all der Zeit trotzdem noch etwas damit anfangen.

Es blitzte und Engel zuckte zusammen. Besorgt zählte sie die Sekunden.

Einundzwanzig... Zweiundzwanzig...

Es donnerte heftig.

So nah! Jetzt solle ich mich aber wirklich sputen, sonst werde ich noch nass.

Sie hatte den Hof schon fast erreicht, als ihr Hinrich Dorsch entgegen schwankte. Gutgelaunt blieb Engel stehen und begrüßte den Heuermann, etwas was sie seit dem Tod von Klaras Mutter nicht mehr getan hatte.

„Du solltest dich lieber beeilen, sonst macht sich Klara noch Sorgen."

Hinrich stoppte, als sei er gegen eine Wand gelaufen. Eine Welle unangenehmer Gerüche schwappte Engel entgegen und sie rümpfte die Nase.

„Engel, der Spaten."

„Ja?"

„Der Spaten!"

Engel sah verwirrt in Hinrich Dorschs Gesicht. Der Heuermann war kreidebleich. Er starrte den Spaten an, wie ein Kaninchen die Schlange. Er atmete schnell und keuchend. Unvermittelt trat er so dicht an Engel heran, dass sie dem Geruch nach Schweiß und Alkohol nicht mehr ausweichen konnte.

„Sag niemandem etwas", schrie er ihr ins Gesicht und umklammerte verzweifelt ihre Arme. „Bitte, Engel sag niemandem was."

Engel wusste nicht, was sie antworten sollte. Adam hatte sich schon ewig nicht mehr für den Spaten interessiert. Hinrich würde sicher keinen Ärger bekommen. Seine heftige Reaktion verwirrte sie und machte ihr Angst.

Es blitzte wieder. In der atemlosen Pause vor dem Donner starrten sich Engel und Hinrich schweigend an und plötzlich erkannte Engel in den gehetzten Augen des Heuermanns die Wahrheit. Sie erstarrte geschockt.

„Du warst das?"

Ihre geflüsterten Worte wurden von einem heftigen Donnerschlag unterstrichen, der die Welt zu spalten schien. Mit ihm kam der Regen. Sintflutartig ergoss er sich über die beiden Menschen und durchweichte sie bis auf die Haut. Schlagartig kam Bewegung in den Heuermann.

„Ich lasse nicht zu, dass du etwas sagst", krächzte er heiser und krallte seine Hände um Engels Kehle. In panischer Angst schlug das Mädchen um sich und traf das Ohr des Angreifers mit dem Spatengriff. Mit einem Schrei ließ Hinrich los. Er taumelte und griff sich mit beiden Händen an das verletzte Ohr. Blut und Wasser tropften zwischen seinen Fingern hindurch.

Engel ließ den Spaten fallen, schnappte schluchzend nach Luft und stolperte so schnell sie konnte davon.

Bloß weg von hier.

Kopflos, ohne nachzudenken, rannte sie los. Ihr Hals schmerzte so stark, dass sie nicht einmal nach Hilfe rufen konnte. Von Tränen und Regen halb blind raste sie den Berg hinauf. Die Angst trieb sie am Heuerhaus und an Rahenkamps Hof vorbei, immer weiter fort von den Menschen, die ihr hätten helfen können.

Um sie herum schien die Welt unterzugehen. Es blitzte und donnerte ohne Unterbrechung. Der Regen prasselte ihr schmerzhaft ins Gesicht und verschluckte alle Geräusche, sogar ihre eigenen Schritte. Der Weg wurde mit jeder Sekunde matschiger und das Laufen anstrengender. Trotzdem rannte Engel weiter.

Hinrich Dorsch folgte ihr in kurzem Abstand, die rechte Hand auf das blutende Ohr gepresst, die Linke um den Spaten gekrallt. Er rannte wie von inneren Dämonen gejagt und obwohl er wegen seiner Trunkenheit öfter stolperte, verlor er Engel nicht einen Augenblick aus den Augen.

„Versteh doch! Ich muss das tun. Bleib doch endlich stehen, Engel!"

Weinend rannte Engel durch den Wald. Plötzlich erkannte sie, dass sie nicht weit vom Meckelnkamp war.

„Victor! Oh Gott, lass Victor seine Keule dabei haben. Bitte!"

Sie sprang über den Graben am Wegrand. Sie wusste, dass in der Mitte der großen Viehweide einige alte Buchen standen.

Vielleicht hat sich Victor dort untergestellt.

Der aufgeweichte Boden verlangsamte ihre Flucht. Hinrich, der stärker war als sie, holte langsam auf.

„Ich wollte das nicht. Ich wollte ihm sogar helfen!"

Schnaufend blieb er stehen. Auch Engel hielt für einen Moment an, um nach Luft zu schnappen. Wasser rann ihr aus Haaren und Kleidern. Sie fühlte sich ausgelaugt und elend. Dabei konnten die Bäume nicht mehr weit sein.

„Du hast ihn umgebracht", schrie sie.

„Versteh das doch. Ich habe es für Klara getan. Nur für Klara!" Dorsch begann zu weinen. „Mein Goldkind. Sie ist der einzige Grund, warum ich noch lebe. Ich muss doch für sie sorgen."

„Aber du hast ihn umgebracht!"

„Als ob ich das nicht wüsste", brüllte er, für eine Sekunde furchtbar wütend. Aber fast sofort änderte sich seine Stimmung. Er weinte herzzerreißend und schlug die freie Hand vors Gesicht.

„Als ob ich das nicht wüsste! Oh Gott! Es tut mir so leid, Engel. So furchtbar leid." Er schniefte und wischte sich die Tränen am durchweichten Ärmel seiner Jacke ab.

„Glaube mir. Als der Colon starb, war mein Leben zu Ende. Ich höre noch immer wie der Spaten deinen Vater trifft."

Das Gewitter schien nun direkt über ihnen zu sein. Blitz und Donner kamen fast gleichzeitig und es gab kaum eine Pause vor dem nächsten Blitz. Der Regen fiel so dicht, dass Engel den Heuermann kaum noch sehen konnte. Dabei stand er höchstens hundert Fuß hangabwärts.

„Aber warum? Warum hast du das getan?"

Engel versuchte vergeblich den Verzweifelten zu verstehen.

„Er wollte uns rauswerfen. Meine kleine Klara! Einfach so! Obwohl nur ich betrunken war."

„Aber..."

„Verschwinde! Und zwar sofort und mit Sack und Pack! Ich will dich hier nie wieder sehen! Das hat er mir gesagt! Wörtlich! Jede einzelne Silbe weiß ich noch!" Wieder wurde Hinrich von seiner Wut übermannt. Er hob die Schaufel und ging langsam auf Engels Stimme zu. Engel war sich nicht sicher, ob er sie bei dem Regen sehen konnte. „Du verstehst sicher, warum ich dich jetzt auch töten muss."

Engel machte vorsichtig ein paar Schritte zur Seite. Der Regen beschützte sie, wie ein grauer Vorhang.

„Ich kann nicht zulassen, dass du es Klara erzählst. Jedem anderen, aber nicht Klara!"

Der Spaten sauste irgendwo herab. Mit einem dumpfen Klatschen prallte das Werkzeug auf den Boden. Hinrich schrie enttäuscht auf. Engel drehte sich um und rannte. Sie hoffte, dass sie die richtige Richtung gewählt hatte. Erkennen konnte sie es nicht. Der Regen verschleierte ihre Flucht.

Engel rannte und rannte. Von Zeit zu Zeit hörte sie Hinrich Dorsch mit dem Spaten auf den Boden schlagen. Er schrie ihren Namen.

„Ich finde dich, Engel! Du kannst dich nicht vor mir verstecken."

Engel versuchte noch schneller zu rennen, aber ihre Kraft ließ nach. Sie atmete schnell. Ihre Lunge brannte wie Feuer und die Beine waren schwer wie Blei. Sie weinte vor Angst, aber die Tränen wurden von dem heftigen Regen fortgespült.

Plötzlich prallte sie gegen etwas Warmes, Weiches. Erschrocken schrie sie auf und schlug um sich. Mit einem empörten Muhen beschwerte sich eine Kuh über die unsanfte Behandlung. Erleichterung durchflutete Engel.

„Victor?"

Sie sah sich um. Endlich begann der Regen etwas nachzulassen und die Sicht wurde langsam besser, auch wenn das Gewitter mit unverminderter Härte weiter wütete. Die meisten Rinder bildeten einen hornbewehrten Verteidigungskreis, aber einige hatten zu zweit oder zu dritt unter mehreren großen Bäumen Schutz gesucht. Ihre Schwänze zuckten nervös. Engel entdeckte ihren Bruder nicht weit von den Tieren unter einer großen Buche.

„Gott sei Dank, dass du da bist, Engel! Ich hab' ja solche Angst."

Engel rannte zu Victor, der sich erleichtert an sie klammerte.

„Hat Mutter dich geschickt?"

„Lass uns verschwinden. Schnell! Hast du deine Keule dabei?"

„Nee, hab' ich vergessen. Deshalb gehorchen die Kühe auch nicht."

Um sich zu beruhigen, atmete Engel tief durch. Jeden Augenblick konnte der Heuermann auftauchen. Sie hatte keine Zeit für lange Erklärungen. Sie packte Victor bei den Schultern und sah ihm in die Augen.

„Lauf so schnell du kannst nach Hause!"

„Aber die Kühe wollen nicht mit. Ich hab's schon versucht."

Victor schniefte und wischte sich mit dem Hemdsärmel Tränen und Regen aus dem Gesicht. Engel wurde wütend.

„Lauf endlich! Kapierst du denn nicht, dass wir hier in Gefahr sind?"

Sie richtete sich auf und sah sich suchend um. Der Regen war sanfter geworden, aber das Gewitter war noch immer über ihnen. Ohne Unterlass zuckten Blitze über den Himmel, zeitgleich mit ohrenbetäubendem Donner. Plötzlich ging alles sehr schnell.

Hinrich Dorsch raste mit erhobenem Spaten auf sie zu.

Engel gab Victor einen Schubs und der Junge rannte los. Auch Engel flüchtete.

Beide kamen nicht weit.

Für eine lange Sekunde roch die Luft stechend scharf und brenzlig. Die Rinder rannten erschrocken davon. Ein Blitz hatte in eine der Buchen eingeschlagen. Ein letzter, mächtiger Donnerschlag machte die drei Menschen für einen Augenblick taub. Sie verharrten bewegungslos. Engel traute sich kaum zu atmen.

Tiefe Stille herrschte. Es war, als hätte sich der Sturm mit diesem letzten Knall abrupt ausgetobt. Das Unwetter war schlagartig zu Ende, es regnete nur noch sanft. Die Rinder hatten sich ein Stück den Hang hinab versammelt und beäugten die Buchengruppe misstrauisch. Plötzlich brach ein riesiger Ast aus der Krone und fiel mit majestätischer Langsamkeit zu Boden. Engel sah fasziniert zu. Es war gespenstisch, weil sie nichts hören konnte. Sie schüttelte den Kopf, um das Gehör wieder frei zu bekommen.

Victor saß nicht weit von ihr im Dreck und presste sich die Hände auf die Ohren. Hinrich Dorsch war nicht mehr zu sehen. Engel ging vorsichtig auf den mächtigen Ast zu. Er war genau dort gelandet, wo Hinrich Dorsch sie beide vor wenigen Sekunden verjagt hatte. Sie schluckte.

Ob ihn der Ast erwischt hat?

Mit klopfendem Herzen ging Engel auf das Gewirr aus Ästen und Zweigen zu. Schon konnte sie Dorschs zerschlissene Jacke durchs Geäst schimmern sehen. Im selben Augenblick merkte sie, dass Victor auf sie zu kam.

„Wer war denn das? Wieso wollte er uns schlagen? Haben wir was falsch gemacht?"

Engel antwortete nicht, blieb aber stehen und drehte sich zu Victor um. Was immer mit Hinrich Dorsch los war, sie konnte nicht zulassen, dass ihr kleiner Bruder ihm zu nahe kam.

„Lauf nach Hause! Los, lauf schon!"

Victor gehorchte wortlos. Die Rinder sahen ihm vorwurfsvoll nach, setzten sich dann aber in Bewegung und folgten ihm.

Die Sintflut war zu einem feinen Nieselregen geworden. Engel ging weiter auf den Ast zu, wurde aber mit jedem Schritt langsamer.

Geh heim, flüsterte ihre innere Stimme.

Ich kann nicht, antwortete sie sich selbst. Sie zitterte vor Angst.

Was ist, wenn er dich nur in Sicherheit wiegen will?

Er ist Klaras Vater. Ich tue es für sie!

Sie zog die Äste auseinander und sah genauer hin. Der Heuermann lag unter dem Geäst begraben. Die Jacke war rot vor Blut. Klaras Vater war tot. Sein Brustkorb war zerquetscht.

Engel presste die Fäuste vor den Mund und begann entsetzt vor und zurück zu schaukeln. Sie merkte nicht, dass sie schrie.

Engel kam zu sich, weil sich eine Hand wohltuend auf ihre Stirn legte und eine bekannte Stimme leise sprach. Als sie die Augen öffnete, stellte sie fest, dass sie in ihrem Durk lag. Sie konnte die Mutter hören.

„Victor, sei leise. Engel ist von dem Schreck noch ganz schwach. Lass sie schlafen!"

Mühsam drehte sie den Kopf. Durch die geöffneten Schiebetüren sah sie Catharina in der Schlafstube hin und her eilen. Engel sah zur anderen Seite in die Stube. Friedrich saß dort auf einem Stuhl und hielt ihre Hand. Engel fühlte sich warm und geborgen.

Als Friedrich merkte dass sie wach war, schob er seinen Arm unter ihre Schultern. Vorsichtig half er ihr sich aufzusetzen und etwas Kaffee zu trinken. Mit dem ersten Schluck bemerkte Engel, wie wund ihre Kehle war. Das warme Getränk linderte die Schmerzen etwas.

Ich habe wohl zu lange geschrien, dachte sie. Allerdings konnte sie sich im Moment nicht erinnern, warum sie geschrien hatte.

„Was ist passiert?"

Noch während sie fragte, fiel ihr alles wieder ein. Friedrich lächelte sie zärtlich an.

„Sprich noch nicht."

Engels Hals fühlte sich an wie ein Reibeisen. Catharina kam herbei und streichelte ihre Wange.

„Mein Engelchen! Schön, dass du wieder wach bist."

„Hinrich Dorsch ist tot."

Catharina nickte.

„Ich weiß. Ach Engel, ich bin ja so stolz auf dich!"

Sie ist stolz auf mich, weil Dorsch tot ist?

Engel sah ihre Mutter fragend an.

„Als das Gewitter losging, dachte ich du wärst bei Klara. Da habe ich mich nur um Victor gesorgt. Ich konnte ja nicht wissen, dass du ihn holen gehst, mein tapferes Engelchen."

Engel öffnete den Mund, um zu protestieren, aber ihre Stimme versagte.

„Als Victor weinend nach Hause kam und erzählte, dass euch ein Mann mit einer Schaufel schlagen wollte, hätte deine Mutter fast einen Herzschlag bekommen. Wir sind sofort losgerannt."

Friedrich zog ihre Hand an seine Wange.

„Ich dachte zuerst, du wärst tot. Du lagst so bewegungslos im Gras."

Victor zwängte sich an Catharina vorbei zu Engel in den Durk.

„Er hat dich den ganzen Weg getragen. Ich habe immerzu gedacht, gleich bricht er durch. Weil er doch so lang ist, mein ich." Catharina und Friedrich lachten freundlich und Victor grinste. „Du hast die ganze Zeit geschlafen. Bloß, dass es kein echter Schlaf war, sagt Mutter."

Catharina streichelte ihrem Jüngsten liebevoll über die Haare. Victor schubste ihre Hand beiseite und sah sie vorwurfsvoll an. Unvermittelt beugte sich Catharina nach vorn und drückte ihren widerstrebenden Sohn heftig an sich.

„Ich bin ja so dankbar, dass Hinrich Dorsch euch gerettet hat. Ich wüsste nicht, was ich getan hätte, wenn euch etwas passiert wäre."

Victor befreite sich aus der ungewollten Umarmung und verkündete: „Es war eine gute Idee von ihm, so zu tun als ob er uns hau'n wollte, nicht? Aber ich habe gar keine Angst gehabt. Ich hab nur so getan."

Engel war zu müde, um Victors Auslegung der Ereignisse zu berichtigen. Ich werde später mit Friedrich allein darüber sprechen, nahm sie sich vor. Sie lächelte ihre Familie an, schloss die Augen und schlief wieder ein.

Als Engel das nächste Mal aufwachte, fühlte sie sich wie neugeboren. Johanne saß auf einem Stuhl an ihrem Bett und beobachtete sie. Engel lächelte die alte Frau an.

„Wie schön, dass es dir wieder besser geht. Na, dann werde ich mal deinen Friedrich holen. Catharina hat ihn gezwungen etwas zu essen, sonst säße er jetzt immer noch hier."

„Bleib doch noch etwas", bat Engel, als Johanne ächzend aufstehen wollte. Johanne machte es sich wieder bequem. Neugierig beugte sie sich zu Engel hinüber.

„Du musst mir alles ganz genau erzählen. Schließlich habe ich nicht alle Tage Gelegenheit, über eine Heldentat zu berichten."

„Wieso eine Heldentat."

„Na ja. Wer hätte Hinrich Dorsch schon zugetraut, dass er sein Leben wagt, um den Sohn seiner Colona zu retten."

Engel blieb der Mund offen stehen.

Hat Victor das Ganze so falsch erzählt, dass sie wirklich glaubt Hinrich hätte uns retten wollen?

Im ersten Moment wollte Engel die Sache richtig stellen, aber dann kam ihr schlagartig eine Idee.

„Wissen die anderen das schon?"

„Aber sicher", erwiderte Johanne. „Du warst doch dabei, als Victor es uns erzählt hat."

„Ach, ich kann mich nicht besonders gut erinnern."

Obwohl dies die erste wirkliche Lüge in ihrem Leben war, wurde sie nicht rot. Es stand zu viel auf dem Spiel. In diesem Augenblick ging die Tür auf und Friedrich kam herein. Er sah sofort, dass Engel wieder wach war.

„Engel!"

Mit ein paar Schritten stand er an ihrem Durk, nahm ihre Hand und küsste sie zärtlich. Johanna lächelte, erhob sich mühsam und schlurfte zur Tür.

„Da lasse ich euch beide besser allein."

Friedrich ließ sich auf den frei gewordenen Stuhl nieder. Engel setzte sich aufrecht hin. Sie hatte einen wichtigen Entschluss gefasst und Friedrich würde nicht der letzte sein, dem sie nicht die Wahrheit sagte.

„Wolltest du mir nicht einen Ring schenken?"

„Einen Ring?"

Friedrichs Verwirrung war ihm deutlich ins Gesicht geschrieben. Engel streckte die Hand aus und strich ihm zärtlich über die Wange.

„Ich weiß jetzt, dass Vaters Tod ein Unfall war. Dorsch war Zeuge. Er hat mir alles genau erzählt."

Friedrich schüttelte verwundert den Kopf.

„Dorsch? Warum hat er nicht schon früher etwas gesagt?"

„Es war für alle so selbstverständlich. Er wusste doch nicht, dass ich nicht an den Unfall glauben wollte."

„Aber..."

Engel unterbrach ihn.

„Friedrich!"

Friedrich starrte sie überrascht an. Engel musste lachen.

„Guck doch nicht so dusselig."

Friedrich begriff nicht, was Engel von ihm wollte. Er versuchte seine Verblüffung abzuschütteln. Engel grinste schelmisch.

„Willst du mich nun heiraten, oder nicht?"

Endlich fiel bei Friedrich der Groschen. Er schnappte nach Luft.

„Wie kommt dieser plötzliche Sinneswandel?"

„Sag einfach Ja!"

„Aber warum jetzt? Gestern sagtest du..."

Engel wurde schlagartig ernst.

„Gestern ist vorbei. Das Leben ist so kurz und es kann so viel passieren."

„Aber dein Vater..."

„Friedrich!"

Reesmann wurde rot und lächelte verlegen.

„Natürlich will ich dich heiraten. Ich habe doch gesagt, dass ich warte."

Engel lächelte kokett.

„Ich wusste doch, dass du mir keinen Wunsch abschlagen kannst."

Friedrich strahlte über das ganze Gesicht. Er wickelte seine langen Arme um Engel und drückte sie zärtlich an sich. Dann sprang er auf.

„Ich geb' schon mal deiner Mutter bescheid."

„Ja, geh ruhig. Aber sag noch nichts. Ich bin gleich bei dir."

Wenig später stand Engel auf, brachte Haare und Kleid in Ordnung und betrat das Flett. Erstaunt beobachtete sie wie ihre Familie, die Mägde und die Knechte aufgeregt durcheinander redeten. Der Tagesablauf war völlig durcheinander. Das Mittagessen stand vergessen auf dem Tisch und die

Milchkühe stampften unruhig. Friedrich entdeckte Engel, ging zu ihr und legte seinen Arm um sie. Er räusperte sich.

„Colona Waldmann?"

Sofort verstummten die Gespräche und alle Augen richteten sich auf das Paar. Friedrich wurde mal wieder rot. Engel lächelte ihn liebevoll an und drückte ermutigend seine freie Hand.

„Also, Engel hat sich entschlossen, ihnen zu gehorchen. Wir wollen so bald wie möglich heiraten."

„Darauf haben wir gewartet", rief Adam. „Herzlichen Glückwunsch ihr beiden."

Innerhalb weniger Sekunden waren Engel und Friedrich von einem Knäuel glücklicher Menschen umgeben. Jeder wollte dem Paar die Hand schütteln. Als sich die Aufregung endlich etwas gelegt hatte und endlich fast alle wieder an ihre Arbeit gegangen waren, setzte sich Engel neben Johanne auf die Bank. Die alte Frau wischte sich mit dem Schürzenzipfel ein paar Tränen aus den Augenwinkeln.

„Ach, Mädchen, dass ich das noch erleben darf. Dein Vater wäre stolz auf dich."

„Er wäre wahrscheinlich böse, dass ich mir einen Katholiken ausgesucht habe."

„Aber niemals. Er hätte es verstanden. Glaub mir. Ich habe ihn schließlich schon als Hosenmatz gekannt."

„Aber er mochte die Katholiken nicht besonders."

„Das stimmt. Trotzdem hätte er gesehen, dass ihr beide euch liebt. Wenn einer Verständnis für eine Heirat aus Liebe hatte, dann dein Vater. So etwas passiert schließlich nicht alle Tage."

Engel erkannte sofort, dass Johanne recht hatte. Sie umarmte die Alte.

„Danke. So habe ich es noch nie gesehen."

„Schon gut, mein Kind."

Verlegen tätschelte Johanne ihr den Rücken. Schließlich gab Engel die alte Frau frei und sah sich nach ihrer Mutter um.

Ich sollte meinen Plan besser in die Tat umsetzen, solange Mutter noch so glücklich ist.

Sie entdeckte Adam und Catharina in der Stube, wo sie mit Friedrich saßen und sich unterhielten. Engel ging zu ihnen und schloss die Tür hinter sich. Sie setzte sich neben Catharina und sagte: „Ich würde gerne etwas mit euch besprechen."

Noch am selben Abend stand Engel wieder im Heuerhaus. Hinrich Dorsch lag sauber gewaschen und gekleidet in seinem Bett. Klara saß weinend und von Hustenkrämpfen geschüttelt am Feuer. Sie legte mechanisch Holzscheite nach. Die Flammen loderten heftig und das Essen im Topf roch verkohlt. Engel nahm die Freundin am Arm und zog sie hinter sich her ins Freie. Widerstandslos ließ sie sich auf die Bank vor der Tür setzen. Sie hustete. Engel setzte sich neben sie und legte ihr den Arm um die Schultern.

„Ich weiß, wie du dich jetzt fühlst.“

Ein versöhnlicher Sonnenuntergang vergoldete den Himmel.

„Du hast keine Ahnung! Du weißt doch gar nicht wie das ist. Wenn man nicht einmal genug Geld für Rüben hat. Wenn man von der Hoffnung lebt, dass einem manchmal jemand ein paar Kartoffeln schenkt. Wenn man vor Hunger so müde ist, dass man kaum noch stehen kann.“

„Und dann stirbt der Mensch, den man von allen meisten liebt.“

Klara hustete heftig. Sie schluckte ihre Trauer für den Augenblick hinunter und wischte sich die Tränen ab. Sie sah Engel trotzig ins Gesicht.

„Was willst du? Hat Adam dich geschickt? Soll ich den Hof verlassen, noch bevor mein Vater unter der Erde ist? Glaubt er, dass du es mir leichter machen kannst, weil du meine Freundin warst?“

„Ich bin immer noch deine Freundin!“

Klara presste die Lippen aufeinander und schwieg.

„Ich weiß, dass dich das nicht trösten wird, aber Adam hat versprochen die Schulden deines Vaters zu bezahlen. Er soll eine richtig schöne Beerdigung bekommen.“

Wieder wurde Klara von einem Hustenanfall geschüttelt.

„Ich brauche keine Almosen!“

„Das ist auch keins. Wir können sowieso nie gut machen, was dein Vater für uns getan hat.“

Noch nie war es Engel so leicht gefallen die Wahrheit zu verdrehen.

Und wenn ich dafür in die Hölle komme, ist das auch egal. Klara soll ihr Stückchen Glück bekommen, auch wenn sie es jetzt noch nicht haben will.

„Außerdem hat Adam beschlossen, dass Hermann die Heuerstelle übernehmen wird. Du brauchst also nicht auszuziehen, es sei denn, du liebst ihn nicht mehr.“

Klara schluckte und die Tränen begannen ihr erneut über die Wangen zu laufen. Auch Engel begann zu weinen.

„Und wenn du ihn nicht heiraten willst, kommst du zu uns auf den Hof. Mutter meint, das sei das Mindeste, was wir für dich tun können."

Klara streckte Engel weinend die Arme entgegen und ließ sich endlich von ihr trösten.

Engel besuchte Klara an beiden Tagen vor der Beerdigung und nahm ihr die meisten Arbeiten ab. Sie sorgte dafür, dass die Kranke viel schlief. Sie kochte Kräutertees und kräftigende Suppen nach Johannes Rezepten und half ihr mehrmals an die frische Luft. Auch Hermann war jede freie Minute auf dem kleinen Hof des Heuerhauses. Er begann längst überfällige Reparaturen und verbrachte viel Zeit bei seiner Liebsten. Engel mochte den wortkargen Mann immer lieber. Ab und an leistete sie den beiden Gesellschaft.

„Gefällt es dir denn bei uns auf dem Hof?"

Hermann nickte und lächelte. Klara sprach seine Gedanken für ihn aus.

„Es ist sehr nett vom Colon, ihn in der Knechtekammer wohnen zu lassen."

„Na hör mal! Ich kann doch nicht zulassen, dass der Ruf meiner besten Freundin zerstört wird, nur weil der neue Heuermann vorzeitig bei ihr einzieht."

Hermann lachte leise und auch Klara verzog die Lippen zögernd zu einem Lächeln. Engel freute sich sehr darüber. Offensichtlich ging es Klara langsam wieder besser.

„Wenn das so weitergeht, bist du zur Messe am Sonntag wieder auf den Beinen."

„Ich will aber am Freitag unbedingt zu Vaters Beerdigung. Es ist das letzte, was ich noch für ihn tun kann."

„Ich werde mit Adam reden, ob er dich hinfährt. Du bist noch nicht kräftig genug, die ganze Strecke zu laufen."

„Das geht nicht. Ich muss im Trauerzug mitgehen. Ich bin doch sein einziges Kind."

Beunruhigt atmete Klara heftiger und musste sofort wieder husten. Hermann flößte ihr ein Glas Wasser ein. Als sie sich wieder erholt hatte, sagte er: „Friedrich Reesmann hat angeboten, dass du auf seinem Pony reiten kannst. Er meint, es sei ganz brav, wenn er es führt."

Klara lächelte Engel an.

„Du hast einen sehr netten Liebsten."

„Weiß ich doch."

Engel stand auf, um endlich die Ziege zu melken, die schon ungeduldig meckerte. Nach dem Melken goss sie die Milch durch ein leinenes Tuch in Schalen und stellte sie in den Milchschrank. Von der sauren Milch würde Klara Käse machen, wenn es ihr wieder besser ging.

Zu Hinrich Dorschs Beerdigung kamen viel mehr Menschen, als Engel erwartet hatte. Auch das Wetter spielte mit. Es war zwar nicht grade sonnig, aber trocken und warm. Neben den vielen evangelischen Gläubigen, die sich an der Kirche versammelt hatten, wirkte das Grüppchen Katholiken besonders klein. Nach einer kurzen Andacht drängelten sich die Neugierigen zum Leichenschmaus ins Wirtshaus. Ein mit Dorschs befreundeter Heuermann pries den Verstorbenen als liebevollen Vater, womit in Engels Augen schon alle seine guten Seiten aufgezählt worden waren. Offensichtlich war der Redner anderer Ansicht. Ausführlich schilderte er Dorschs Heldentat, obwohl er sie nur aus dritter Hand kannte.

Als er geendet hatte erinnerte der Pfarrer die Trauergäste noch einmal an das wichtigste Ereignis seit dem Westfälischen Frieden.

„Bitte denkt alle daran, dass am nächsten Sonntag in unserer Kirche und in der Kapelle des Grafen zu Schele nur je eine kurze Betstunde stattfinden wird. Die evangelischen Gläubigen ziehen danach in einer Prozession hierher und wir werden ihnen entgegengehen. Zum Schluss feiern wir einen gemeinsamen Gottesdienst. Gott gebe, dass die gemeinsame Nutzung unserer Kirche stets friedlich bleibe."

Der Sonntag begann neblig, klarte dann aber schnell auf. Engel rannte gleich nach dem Aufstehen zu Klara hinüber, um ihr mit den morgendlichen Arbeiten zu helfen.

„Wir müssen uns beeilen. Friedrich kommt nachher und nimmt uns mit in die Kirche."

Klara war erstaunt.

„Willst du nicht in den evangelischen Gottesdienst?"

„Die kommen nachher sowieso alle zur Kirche gelaufen. Nein, ich bleibe diesmal bei Friedrich. Und bei dir natürlich."

Als das letzte Tier gefüttert war, zog sich Klara ihre Sonntagskleider an und ging mit Engel zum Hof hinunter. Dort machte sich auch Engel zurecht. Kaum war die letzte Schleife gebunden, kam Friedrich auch schon um sie abzuholen.

Er hatte Trude vor einen Ponywagen gespannt, der grade groß genug für ihn und seine Begleitung war.

„Einen größeren Wagen schafft sie nicht." Er lächelte entschuldigend. Engel sah ihn liebevoll an.

„Dafür zieht sie ihn schön schnell."

Sie half Klara einzusteigen und machte es sich dann ebenfalls im Wagen bequem. Das erste Stück des Weges schwiegen sie. Schließlich beugte sich Klara neugierig vor.

„Hermann hat mir gestern Abend gesagt, dass ihr euch nun endlich frei kaufen dürft. Stimmt das?"

„Ja, jetzt sind wir fast frei. Meyer hat endlich zugestimmt und ein erster Entwurf für den Freikaufvertrag ist schon fertig. Aber es wird wohl noch ein paar Tage dauern, bis die letzten Einzelheiten ausgehandelt sind und er von allen unterschrieben werden kann."

„Das hat ja lange genug gedauert. Freust du dich?"

„Ich weiß noch nicht." Engel machte eine Pause und überlegte. „Bestimmt wird es nicht leicht frei zu sein."

Klara sah ihre Freundin fragend an. Engel lächelte und versuchte, etwas in Worte zu fassen, das sie sich selbst kaum erklären konnte.

„Wir müssen nun jede Entscheidung selbst treffen. Wenn wir Fehler machen, sind es unsere eigenen. Wir können niemand anderen beschuldigen, nicht den Grafen und nicht den Meyer. Das macht mir Angst, aber gleichzeitig freue ich mich darauf."

Überrascht von ihren eigenen Worten hielt sie einen Augenblick inne, um das Gesagte noch einmal zu durchdenken.

Genau das ist es. Aber habe ich mich auch richtig entschieden? Sollte ich nicht wenigstens Friedrich sagen, was bei dem Gewitter wirklich passiert ist? Engel sah Klara an, die mit geschlossenen Augen nachdachte, das Gesicht der Sonne zugewandt, und dabei entspannt die frische Frühlingsluft atmete. Obwohl ihr die Trauer um den Vater deutlich ins Gesicht geschrieben war, sah sie zufrieden aus.

Schließlich nickte Engel langsam und lächelte. Es war die richtige Entscheidung. Plötzlich stieg ein freies, glückliches Lachen in ihr auf.

Epilog

Schade, schon fast zuende, dachte Anke. Sie blätterte zur letzten Seite um, auf der nur noch wenige Zeilen standen.

„Unbedarft, wie ich mit meinen 18 Jahren war, ahnte ich nicht, wie sehr sich die Welt noch verändern würde. Im Juni 1803, kurz nach Klaras Hochzeit, besetzten napoleonische Truppen unser schönes Osnabrücker Land. Es war eine schwere Zeit. Ich verlor meinen geliebten Friedrich durch die Kugel eines betrunkenen französischen Soldaten und unser Freikauf verzögerte sich erneut.

Erst im November 1804, nach ihrem Abzug, wurde vor Zeugen ein entsprechender Vertrag unterschrieben. Mutter und Adam bezahlten 1800 Taler für unsere Freiheit, sowie die hinterlegten Gelder für Tod, Hochzeit, Hand- und Spanndienste.

Ich fand es sehr aufschlussreich, dass die Land- und Justizcanzlei in ihrem endgültigen Urteil vom Dezember 1805, unsere Klage ablehnte. Zum Glück war das für uns ohne Bedeutung."

Mit diesen Worten brach der Text ab und Anke klappte das Büchlein zu.

Anhang

Zeittafel

Die Zeit, in der der vorliegende Roman spielt, ist geprägt von großen Veränderungen. Deutschland besteht zunächst aus über 2000 Territorien, die nach den napoleonischen Kriegen zu wenigen Staaten zusammengefaßt werden. Nicht nur Waren, auch Nachrichten aus anderen Gegenden müssen viele Grenzen passieren.

Die Franzosen haben den schlimmsten Teil ihrer Revolution hinter sich. Napoleon Bonaparte ist auf dem Weg der mächtigste Mann Europas zu werden. Die Grundgedanken der Revolution „Freiheit, Gleichheit, Brüderlichkeit" regen vielerorts zum Denken an. Die Demokratisierung Europas steckt zwar noch in den Kinderschuhen, ist aber nicht mehr aufzuhalten.

Diese Zeittafel gibt einen kurzen Überblick und stellt die Fakten des Romans in ihren historischen Zusammenhang.

(Rufnamen von Romanfiguren sind unterstrichen)

24.10.1648	Westfälischer Friede, Ende des 30-jährigen Kriegs. Der Friedensvertrag wird in Osnabrück unterschrieben, vorbereitet wird er in Osnabrück und Münster. Die konfessionellen Probleme, die zum Krieg führten, werden dabei ignoriert. Es gilt wieder die Bestimmung der Konfession der Untertanen durch den Landesherrn.
1648-1802	Ein lüneburgischer Prinz (Welfe und Protestant) und katholischer Prälat regieren abwechselnd Osnabrück, d.h. politisch ist das Bistum Hannover freundlich gesinnt. Da den Untertanen nicht zugemutet werden kann bei jedem Regierungswechsel die Konfession zu ändern, werden den umliegenden Gemeinden zunächst willkürlich Konfessionen zugeteilt.
1714-1837	Personalunion Hannovers mit dem Königreich England (1. Regent: Georg von Hannover als König Georg I.)
27.08.1747	Geburt des späteren Colon <u>Ludwig</u> Adam Waldmann
23.05.1751	Geburt von <u>Catharina</u> Elisabeth Voß
11.03.1770	Geburt des Johann <u>Adam</u> Averbeck, des späteren Colon <u>Adam</u> Waldmann
12.10.1774	Heirat von Colon <u>Ludwig</u> Waldmann mit <u>Catharina</u> Elisabeth Voß
13.02.1777	Geburt von <u>Ludwig</u> Waldmann jun.

19.07.1781	Geburt von <u>Margarethe</u> Elisabeth Waldmann (Grete)
06.02.1785	Geburt von Anna <u>Engel</u> Waldmann
29.12.1786	Religionsvergleich zum Simultaneum, der die Bedingungen zur gemeinsamen Nutzung der Kirchen durch Protestanten und Katholiken regelt.
14.07.1787	Tod des 10-jährigen <u>Ludwig</u> Waldmann jun.
in 1787	<u>Rahenkamp</u> sammelt in Holland Gelder für die Wiederherstellung der Schledehausener Kirche
28.10.1788	Geburt von Anna <u>Maria</u> Waldmann
14.07.1789	Mit dem Sturm auf die Bastille beginnt die Französische Revolution.
05.12.1791	Wolfgang Amadeus Mozart stirbt einsam und verarmt in Wien. Seine letzte Oper, „Die Zauberflöte", wird ein großer Erfolg.
12.12.1791	Geburt von Johann Daniel Carl <u>Victor</u> Waldmann
1792-1797	Erster Koalitionskrieg gegen Frankreich. General Napoleon Bonaparte gewinnt in Italien gegen Österreich und seine Verbündeten. In Campoformio wird 1797 der Friedensvertrag unterschrieben, der Frankreich die linksrheinischen Gebiete zusichert. Österreich und die anderen betroffenen Fürsten werden durch andere Reichsgebiete entschädigt
21.01.1793	Mit der Hinrichtung Ludwig des XVI durch die Guillotine beginnt in Frankreich die Schreckensherrschaft.
24.12.1798	Österreich, Rußland, England, Portugal, das Königreich Neapel und das osmanische Reich verbünden sich gegen Frankreich (2. Koalition).
Januar 1799	Colon Rahenkamp wird vom Verwalter des Grafen beauftragt mit den Waldmanns über den Freikauf zu reden.
10.01.1799	Meyer zu Schledehausen erzählt Huckeriede beim Erde Fahren, dass er den Waldmann'schen Hof gekauft hätte.
11.01.1799	Ludwig Waldmann fährt mit Huckeriede nach Langelage, um mit dem Grafen über den Freikauf zu sprechen. Der Graf verspricht eine Lösung zu finden, näheres soll am nächsten Morgen besprochen werden.
12.01.1799	Ludwig Waldmann ist erneut mit Huckeriede und Catharina in Langelage, trifft in der Küche die Mutter des Grafen. Der Freikauf wird per Handschlag festgemacht.

270

16.01.1799	Huckeriede fährt noch einmal zum Grafen in Langelage
18.01.1799	Notarielle Beurkundung des Kaufvertrages für Waldmanns Hof zwischen dem Grafen und Meyer zu Schledehausen vor Zeugen.
19.01.1799	Ludwig Waldmann erhebt Anklage gegen den Grafen wegen Wortbruch.
27.01.1799	Ludwig Waldmann stirbt, eine Todesursache wird im Sterberegister nicht festgehalten.
29.01.1799	Beerdigung Ludwig Waldmann
01.02.1799	Vogt Kruse erhält den Auftrag, eine Bestandsaufnahme des Hofes Waldmann durchzuführen, da er krank ist überträgt er dies seinen Untervögten.
04.02.1799	Erste Inventarliste über den Hof Waldmann, aufgenommen von den Untervögten Vehring und Reesmann, Zeugen sind der Kötter Sieck aus Grambergen und Clamor Wischmeyer von Schelenburg.
08.03.1799	Weitere Erklärung des Grafen im anhängigen Verfahren zur fehlenden Glaubwürdigkeit der bestellten Zeugen (u.a. Huckeriede und Rahenkamp).
in 1799	Frankreich kämpft in der Schweiz und Italien gegen die 2. Koalition.
April 1799	Der russische General Suworow erhält das Kommando über die russisch-österreichische Armee in Norditalien. Suworows Truppen, die er seine „Wunderrecken" nannte, galten im Bajonettkampf als unbesiegbar (ein gefallener Wunderrecke auf 85-100 Feinde).
05.04.1799	Sieg Suworows über Frankreich bei Magnano.
27.04.1799	Sieg Suworows über Frankreich bei Cassano.
19.06.1799	Sieg Suworows über Frankreich bei Trebbia
21.06.1799	Anzeige der Waldmanns durch Meyer, in der er seine Befürchtung darlegt, dass ihm durch den Prozeß Einnahmen aus dem Hof Waldmann entgehen.
27.06.1799	2. Bestandsaufnahme des Waldmann'schen Hofes durch den Vogt Kruse selbst, Zeugen: die Coloni Rüsse und Niemann aus Grambergen.

28.06.1799	Begleitschreiben des Vogt Kruse zur 2. Bestandsaufnahme, die auf Antrag der Waldmanns durchgeführt wird. Er schreibt, dass er den Bescheid nicht gesehen hat und ihn auch nicht abwarten kann, weil er ab dem 30. Juni „kränklichkeitshalber nach Pirmont zum Brunnen abgehe".
05.07.1799	Rezeß (Auseinandersetzung) geschrieben von Kanzleirat Vezin zum Thema Hochzeit zwischen Witwe Waldmann und Knecht Averbeck
15.08.1799	Sieg Suworows über Frankreich bei Novi. Damit war Norditalien von den Franzosen befreit. Suworow zieht in die Schweiz. Seine Truppen werden geschlagen und fliehen. Viele Soldaten sterben durch Hunger und Kälte. Sie fühlen sich von den Österreichern im Stich gelassen.
24.08.1799	auf Antrag des Colon Waldmann und seiner Frau werden die Gelder für Sterbfall und Hochzeit, sowie Hand- und Spanndienste, bei Gericht deponiert (diese Tatsache wurde aus dramaturgischen Gründen in den November verlegt).
25.08.1799	Hochzeit von Catharina Waldmann und Adam Averbeck.
22.10.1799	Rußland verläßt die Koalition. Zar Paul I (Zar von 1796-1801) ist über die mangelhafte Unterstützung von Suworows Truppen und über die britische Besetzung Maltas verärgert.
09.11.1799	Napoleon kehrt aus Ägypten zurück und beendet durch einen Staatsstreich die Schreckensherrschaft. Eine neue Verfassung wird entwickelt. Napoleon wird Erster Konsul, wodurch ihm de facto die Alleinherrschaft gewährt wird.
11.11.1799	Meyer zu Schledehausen fordert die üblichen Gelder, die ihm verweigert werden.
06.12.1799	Geburt von Maria Elisabeth Huckeriede, Catharina Elisabeth Waldmann wird Patin.
1799-1801	Zweiter Koalitionskrieg (Österreich, England, Rußland, Türkei und der Papst gegen Frankreichs Armee unter Napoleon; Preußen bleibt neutral).
09.11.1800	Orkan in Norddeutschland, mit schweren Schäden.
09.02.1801	Der Friedensvertrag von Lunéville bestätigt den Vertrag von 1797

11.04.1802	1. Sonntag vor Ostern: Konfirmation Maria Waldmann
06.07.1802	Das vorläufige Urteil im Prozeß um den Freikauf fällt negativ aus.
12.10.1802	der erste Entwurf des Freikaufvertrags mit detaillierter Aufstellung der Entschädigung des Meyer zu Schledehausen wird von Waldmanns als übertrieben hoch abgelehnt. Bischof Friedrich übergibt Osnabrück an seinen Vater König Georg III von Großbritannien.
08.11.1802	hannoversches Militär marschiert nach Osnabrück ein.
25.02.1803	Reichsdeputationshauptschluß = Umsetzung der Friedensverträge von 1797 und 1801. Die Kurfürstentümer werden neu verteilt. Zu den ursprünglichen (Erzbistum Mainz [von da an in Regensburg], Böhmen, Sachsen, Brandenburg-Preußen, Bayern, Hannover) kommen neu Salzburg, Baden, Württemberg und Hessen-Kassel. Die meisten freien Reichsstädte werden den umliegenden Staaten angegliedert. Nur Bremen, Hamburg, Lübeck, Frankfurt, Augsburg und Nürnberg bleiben (durch Bestechung) erhalten. Preußen bekommt das Bistum Münster und umschließt somit Osnabrück, das Hannover zugeschlagen wird. Zusammenfassend bekommen ca. 3 Mio. deutsche Untertanen eine neue Obrigkeit, 112 freie Reichstädte verschwinden und es gibt nur noch ein geistliches Fürstentum. Aus etwa 2000 kleinen und kleinsten Territorien werden eine Reihe Mittelstaaten, die als Puffer zwischen Frankreich, Preußen und Österreich dienen. Beginn des Simultaneum: Die Katholiken Schledehausens holen die Protestanten aus der Schelenburg ab und geleiten sie in die Schledehausener Kirche, wo ein gemeinsamer Gottesdienst stattfindet.
04.06.1803	Besetzung Hannovers durch französische Truppen.
09.06.1803	französische Truppen besetzen Osnabrück. Die Stadt bekommt neben dem „Code Napoleon" (franz. Zivilrecht) als erstes Hausnummern.
02.11.1804	Freikauf der Waldmanns für 1800 Taler, Grund und Boden bleibt Eigentum des Meyer. Erst 1819 lösen die Waldmanns die Erbpacht und kaufen den Hof für 3200 Taler.

18.05.1804	Napoleon wird Kaiser von Frankreich, wobei die Kaiserwürde erblich sein sollte. Die Weihe findet erst am 02.12.1804 statt, nachdem ein Volksentscheid im Oktober positiv ausfällt.
1805	Napoleon verschenkt Hannover (inklusive Osnabrück) an Preußen.
10.12.1805	das endgültige Urteil im Freikaufprozess: die Klage der Waldmanns auf Wortbruch wird abgewiesen. Ihnen wird aber freigestellt, ein weiteres Verfahren anzustrengen, da sie der Meyer, der ebenfalls eigenbehörig ist, nicht hätte kaufen dürfen.

Dritter Koalitionskrieg (Österreich, Rußland und England mit Hannover gegen Napoleon und seine Verbündeten; Preußen blieb neutral). |
| 21.11.1806 | Beginn der Kontinentalsperre. Die Einfuhr von Gütern aus Übersee und Afrika wird durch Großbritanniens Seemacht verhindert. |

Was ist wahr - was erfunden

Die meisten Personen, die in diesem Roman genannt werden, haben wirklich gelebt, insbesondere Verwandte und Nachbarn und natürlich auch die Prozessgegner. So gab und gibt es die Familien Huckeriede und Averbeck. Auch die Rahenkamps waren in Grambergen ansässig. Die Nachfahren sind später nach Amerika ausgewandert. Natürlich sind die Charaktere der Romanfiguren frei erfunden, aber die Daten entstammen den Kirchenbüchern von Schledehausen und den umliegenden Kirchspielen.

Die Tatsachen, auf denen dieser Roman beruht, entstammen im wesentlichen den Dokumenten des Hofarchivs der Familie Waldmann, dem Diözesanarchiv und dem Staatsarchiv in Osnabrück.

Die grundlegenden Informationen über das Alltagsleben der Bauern am Ende des 18. Jahrhunderts stammen aus Schriftstücken und Protokollen aus dieser Zeit und aus Büchern über sie. Aber erst Besuche in verschiedenen Heimatmuseen, insbesondere dem Museumsdorf Cloppenburg und dem Bomann-Museum in Celle, die beide wärmstens zu empfehlen sind, ließen diese Zeit vor unseren Augen auferstehen.

Unsere Vorfahren lebten in einem sehr starren System, dass von Ständen geprägt war. Städte wurden von Zünften und Handelshäusern beherrscht, aber auch auf dem Lande war der Lebensweg durch die Geburt meist schon vorgezeichnet. Jeder Hof hatte seinen Status. Ein Statuswechsel war äußerst selten.

Die ältesten Höfe werden auch heute noch als Vollerben bezeichnet. Auch das Waldmannsche Colonat war ein Vollerbe. Diese Höfe sind überwiegend in der fränkischen Zeit entstanden, d.h. schon im 8. oder 9. Jahrhundert. Später tauchten die sogenannten Halberbenhöfe auf. Sie entstanden entweder durch Teilung von Vollerbenhöfen oder als Neugründungen. In Grambergen gab es 17 Vollerbenhöfe, aber nur einen Halberben. Die Zahl der ungeteilten Höfe ist sehr groß und deutet daraufhin, dass die Gegend schon früh besiedelt war.

Da die Landbevölkerung schnell wuchs, entstanden weitere Klassen. Sehr bedeutend ist der Stand der Heuerleute, die Land und Unterkunft von den Bauern mieteten. Sie leisteten ihre Pacht in natura, d. h. in Form von Arbeit, beim Landbesitzer ab. Da eine Heuerstelle die großen Familien nur selten ganz ernährte, hatten viele Heuerleute einen Nebenerwerb. Sie arbeiteten z.B. als Zimmermann oder Schuster oder gingen im Sommer zu Fuß nach Holland, um dort als Saisonarbeiter Geld zu verdienen.

Das Alltagsleben der Landbevölkerung im ausgehenden 18. Jahrhundert unterschied sich nur wenig von dem unserer Urgroßeltern. Trotzdem erscheint es aus heutiger Sicht erstaunlich, unter welch harten Bedingungen die Menschen nicht nur lebten, sondern auch glücklich waren. So war z.B. die Temperatur im Winter in den Häusern nur 4 °C höher, als draußen. Das bedeutete, dass man sich, wenn das Gesicht überhaupt gewaschen wurde, ein Loch in das Eis auf dem Wassereimer schlagen musste. Da die Menschen dies aber gewöhnt waren, verloren sie keinen Gedanken daran. Das Leben drehte sich in erster Linie um die Familie und um den Hof.

Die Individualität, die heute unser Leben so sehr prägt, war grade erst geboren worden und wartete sozusagen als Saatkorn auf den richtigen Boden. Das Wort „Selbstverwirklichung" war für die damalige Bevölkerung bedeutungslos. Nur wenige machten sich Gedanken um Menschen, die nicht zur Familie gehörten. Dabei war der Begriff Familie weiter gefasst, als heute. Neben den eigentlichen Familienmitgliedern gehörten auch Knechte, Mägde und Heuerleute dazu, eben all jene, die auf dem Hof arbeiteten.

Und auf einem Bauernhof gab es immer mehr als genug zu tun. Viele Arbeiten, die heute als „typisch weiblich" bzw. „typisch männlich" gelten, wurden damals gemeinsam getan. So waren besonders die Spinnabende beliebt, die vom Winter bis zum Frühjahr Jung und Alt, Männer und Frauen zusammenführten. Dabei wurden Legenden, Sagen und Märchen erzählt und gesungen. Auch bei der Vorbereitung der Felder für die Aussaat im Frühling und bei der Ernte im Sommer, wurde gemeinsam gearbeitet.

Dabei war die Teilung der Zuständigkeiten eindeutig. Der Bauer hatte die Herrschaft über die Ländereien, Heuerleute und Knechte, über die Tiere, sowie über alle Werkzeuge für die Arbeit im Felde. Die Bäuerin hingegen war unumschränkte Herrin über Haus und Hof. Sie überwachte die Arbeit der Mägde und sorgte dafür, dass die Familie mit allem versorgt wurde, was zum Leben notwendig war. Sie sorgte insbesondere für das leibliche Wohl.

Dabei begann die Arbeit in der Regel 1-2 Stunden vor dem Frühstück. Meistens gab es Milchsuppe mit Schwarzbrot und Haferbrei. Zum Mittag stand auf dem Tisch ein Gemüseeintopf mit Getreide, der nur bei reichen Bauern regelmäßig Fleisch enthielt. Kartoffeln waren in Schledehausen und Umgebung verpönt und kamen nur bei armen Leuten auf den Tisch. Gemüse gab es von Frühling bis Herbst frisch aus dem Garten. Den Winter über wurde fast ausschließlich Grünkohl gegessen. So mancher sehnte sich da die Gartensaison herbei, auch wenn das mehr Arbeit bedeutete.

Die Mahlzeiten waren zumindest bei den reicheren Bauern in der Menge großzügig bemessen, so dass jeder satt wurde. Allerdings passte sich die Speisefolge der Notwendigkeit an, denn es gab außer Trocknen, Räuchern, Pökeln und Einkochen keine Möglichkeit Lebensmittel langfristig haltbar zu machen. Zum Pökeln und Einkochen aber brauchte man Salz oder Zucker, die beide sehr teuer waren, und die daher von der Hausfrau, wie auch alle anderen gekauften Gewürze, nur sparsam verwendet wurden.

So waren die meisten Menschen gewöhnt tagaus, tagein die gleichen Gerichte zu essen. Nur zu Festen wurde aufgefahren, was Küche und Keller hergaben.

Auch beim Trinken gab es nur wenig Auswahl. Wein gab selbst bei den Reichen es nur zu speziellen Anlässen, Branntwein hingegen floß bei Feiern reichlich. Gegen den Durst im Alltag half das selbst gebraute und nur schwach alkoholische Bier. Heute ist kaum vorstellbar, dass es sogar Kindern zum Trinken gegeben wurde. Milch war den Jüngsten vorbehalten und wurde sonst hauptsächlich zum Kochen verwendet.

Das Wasser, das aus den hauseigenen Brunnen geschöpft wurde, verschmutzte durch die mangelnden Kenntnisse über Hygiene schnell und enthielt oft Coli-Bakterien. Die Bäuerinnen wußten, dass man davon Durchfall bekam. Daher wurde es nicht pur zum Trinken verwendet. Aber als Kaffee, d.h. abgekocht, wurde es gerne getrunken. Reiche Bauern wie die Waldmanns konnten es sich leisten den aus Amerika eingeführten Bohnenkaffee zu trinken, obwohl er im Alltag wahrscheinlich mit Zichorie und Malz verlängert wurde. Arme Leute, wie die Dorschs oder Johanne, benutzten z.B. geröstete Eicheln, um den Geschmack ihres Zichorien-Kaffees aufzubessern.

Stets aßen die Bewohner des Hofes an einem gemeinsamen Tisch, vom Bauern zum jüngsten Knecht auf der einen, von der Bäuerin zur jüngsten Magd auf der anderen Seite. Knechte und Mägde gehörten zur Familie und blieben oft ihr Leben lang auf demselben Hof. Nicht selten blieben sie ledig. Den Hof erbte in Grambergen fast immer der jüngste Sohn. So war sichergestellt, dass die Ländereien möglichst lange von einer Person bewirtschaftet wurden. Um Streit über die Führung zu vermeiden, zog der Altbauer nach der Hochzeit des Erben in ein kleineres Haus um, das nicht selten extra für diesen Zweck neu gebaut wurde. Geschwister des neuen Hofbesitzers blieben oft als Mägde und Knechte da und heirateten nicht. Der Fortbestand des Hofes galt ihnen mehr, als das eigene Glück.

Es geschah aber auch, dass der Altbauer für seine abgehenden, d.h. nicht erbberechtigten Kinder einen Teil der Ländereien abtrennte, einen sogenannten Erbkotten. Oder er gründete in der Mark einen neuen Hof, einen Markkotten.

Hoferben heirateten in der Regel nur innerhalb ihres Standes, während abgehende Geschwister hin- und wieder im Stand abstiegen. Ein Aufstieg vom Kötter zum Halb- oder Vollerben war so gut wie ausgeschlossen. Für einen abgehenden Bauernsohn gab es eigentlich nur vier Möglichkeiten. Entweder er heiratete eine Hoferbin oder eine Witwe mit Hof oder er blieb unverheiratet. Wollte er jemand anders heiraten, musste er den sozialen Abstieg zum Kötter in Kauf nehmen, selbst wenn die Braut ebenfalls als abgehendes Kind von einem Vollerbe kam.

Soweit die Tatsachen.

Erfunden ist dagegen die alte Johanne, obwohl es in Schledehausen und Umgebung sicherlich, wie fast überall, eine kräuterkundige alte Frau gab. Es ist wohl nicht falsch anzunehmen, dass sie ihr Wissen an interessierte Mädchen weitergab, zumal die Kirche aufgehört hatte Hebammen und Kräuterfrauen als Hexen zu verfolgen.

Auch die Familie Dorsch entspringt der Fantasie. Allerdings kann man davon ausgehen, dass in dem Leibzuchtskotten damals Heuerleute gewohnt haben. Immerhin starben Ludwigs Eltern, denen dieser Kotten ja als Altenteil zugestanden hätte, schon um 1765 herum. Das Häuschen stand damit leer. Eine Heuerfamilie war für Ludwig Waldmann die ideale „Zwischenvermietung". Vielleicht wollte er es später selbst als Altenteil nutzen, aber das ist leider nicht überliefert.

Sein Tod, der für die Romanfiguren eine so wichtige Rolle spielt, ist bis heute nicht ganz geklärt. Lehrer Hoppe, der ein ausführliches Sterbeheft führte, schildert nur, dass er „drey Tage ohne Besinnung darnieder lag", bevor er starb. Eine Todesursache nennt er aber auch nicht. Immerhin wurde Ludwig 51 Jahre, ein hohes Alter, wenn man bedenkt, dass das Durchschnittslebensalter in dieser Gegend bei 14 Jahren lag!

Glossar

Aussaat	von Lambertus (17.09.) bis Michaelis (29. 09.) für Roggen, ab Gallus (16.10) für Weizen
Bruch	nasses, mit Erlen und Weiden bestandenes Sumpfland
Brutstock	Plattdeutsch: Brautstock
Bükefatt	Plattdeutsch: riesiges Fass für Wäsche
bullige Kuh	paarungsbereite Kuh
Bursprache	Benachrichtigung der ganzen Bauernschaft eines Ortes über ein wichtiges Ereignis
Colon	Hofbesitzer, Bauer
Colona	Bäuerin, weibliche Form von Colon
Colonat	Bauernhof
Deern	Plattdeutsch: Mädchen
Donnerbalken	kräftiger Balken in Sitzhöhe, wurde als Toilette benutzt.
Durk	Bettschrank mit Schiebetüren, in dem meist mehrere Personen schliefen
Dutzend	Zwölf
Eheberedung	Dabei wurde schriftlich festgelegt, was die Braut als Mitgift bekam und was ihr später als Altenteil zustand. In diesem Fall wurde Adams Altenteil, ein lebenslanges Wohnrecht und eine kleine Leibrente, festgeschrieben.
Eigenbehörige	leibeigene Bauern; Sie müssen Abgaben leisten und ihrem Besitzer für Hand- und Spanndienste zur Verfügung stehen.
Esch	durch ständigen Auftrag guter Erde aus tieferen Gegenden und Düngung mit Stallstreu erhöhter Acker mit meist guten Erträgen.
Flachsbreche	hölzernes Gerät mit Hebel auf vier Beinen, zum Zerbrechen der Flachshalme, funktioniert ähnlich wie ein Papierschneider.
Flett	sprich Fleet = Küchenbereich
Flott	abgesetzte Sahne
Flottputt	Steinguttopf für die abgenommene Sahne.
Fürrähmen	Feuerrahmen = Zwischendecke als Feuerschutz (s. Abbildung)
Gedenktag der Augsburger Konfession	auch Luthertag genannt, wurde am 25.06. gefeiert

Gesinde	alte Bezeichnung für Mägde und Knechte, nicht abwertend gemeint.
Gigengänger	Trauzeugen
Grützhaken	Eiserner Haken mit dem der Topf oder Kessel am Griff angefasst werden kann, um ihn von Feuer wegzuschwenken, ohne selbst den Flammen zu nahe zu kommen (s. Abbildung)
Halsgeschirr	Halskette mit vielen ineinander verschlungenen Anhängern und Kettchen; je reicher die Bäuerin, desto stärker verziert war der Schmuck.
hecheln	Der Flachs wird über ein Nagelbrett gezogen, um die Faser vom Halm zu trennen.
Heuermann	Eine Art Pächter; im Gegenzug für ein Haus und etwas Land musste die ganze Familie beim Colon arbeiten.
Hiele	Stauräume über den Ställen
Hochtidsbitker	Plattdeutsch: Hochzeitsbitter; i.d.R. war das in der Bauernschaft bzw. im Kirchspiel immer dieselbe Person, er lud die Gäste zur Hochzeit ein und war auf der Feier der Koch.
Hühnerjagd am Tag nach der Hochzeit	traditionelle „Jagd" mit Waffen auf Hofhühner (die meisten Bauern sperrten ihre Hühner ein).
Hüsselte	mittelose Leute, meist Witwen mit Kindern oder unverheiratete alte Leute, die in den Nebengebäuden der Höfe wohnten.
Joch	auch Schanne genannt; schwerer, an die Form von Schultern angepasster Holzbalken mit einer Aussparung für den Hals und Seilen oder Ketten links und rechts zum Tragen von schweren Lasten (s. Abbildung).
Kaffee	ein weit verbreitetes Getränk, das in großen Mengen getrunken wurde. Arme Leute bereiteten ihren Kaffee aus gerösteten Eicheln und Zichorie, aber auch reichere Leute streckten Kaffee mit diesen Zutaten.
Kastenmännchen	25 Pfennig
Kesselhaken	breites, eisernes, oft verziertes Band mit mehreren Kerben, an denen die Kette zum Aufhängen der Töpfe eingehakt werden kann, zum Regulieren der Hitzezufuhr (s. Abbildung)
Kettfaden	Auf dem Webstuhl aufgespanntes Garn
Keule zum Rinderhüten	ein kurzes, ca. 3cm dickes Stammende einer kleinen Eiche mit Wurzelknorren, mit dem die Rinder durch geschickte Würfe zusammengehalten wurden.

kole Hand	Plattdeutsch: kühle Hand; eiserner Bügel mit zwei Haken, zum Anheben heißer Töpfe und Kessel (s. Abbildung)
Kötter	freier Bauer mit ein wenig Land, oft abgehende Söhne von größeren Bauernhöfen.
Kotten	Haus eines Kötters, wird auch für andere kleine Häuser benutzt
Leibzuchtskotten	eigentlich war dieses Häuschen für die Eltern des Colons gedacht (Leibzucht = Altenteil). Da sie aber bereits verstorben waren, wurde es verpachtet. Ein Haus für Heuerleute hieß normalerweise Heuerhaus.
Leichenwagen	Leiterwagen mit speziellen, kurzen Leitern (Ringsen)
Lein	anderes Wort für Flachs, auf Plattdeutsch: Lin
Leiter	eine einfache, stabile, von beiden Seiten eingekerbte Holzstange
Lepelkost	Löffelkost, das erste Frühstück des Tages, gegen 7^{00} Uhr
lütt	Plattdeutsch: klein
Marken	Ländereien, die allen Gemeindebewohnern gemeinsam gehörten, u.a. Grasland und Wälder
Martini	St. Martins Tag ist immer am 11. November
Mietpfennig	traditionell wurde dem neuen Knecht ein Pfennig als Pfand in den Kesselhaken der Herdstelle gelegt. Mit Handschlag und Aufnehmen des Pfennigs durch den Knecht, wurde ein bindender Arbeitsvertrag geschlossen.
Molle	bauchige, ovale Schale, für Butter meistens aus Steingut
Niejahrskauken	flache, zu einem Trichter aufgerollte Waffel, die zu Festlichkeiten in speziellen Kucheneisen gebacken wurde
None	Mittagsruhe vom Mittagessen bis 14^{00} Uhr
Petersilie	seit der Jungsteinzeit in Deutschland als Gewürz bekannt und wurde in Gärten angebaut
Pfund	alte Maßeinheit, entspricht ½ Kilogramm
Pirmont	Bad Pyrmont
Plaggen	flächig von Boden abgehobene Heide als Streu für die Nutztiere (Milchkühe, Rinder, Schafe, Ziegen)
Ränzel	lederner Brotbeutel
Reichsdeputations- hauptschluss	der Beschluss vom 25.02.1803 der letzten, außerordentlichen Reichsdeputation des Regensburger Reichstags des Heiligen Römischen Reichs Deutscher Nationen

Requiem	Totenmesse der römisch-katholischen Kirche, deren Name von den Anfangsworten herrührt. Der Text des Requiem wurde vom Mittelalter bis zur Gegenwart häufig vertont.
Rüsche	Stößel des Butterfasses
Sähmolle	große, bauchige Wanne
Schussfaden	Garn im beweglichen Schiffchen des Webstuhls
Ständer	tragende Balken in der Konstruktion eines Nordwestdeutschen Bauernhauses
Steckenpferd	Hölzerner Pferdekopf auf einem langen Stab
Stuten	Weißbrot
Stutensoppen	Plattdeutsch: Hühnerbrühe mit Weißbrotstücken
tändeln	altes Deutsch: flirten
Tröstelbierschale	bauchige, nur zu Totenfeiern benutzte Schale mit zwei Griffen, davon ist einer ein Haltering für den Löffel.
Trüwwestück	Plattdeutsch: Treuestück, meistens eine Münze, die der Bräutigam oft an Stelle eines Trauringes bekam
Warmbier	süße Milchsuppe mit Korinthen, Rosinen und Weggen.
Weggen	Plattenförmiger Kuchen.
Wegwarte	Zichorie
Wiedergänger	Geist eines Verstorbenen
Wocken	Wockenstock mit aufgebundenem Flachs oder Wolle
Wockenstock	Holzstab, der die vorbereitete Wolle trägt.
Einen Zacken zulegen	d.h. den Topf am Kesselhaken einen Zacken weiter nach unten hängen. Dadurch kommt der Topfboden dem Feuer näher.

Sprüche

Benedicat vos omnipotens Deus, Pater et Filius et Spiritus Sanctus.

Es segne euch der allmächtige Gott, der Vater, der Sohn und der Heilige Geist.

Dat Likenbeer gift inn Kroog anne Kerk

Das Leichenbier gibt es in der Wirtschaft an der Kirche; erlaubt war ½ bis 1 Tonne Bier, aber kein Schnaps.

Domini sit semper vobiscum. Ite, missa est.

Der Friede des Herrn sei allezeit mit euch. Gehet hin, ihr seid entlassen.

Düt giwe ick di to de Trüwwe

Plattdeutsch: Das gebe ich dir zu der Treue

Hochtidsbitker-Spruch (komplett):
So'n Dag, ick häwwe woll'n klein Kompliment an ju
van Brut un Brügem Catharina Waldmann und Adam Averbeck,
Die sind willens, ankuom Dönnerdag
'ne lüttke Hochtid to siden.
Nu mochten ji iähr doch auf dei Ähre andoun
Un spriäken iähr tou.
Estlick gift 'n gout Glas Beer
Un'n gohe Muodensoppen;
Un niehm dann voleif,
watt Kock un Keller vomag:
Stücke vann'n fetten Ossen,
sotten un gebraten
un drinken dor dann tou
'n Glas Beer, veer, siewe orren half Stiege,
sau oß ju lüßt und bileiwet.
Tied un Stunne will ick ju nich seggen,
datt mott juhe eigen Natur am besten woll wieten.
Wenn ji osse juhe Kinner wier van doun hadden,
dann wolln sei dankbar wier ümme sin.

Plattdeutsch, Original aus Grambergen:
So ein Tag, ich habe wohl ein kleines Kompliment an Euch
Von Braut und Bräutigam Catharina Waldmann und Adam Averbeck
Die sind willens, am nächsten Donnerstag
Eine kleine Hochzeit zu feiern.
Nun möchtet Ihr Euch doch auch die Ehre antun
Und sprechen Euch zu.
Zuerst gibt es ein gutes Glas Bier
und eine gute Morgensuppe;
und nehmt dann vorlieb,
was Küche und Keller vermag:
Stücke von einem fetten Ochsen,
gesotten und gebraten
und trinken da dann zu
ein Glas Bier, vier, sieben oder eine halbe Stiege (eine Stiege = 20),
so wie Es Euch verlangt und beliebt.
Zeit und Stunde will ich Euch nicht sagen,
das muss Eure eigene Natur am besten wohl wissen.
Wenn Ihr als auch Eure Kinder so getan habt,
dann wollen sie immer so dankbar sein.

Höt gi 't woll, bliwet flidig, jur Härr Ludwig Waldmann is daude.

Hört ihr's wohl, bleibet fleißig, euer Herr Ludwig Waldmann ist tot.

Hüte Auwend uppe Dowake, un muoen froh nigen Uhr mit den siäligen Ludwig Waldmann to Grawe gaun

Heute Abend auf die Totenwache und morgen um neun Uhr mit dem seligen Ludwig Waldmann zu Grabe gehen (Interessant: es wurde auch zu neun Uhr geladen, wenn die Beerdigung später stattfand).

Klä di witt, du moß baule mit.

Kleide dich weiß (ins Totenhemd), du musst bald mit.

'n roten Hahn uppen Dacke, iß nich sau schlimm osse stännich 'n Fatt Brannewin in'n Keller.

Feuer auf dem Dach ist nicht so schlimm wie ständig ein Fass Branntwein im Keller.

Requiem aeternam dona eis, Domine, et lux perpetua luceat eis.

Ewige Ruhe gib ihnen, Herr, und ewiges Licht leuchte ihnen.

Von düt Hus na dat Hus, von'n Spiker na'n Backhus.

Von diesem Haus nach jenem Haus, vom Speicher ins Backhaus

Wenn den Isel tou woll wätt, loppt hei uppet Is un bräck sick'n Bein.

Wenn dem Esel zu wohl ist, läuft er aufs Eis und bricht sich ein Bein.

Karte und Abbildungen

Grambergen nach der Kopie einer Karte von DuPlatt

Die Tracht
in der Gegend um Schledehausen

Die Tracht der Frauen in der Gegend um Schledehausen unterschied sich in den Details von Dorf zu Dorf. Sie wurde nur Sonntags getragen. Dazu gehörte ein schwarzes Kleid (1) mit einer schwarzen oder weißen Schürze (2), ein Schultertuch (3) und eine Haube mit breiten Bändern (4). Während des Gottesdienstes wurde ein weißes Schultertuch getragen, nachmittags ein schwarzes oder dunkelbraunes.

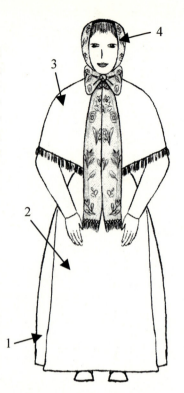

Die Mädchentracht war mit der Tracht der verheirateten Frauen identisch, mit Ausnahme der Haube. Für die Gottesdienste trug das Mädchen eine Haube aus weißem Tüll, nachmittags eine ähnliche Haube aus bestickter Seide.

Mädchen

Eine verheiratete Frau hatte drei schnittgleiche Hauben: eine mit goldener, eine mit silberner und eine mit schwarzer Stickerei. Jede Haube hatte einen Spitzenbesatz am Rand und lange Bänder, die unter dem Kinn gebunden wurden.

Die Trauerhaube wurde von einer Witwe für ein halbes Jahr getragen. Danach wurde wieder die Silberhaube benutzt, allerdings mit blauen Bändern. Wenn das Trauerjahr vorüber war, wurden die blauen gegen bestickte Seidenbänder getauscht. Die Goldhaube wurde nur zu den hohen kirchlichen Festen (Ostern, Weihnachten und als Patin bei einer Taufe) getragen.

verheiratete Frau

Nebelhaube

Es gab noch eine Nebelhaube, die bei feuchtem Wetter zum Schutz über der Trachtenhaube getragen werden konnte. Der Spitzenbesatz wurde dann zurückgeklappt.

Webstuhl

1 = Zapfenlöcher für den Aufziehbaum
2 = Zahnrad zum Nachlaßen des Garnbaums
3 = Les – Stöcker zum Straffen des Garns
4 = Rollen
5 = Hebel
6 = Kammlade mit Kamm
7 = Brustbaum
8 = Sitzbrett
9 = Kniebaum
10 = Garnbaum
11 = Linnenbaum
12 = zwei Gegenlager zum Bewegen der Hebel
13 = Slutschede
14 = Treter
15 = Kluntsack (Gewicht zum Halten der Les – Stöcker)
16 = Zahnrad und Pflöcke für die Klinke (zum Aufwickeln des fertigen Tuchs)
17 = Weberschiffchen

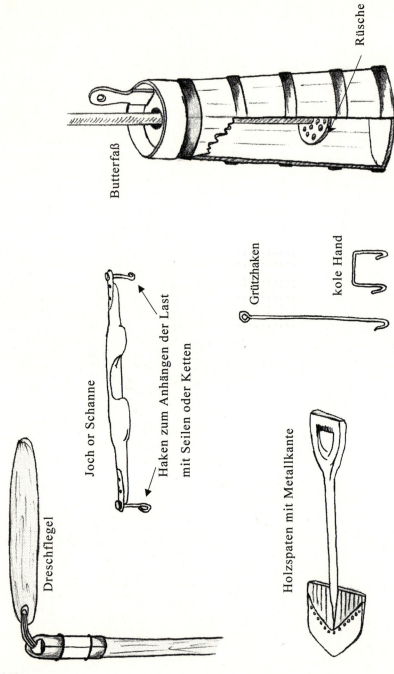

Butterfaß

Rüsche

Joch or Schanne

Haken zum Anhängen der Last
mit Seilen oder Ketten

Grützhaken

kole Hand

Dreschflegel

Holzspaten mit Metallkante

288

Spinnrad

Spindel

Rolle

Spule

Flucht

Gewinde für die Rolle

Flucht

Tülle

Garn

Rad

Schwengel

Lederschlaufe

Treter

Wockenstock

Einer von zwei Trägern für die Spindel mit der Spule

Querholz

Busch

Krecke

Heuschüre

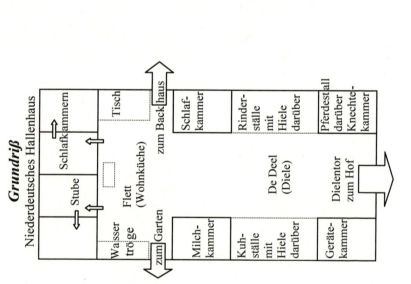

Heuschüren wie diese wurden schon in der Steinzeit benutzt.

Grundriß
Niederdeutsches Hallenhaus

Schlafkammern

Stube · Schlafkammern · Tisch

Flett (Wohnküche)

Wasser tröge

zum Backhaus

zum Garten

Schlaf- kammer

Milch- kammer

Rinder- ställe mit Hiele darüber

Kuh- ställe mit Hiele darüber

De Deel (Diele)

Pferdestall darüber Knechte- kammer

Geräte- kammer

Dielentor zum Hof

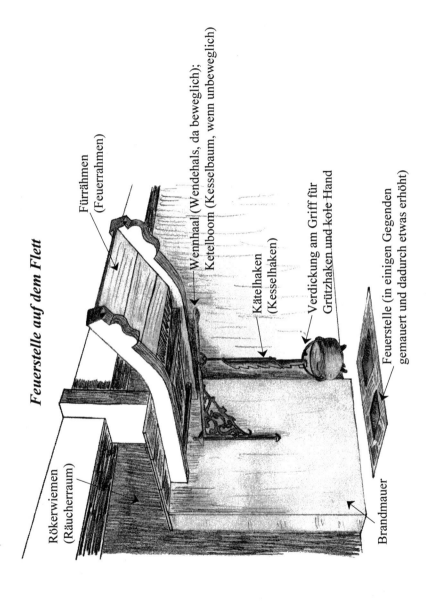

Feuerstelle auf dem Flett

Fürrähmen (Feuerrahmen)

Wennhaal (Wendehals, da beweglich); Ketelboom (Kesselbaum, wenn unbeweglich)

Kätelhaken (Kesselhaken)

Verdickung am Griff für Grützhaken und kole Hand

Feuerstelle (in einigen Gegenden gemauert und dadurch etwas erhöht)

Rökerwiemen (Räucherraum)

Brandmauer

291